# TOT融资模式的适用性及其财务决策研究

TOT RONGZI MOSHI
DE SHIYONGXING JIQI CAIWU JUECE YANJIU

冯辉红 / 著

四川大學出版社
SICHUAN UNIVERSITY PRESS

项目策划：毕　潜
责任编辑：毕　潜
责任校对：胡晓燕
封面设计：墨创文化
责任印制：王　炜

**图书在版编目（CIP）数据**

TOT 融资模式的适用性及其财务决策研究 / 冯辉红著. — 成都 : 四川大学出版社, 2021.8
ISBN 978-7-5690-4982-4

Ⅰ. ①T… Ⅱ. ①冯… Ⅲ. ①基础设施建设－项目－融资模式－适用性－研究－中国②基础设施建设－项目－融资模式－财务决策－研究－中国 Ⅳ. ①F299.24

中国版本图书馆 CIP 数据核字（2021）第 182856 号

**书名　TOT 融资模式的适用性及其财务决策研究**

| | |
|---|---|
| 著　者 | 冯辉红 |
| 出　版 | 四川大学出版社 |
| 地　址 | 成都市一环路南一段 24 号（610065） |
| 发　行 | 四川大学出版社 |
| 书　号 | ISBN 978-7-5690-4982-4 |
| 印前制作 | 四川胜翔数码印务设计有限公司 |
| 印　刷 | 成都市新都华兴印务有限公司 |
| 成品尺寸 | 185mm×260mm |
| 印　张 | 10.5 |
| 字　数 | 264 千字 |
| 版　次 | 2021 年 11 月第 1 版 |
| 印　次 | 2021 年 11 月第 1 次印刷 |
| 定　价 | 48.00 元 |



◆ 读者邮购本书，请与本社发行科联系。
电话：(028)85408408/(028)85401670/(028)86408023　邮政编码：610065
◆ 本社图书如有印装质量问题，请寄回出版社调换。
◆ 网址：http://press.scu.edu.cn

四川大学出版社
微信公众号

# 前　言

随着西部大开发政策的实施，作为重要的基础设施类公共项目，西部地区高等级公路发展迅速。高等级公路的建设不仅大大提高了西部地区运输网络的运营水平，对公路沿线各地区的农业、商业、旅游业、服务业等的快速发展发挥了有效的促进作用，而且对西部地区经济社会的发展起到了不容忽视的推动作用。但与中、东部地区不同，西部地区经济发展相对滞后，高等级公路项目建设大量依靠债务资金，政府债务压力大。为了缓解财政压力，拓宽项目投融资渠道，政府将TOT融资模式应用于西部地区高等级公路项目中。

在TOT融资模式的运作过程中，涉及的相关方较多，从而影响项目特许经营期限内成本和效益的因素繁多，各项影响因素都可能导致项目的财务决策出现较大偏差。然而，作为接手TOT项目的受让方又正是通过项目运营来获取利润，所以考察并且决策项目是否值得投资，以及在协议签订过程中如何与政府洽谈达到自身利益最大化，通常是TOT项目受让方的关注重点。与此同时，部分西部地区高等级公路在实施TOT融资模式时，由于一些不确定因素的影响，出现了项目被迫中止的现象。为了总结已有TOT高等级公路项目的经验教训，提高项目效益管理水平，降低融资失败的概率，西部地区TOT高等级公路效益后评价工作被提上日程。

在此背景下，作者结合多年的课题研究、课堂教学、硕士研究生培养、经济决策实践，以及全方位和全生命周期投资咨询管理研究的经历与经验，并根据工程案例验证，理论结合实际，著写了此书。本书通过基本理论结合实例应用的方法，针对TOT融资模式应用于西部地区高等级公路中引发的诸多问题进行了全面的研究与探讨，这些问题包括：公共项目的投融资要点是什么？其投资构成以及融资的特点是什么？TOT融资模式是否适用于西部地区高等级公路项目？TOT融资模式是否能为政府和投资方带来双赢的效果？作为项目受让方应该如何做出正确的财务决策？在特许经营权转让期限内，经TOT融资模式运营的高等级公路实施效果如何？应该如何改进完善？其主要内容如下：

（1）TOT融资模式的适用性研究

针对公共项目的特点，通过其投资构成及融资特点的研究，以及主要融资模式的对比分析，结合西部地区高等级公路的投资决策特点，全面详尽地阐述了TOT融资模式在西部地区高等级公路项目中的应用优势以及应用思路。

（2）基于受让方的西部地区TOT高等级公路项目的财务决策研究

针对TOT融资模式下受让方财务决策影响因素多的问题，通过研究政府、项目公司、项目使用方和西部地区大环境条件对受让方财务决策的各级影响因素，构成受让方财务决策影响因子结构图和影响因素体系表；基于一般新建公路项目的财务决策流程，运用定性和定量决策相结合的方式构建了西部地区TOT高等级公路项目受让方的财务决策模型，据此对甘肃省某 TOT 高等级公路项目进行了受让方财务决策实例研究，并针对决策结果提出了对策。

(3) 西部地区 TOT 高等级公路项目的效益后评价研究

通过影响因素分析初选项目效益后评价指标，运用因子分析对其进行筛选优化后，建立了西部地区 TOT 高等级公路效益后评价指标体系。在此基础上，确定了定量和定性指标实测值的计算方法，结合层次分析法和属性理论确定了指标权重和评价等级的判定，从而建立了西部地区 TOT 高等级公路效益后评价模型。据此对四川省某 TOT 高等级公路项目进行了效益后评价实例研究，并针对评价结果提出了针对性建议。

本书共 5 章，内容包括公共项目及其投资概述、项目融资概述、西部地区高等级公路 TOT 融资模式的适用性分析、西部地区 TOT 高等级公路受让方财务决策研究、西部地区 TOT 高等级公路效益后评价研究。本书以全生命周期考量政府融资项目投资决策效果为指导思想，全面地阐述了公共项目投融资的相关理论，对比分析了公共项目常用的几种融资模式，着重对政府投资导向的西部地区高等级公路项目应用 TOT 融资模式进行了适用性的界定与说明。针对西部地区 TOT 融资模式下高等级公路项目受让方的财务决策，就其影响因素、决策模型与实例应用、对策建议等展开了详细的研究；针对西部地区 TOT 高等级公路的运营成效，就其指标体系、后评价模型与实例应用、措施建议等进行了翔实的效益后评价研究。

本书获西南石油大学研究生教材建设项目资助，由西南石油大学冯辉红独立著写而成，注重理论与实践相结合，可作为工程管理专业学位研究生（MEM）及工程相关专业研究生的教学参考书，也可供土木工程领域的投资决策者、工程咨询管理和经济分析人员，以及教学和研究人员学习参考。本书在写作过程中参考了许多国内外专家学者的论文和著作，已在参考文献中列出，也得到了不少同行和朋友的支持与帮助，特别是参考了著者培养的历届研究生黄起、鲁黎、李梦君、李伟等攻读硕士期间在相关方面做出的专题研究，在此一并表示感谢！

由于著者水平有限，书中难免存在不当和错误之处，恳请读者批评指正。

**著　者**

**2021 年 8 月**

# 目　　录

# 第 1 章　公共项目及其投资概述

**【本章概要】**

本章主要包括公共项目的界定和公共项目的投资管理两部分。首先通过公共项目的分类、基本特征及其寿命周期的阶段划分、基本建设程序等内容介绍了公共项目的界定要素；然后从投资管理模式的要素及我国的投资管理结构两方面阐述了我国的投资管理模式，通过公共项目投资的类型、来源和特点介绍了公共项目的投资管理结构，并说明了公共项目资产的分类。

**【本章知识总览】**

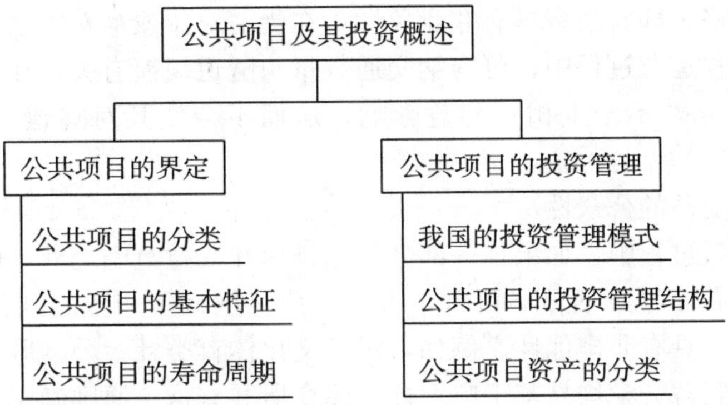


## 1.1　公共项目的界定

### 1.1.1　公共项目的分类

投资项目按其产出物或服务属性的不同，可分为非公共项目和公共项目。非公共项目多指私人项目，即个人或企业为满足需求而进行的项目投资，其目的、规模以及成本开支各不相同，而公共项目主要是指由政府为社会、国家和公众利益而投资兴建的非营利性项目。

1. 公共项目产出物的特征

公共项目，即公共投资项目，又称公共工程或公用事业项目，是指为了适应和推动国民经济和区域经济的发展，以增进社会福利为投资最终目标，满足社会文化、生活需要，以及出于政治、国防等因素的考虑，由政府通过财政投资、发行国债或地方财政债券、利用外国政府赠款以及国家财政担保的国内外金融组织贷款等方式，独资或合资兴建的资产投资项目。

公共项目产出物，即公共项目产品，又称集体消费品，包括交通运输、电力、水利等生产性基础设施建设项目和教育、科学、卫生、体育等社会性基础设施建设项目，以及城市交通、能源动力、市政绿化等公用事业项目，是以促进国民经济发展为目的，由各级政府或其他公共部门筹划、出资或运行，直接或间接向社会提供的非营利性建设项目。与私人项目产出物明显的排他性和竞争性特征相比，公共项目的产出物具有效用的共享性、消费的非竞争性和受益的公众性三个公共产品的特征。

（1）公共项目效用的共享性

公共项目是面向整个社会提供整体效用的建设项目，即其效用为整个社会的成员所共享，且其效用是通过项目的整体来实现的。因此，不能将公共项目划分为若干可以独立计价的部分供市场选择性销售。例如，公路工程运营过程中，不可将其划分为路基或路面部分进行独立计价以确定相关费用。

（2）公共项目消费的非竞争性

公共项目在消费时，并不排斥或不妨碍其他人同时享用，也不会因消费者的增加与减少而改变其预定价格，即其消费具有非竞争性，在受益对象或消费者之间并不存在利益冲突。例如，隧道工程运营过程中，可容纳交通数量与隧道规模有关，在可容范围内，通过隧道的各类车辆彼此并不产生相互利益影响，从而不会使其对隧道工程的消费具有竞争性。

（3）公共项目受益的公众性

公共项目在运营过程中，如果将一部分群体排斥在受益范围之外，就会造成技术上难度大或经济上成本高而导致项目不可行，因此，公共项目所产生的利益应当为公众所共有，而非私人专用，具有非排他性。例如，对于文化体育类社会公共服务项目而言，其建设目的及其产生的利益分配均是基于广大社会民众所共有这一原则确定的。

### 2. 公共项目的分类

公共项目的分类方式比较多，例如，可根据投资主体及资金来源的不同，将其分为政府投资项目与非政府投资项目两类；也可根据提供公共产品的不同，将其分为基础设施项目、公共卫生项目、教育项目、文化及体育项目等类型。通常情况下，综合考虑项目产出物具备公共产品特征的程度，将其分为纯公共项目、准公共项目和政策性项目三类。

（1）纯公共项目

纯公共项目是指提供公共产品或劳务的项目，其产出物完全具备公共产品的三个特征，如国防建设、义务教育、水利、气象、环保等项目，完全具备项目效用共享性、消费非竞争性和受益的公众性。一般来说，这类项目以政府为投资主体且需要资源的投入，能够产生为公众提供服务的效益，但没有直接的现金流入，无法通过自身的运营满足日常支出，因此，其运营投入也需要依靠政府的财政资金拨款，属于非经营性质的社会公益性项目。

（2）准公共项目

准公共项目是指提供准公共产品或劳务的项目，其项目产出不完全具备公共产品的三个特征，如供电、供水、供气和城市交通等公用事业项目，其消费和受益具有一定的竞争性和排他性。这类项目的产出或提供的服务涉及人们的基本需要，但由于存在外部效果，使得准公共项目的收费不足以反映项目的效益，而尚需政府进行补充投入或专营。例如，农业项目需要政府进行补充投入；基本医疗服务以及公用事业项目，虽然收费，但由于服务具有公益性和自然垄断性，因此也需要由政府或公共部门专营或授权经营。

（3）政策性项目

政策性项目，也称为战略性项目，是指对国家有战略意义的特大型或有较大风险但有重大前景的项目，包括出于领土完整和安全、减少地区经济发展差异考虑的项目，以及出于政策考虑由国家投资的产生资源性产品的项目，如电力、石油、煤炭、天然气、矿石等的开发项目。对于这类项目，无论其属于经营性或营利性，也无论其产出物是否具备公共产品的特征，政府均须对其发起和建设过程负责。

### 3. 基础设施类公共项目的分类

随着社会相关制度的完善以及科学技术的发展，公共项目，尤其是基础设施类公共项目，其产出物满足公共产品基本特征的程度也在不断地变化，例如，技术水平的提高可能会影响公共项目效用的共享性，使得一段时间内某些民众因自身文化水平限制等无法正常应用；另外，社会群体消费水平的提高，以及相关法律法规的制定与完善也可能使得某些公共项目具有一定的竞争性和排他性。基于此，按公共项目经营阶段是否有现金流量的发生，又可将基础设施类公共项目细分为经营性公共项目、准经营性公共项目和非经营性公共项目三类。

（1）经营性公共项目

经营性公共项目是指具有完整的现金流量过程、充足的现金流入和完善的收费机制，能够进行市场承发包运作，全社会均可参与投资建设和运营投入且拥有相应权益的盈利性基础设施项目，如收费性的高等级公路、桥梁、隧道等项目。这类公共项目的特点是不但有经营收入，而且该收入足以担负项目成本，此外还可使投资者获得利润。因此，为保证社会公众的公共利益，政府对此类公共项目应采取诸如调整价格、分配超额利润等措施进行适当的约束。

（2）准经营性公共项目

准经营性公共项目是指由于项目的经营具有某种程度上的公益性质，而使得项目尽管也建立了收费机制，但因其收费受到政策限制而并不能产生足够的现金流入作保障的基础设施项目，如水厂、污水处理厂和轻轨交通等项目。这类公共项目的特点是有一定的经营收入，但该收入并不足以负担项目成本。因此，这类基础设施项目很难融入市场化运作机制，其资金部分来自项目收益，更多则来自政府部门的补贴，以及通过相关优惠政策吸引个人投资或企业融资。

（3）非经营性公共项目

非经营性公共项目是指由于项目的经营具有完全的社会公益性质，而无法通过项目自身的运营满足日常支出，其建设投资与运营投入均需依靠政府财政资金拨款，如市政道路、绿化环保等基础设施项目。这类公共项目的特点是基本没有经营收入，但外部效果显著，往往能带动其他经营性项目的建设与运营。对于这类项目，如果设置合理的经营权机制并适当创新，有序地引入竞争机制，采用适当的融资模式，则可使得项目具有一定的经营收入，体现其市场价值。

### 1.1.2 公共项目的基本特征

#### 1. 与一般建设项目的关系

（1）二者之间的联系

建设项目是指具有设计任务书和总体设计、经济上实行独立核算、行政上具有独立机构或组织形式、实行统一管理的基本建设单位。例如，工业建筑中的厂房，民用建筑中的住宅楼，公共建筑中的学校、医院、体育场馆，以及基础设施中的公路、桥梁、隧道等，均为建设项目。而公共项目是建设项目按其产出物划分的一种主要类型，当建设项目部分或全部具备公共项目产出物即公共产品的特征时，即可界定为公共项目。

（2）二者之间的不同点

公共项目与一般建设项目相比，主要有以下不同之处：

1）投资目标不同。公共项目的投资目标是提供公共产品、解决就业和贫富悬殊、合理配置资源等问题；而一般建设项目的投资目标往往是追求利润的最大化。

2）资金来源和投资者不同。公共项目的资金来源于政府的税收以及民间债权人，投资者为社会公众；而一般建设项目的资金则大多来源于非公有实体的投资人。

3）效益的度量标准不同。公共项目要视具体情况采用货币度量效益或对于难以用货币表示的效益进行定性描述；而一般建设项目则基本都可以通过货币度量项目的收益。

4）项目利益主体之间的关系不同。公共项目投资决策时，要考虑到可能出现的部门矛盾以及地区矛盾；而一般建设项目由于投资主体以利润最大化为目标，因此基本没有矛盾。

（3）二者之间的相同点

1）项目建设目标明确。公共项目与一般建设项目均有特定的对象，发挥着独特的作用，如学校、体育场馆或高速公路等项目建成后其功能和效益是独一无二的，而这些建设项目都具有明确的目标，即满足投资、进度、质量、安全等要求。

2）项目投资额度大、风险高。现代工程项目，无论是公共项目还是一般建设项目，都具有规模大、标准高、高科技含量大等特点，需要投入的资源多、耗费的工期长、要求的质量高，因此往往投资额巨大，而建设过程中各种不确定因素的存在，也造成了投资的高风险性。

3）项目建设过程复杂。公共项目与一般建设项目均是复杂的系统，涉及众多的专业分工，且在不同的建设阶段需要由各参与单位完成相应的工作，因此参与单位众多。

而现场施工难度高、建设周期长，又使得项目的目标控制和各单位之间的协调工作更加复杂。

4）项目制约因素多。公共项目与一般建设项目，其目标的实现都要受到多方面的制约。制约因素主要包括时间、资源、空间、质量约束等，即项目的完成要有合理的建设期限，要有一定的人员、资金、材料、机械的投入做保障，要在一定的空间范围内通过科学合理的方法来组织完成，并且要达到预期的生产能力或使用功能的要求。

5）项目具有不可逆性。公共项目与一般建设项目，从其立项、设计、施工直到竣工和交付使用均是一次性的过程，且建成后不可移动，因此项目的实现过程具有不可逆性，一旦明确建设任务，则只可成功，不能失败。

6）项目的社会影响深远。公共项目与一般建设项目，对国家的经济建设与国力发展，以及人民的日常生产与生活等都具有举足轻重的作用，建设质量的优劣影响面大，作用时间长，而对于项目的成功与否，公众关注度高且社会影响深远。

2. 公共项目的基本特征

除了具有一般建设项目的特点，公共项目还具有以下鲜明的基本特征。

（1）公共项目具有非竞争性

公用事业的“天然”垄断性和政府的严格监管使得公共项目不具有一般意义上的竞争性，而且我国目前对于政府投资公共项目的界定范围，主要是用于关系到国家安全和市场不能有效配置资源的经济和社会领域的项目，符合非竞争性产品的定义，即每增加一个消费者的消费，社会所需要增加的成本等于零，因此，公共项目具有非竞争性，其产出物具有非竞争性产品的属性。

（2）公共项目具有政府主导性

公共项目是由各级政府或其他公共部门筹划、出资或运行，以促进国民经济和社会发展为目的，直接或间接向社会提供公共产品的项目，具有政府主导性。而且公共项目提供的是公共物品，不具有享用权上的排他性，因此，也具有明显的公共性。

（3）公共项目具有外部性

公共项目的外部性体现为公共项目的外部效果居多。这是由于公共项目主要涵盖了加强公益性和公共基础设施建设、保护和改善生态环境、促进欠发达地区的经济和社会发展、推进科技进步和高新技术产业化等领域范围，而这些项目的建设效果多为外部效果。

（4）公共项目具有多目标性

公共项目往往公益性目标居多，以大型水利项目为例，其建设目标不仅包括提供电力供应，还包括灌溉、防洪、航运、旅游等多个公益性目标。因此，公共项目具有多目标性，而这一特征也使其投资决策过程更加复杂化。

### 1.1.3　公共项目的寿命周期

公共项目是一次性任务，因而它是有起点和终点的。公共项目的寿命周期是指一个公共项目从筹划立项开始直到项目竣工投产、收回投资而达到预期投资目标的整个过程。它包括三个阶段，即决策阶段、实施阶段、使用与终结阶段。

### 1. 公共项目寿命周期的阶段划分

（1）公共项目的决策阶段

该阶段包括投资决策阶段和立项阶段，即从公共项目的构思到批准立项的整个过程，项目立项是项目决策的标志。在这个阶段，主要根据市场机遇与需求的分析和识别，提出项目建议书，在项目建议书获得批准后通过可行性研究找出公共项目的各种备选方案，并分析和评价这些备选方案的收益和风险情况，最终做出公共项目是否可行的判断，并优选方案。这一阶段的主要任务是确定公共项目的定义。

（2）公共项目的实施阶段

该阶段包括设计前准备阶段、设计阶段、施工阶段和动用前准备阶段，即从公共项目的批准立项到投入使用前的整个过程，其中招标投标工作分散在设计前的准备阶段、设计阶段和施工阶段中进行，不单独列出。这一阶段主要是对已批准立项的公共项目进行设计和施工，首先在设计前准备阶段和设计阶段，通过设计规划全面界定公共项目各阶段所需开展的工作和产出物，包括技术、经济、质量、数量和安全等各个方面。然后进入施工阶段，通过对公共项目的范围以及工期、成本和质量目标等的控制工作，来保证公共项目实施结果与设计和计划要求相一致。最后进行公共项目投入运营前的各项准备工作，即进入动用前准备阶段。公共项目实施阶段的主要任务是通过计划和设计来描述项目的目标，通过施工管理确保项目目标的实现，并通过竣工验收以及项目试运转等过程为公共项目的投入运营奠定基础。

（3）公共项目的使用与终结阶段

该阶段包括生产运营阶段、资金回收与增值阶段和后评价阶段，即从公共项目建成以后的投产使用阶段到项目终结报废的整个过程，又称运营阶段或运行阶段。这一阶段的主要工作是在公共项目交付使用后，通过生产运行实现生产经营目标，归还建设期贷款并完成资金的回收与增值，然后经过一定阶段生产运营后，对项目进行后评价，以便通过综合分析评价，衡量项目的实际执行与预测计划的差距，总结实践经验，为今后公共项目的决策与实施提供科学依据和可行性方案。

### 2. 公共项目的基本建设程序

基本建设程序是公共项目寿命周期内科学决策和顺利进行的重要保障。与一般建设项目相同，我国公共项目的基本建设程序主要包括项目建议书、可行性研究、设计、建设准备、施工、竣工验收和后评价七个阶段。

公共项目的寿命周期与基本建设程序之间的对应关系如图1.1所示。

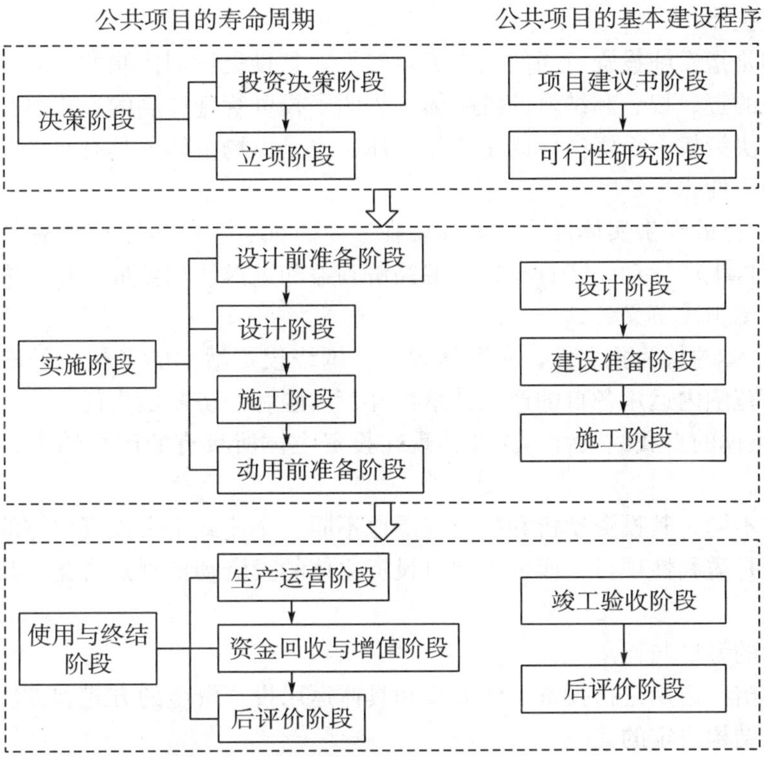


**图 1.1　公共项目的寿命周期与基本建设程序之间的对应关系**

## 1.2　公共项目的投资管理

### 1.2.1　我国的投资管理模式

投资是人类最重要的经济活动之一，是一种有目的的经济行为，其目的是将一定的资金、人力、技术、信息等资源投入某项工程获取所期望的报酬。一般有广义投资和狭义投资两种概念。广义投资是指企业为获取未来的期望回报，按照计划实施各种项目而预先付出的资源；狭义投资是指投资主体为了实现盈利或避免风险，通过各种途径预先垫付资金的活动。公共项目的投资是指为建造和购置固定资产、购买和储备流动资产而事先垫付的资金及其经济行为，属狭义投资的概念。狭义投资是所有投资活动中最基本、最重要的投资。

1. 投资管理模式的要素

投资管理模式是指政府组织和管理投资活动所采取的基本制度、主要形式和方法，是投资活动的运行机制和管理制度的总称。其构成要素包括投资主体、资金的筹措与运用、投资范围内各经济实体之间的关系等。

（1）投资主体

投资主体是指实施投资行为的法人或自然人，是投资管理体制的核心要素，是筹集与运用投资资金的责、权、利结合的统一体，表明了投资管理体制的真正属性，在投资活动中具有独立的决策权。投资主体既是产权主体，也是市场主体，具有经济实体性、行为独立性和自我约束性。

1）投资主体的经济实体性。主要体现在三个方面：①投资主体拥有一定的财产，可直接参与社会再生产活动；②具有独立的经济利益和追求该利益最大化的内在愿望；③享受民事权利和承担民事义务。

2）投资主体的行为独立性。主要体现在：围绕投资活动的产权一经确立，投资主体就可以在合法范围内运用各自的产权并承担经营风险和经济赔偿责任。

3）投资主体的自我约束性。主要体现在投资主体所具有的产权约束、投资效益约束和法律约束等。

投资主体不同，其投资动机和投资范围也不同。企业或个人投资主体的投资动机是获利，投资范围是盈利性项目，而公共项目投资主体的投资动机则是公益，其投资范围是社会公益项目。

（2）资金的筹措与运用

资金的筹措与运用是指投资主体筹集和具体运用投资资金的方式和方法，它是由投资主体的层次与结构决定的。

1）单一化投资，一般是指政府投资，其投资决策权集中于国家，投资的方式与方法都相对单一，即资金由国家财政统收统支，投资采取拨款方式。

2）多元化投资主体，其投资的方式与方法都呈现多样化，如资金来源除拨款，还有银行贷款、债券、股票等多种资金筹措与运用方式。

（3）投资范围内各经济实体之间的关系

公共项目投资范围内涉及的经济实体包括建设单位、勘察设计单位、施工单位、银行、物资采购与供应单位等。各类经济实体之间复杂的经济关系主要是由投资主体所决定的，并受投资方式与方法的影响。

1）在投资主体与投资方式单一的情况下，国家投资、财政拨款、建设单位用款、勘察设计和施工单位实施投资建设，即投资范围内各经济实体之间存在着产品经济关系，属行政计划性质。

2）在投资主体多元化与投资方式多样化的情况下，投资范围内各经济实体之间存在着商品经济关系，属市场性质。

### 2. 我国的投资管理结构

为保证良好的投资效果，在我国已形成了中央政府实施宏观投资管理、地方政府和行业主管部门实施中观投资管理，以及企业或投资者实施微观投资管理的三个层次的完善的投资管理结构。

（1）宏观投资管理

宏观投资管理是指政府对宏观投资总量规模和投资结构的间接调控。包括国家政策调控、运用经济杠杆调控和中央政府直接投资管理等方式。

1）国家政策调控。例如，制定符合国情的国民经济长远投资规划和产业政策，灵活使用货币政策和财政政策，加强对金融市场的监管等。

2）运用经济杠杆调控。例如，政府在既定政策的前提下，通过经济手段的导向作用，使投资主体在顺应国家政策时有利可得，在违背国家政策时则无利可图，从而约束投资主体自觉遵从国家政策的意图，实施规范的投资行为。

3）中央政府直接投资管理。对关系到国民经济发展的大型基础设施、基础产业、公益项目和关键性竞争领域的项目，中央政府实施直接的投资管理。

（2）中观投资管理

中观投资管理是指地方政府对地区、行业主管部门对行业实施的投资规模和投资结构间接调控。包括地方规划指导和地方政府直接投资管理等方式。

1）地方规划指导。例如，制定合理的地区或行业长远投资规划，建立如原材料与产品供求信息、税收信息、价格信息、行业或区域发展规划信息等经济情报信息系统，以保证给予投资者适当的信息指导，依法规范投资者行为。

2）地方政府直接投资管理。对关系到地区与行业发展的基础设施、基础产业、公益项目及关键性竞争项目，地方政府实施直接的投资管理。

（3）微观投资管理

微观投资管理是指企业和投资者对投资项目的直接管理，是分权式投资管理模式的重要组成部分。包括自筹资金管理、预算拨款管理和资本市场管理等方式。

1）自筹资金管理。是企业从自身利益出发自行筹措资金，并按照政府规定的投资程序核准或备案注册的管理过程。企业的自筹资金管理受到市场的直接调节。

2）预算拨款管理。是对政府按预算直接拨款用于政府投资的管理过程。预算拨款的范围主要包括政府审批通过的基础设施、基础产业、关键性竞争产业以及诸如国防、学校、科研、行政、公益等公共项目，预算拨款项目由政府财政管理部门严格控制管理。

3）资本市场管理。分为银行贷款管理和发行股票与债券管理。其中，银行贷款是投资主体在资本市场间接融资的主要来源，由银行根据商业银行的特点按市场原则实施投资管理；发行股票与债券是投资主体在资本市场直接融资的主要来源，由中国证券监督委员会（简称中国证监会）负责管理，证券中介机构（如证券公司等）按照市场原则辅助操作。

## 1.2.2 公共项目的投资管理结构

### 1. 公共项目投资的类型

公共项目投资的类型主要包括基础性项目投资和公益性项目投资两类。

（1）基础性项目投资

基础性项目投资主要是指两类投资：①对于收益比较高，具有市场竞争力的纯经营性基础设施公共项目，其资金来源主要通过市场融资得到；②对于建设周期长，投资大而收益低，需要政府扶持的准经营性基础设施项目，其资金来源主要通过国家开发银行融资或项目融资得到。

（2）公益性项目投资

公益性项目投资主要是指非营利性基础设施公共项目，包括科技、教育、文化、卫生、体育、环保等，以及公益设施、国防设施的准公共项目，其资金主要由政府财政资金安排。

### 2. 公共项目投资的资金来源

公共项目投资的资金来源主要分为项目资本金和项目债务资金两大类。

（1）项目资本金

项目资本金又称为项目自有资金或项目权益资金，是投资者缴付的出资额，除了主要由中央或地方政府用财政预算投资建设的纯公共项目等特殊项目，大部分投资项目都要实行资本金制度，即项目总投资中必须包含一定比例的由出资方实缴的资金，这部分资金对于项目法人而言属于非负债资金，投资者可以转让其出资，但不能以任何方式抽回。

项目资本金包括资本金和资本溢价，主要来自国家预算类资金、发行股票、企业自筹资金，是企业用于项目投资的新增资本金、资本公积金、提取的折旧费与摊销费以及未分配的税后利润等。国家对项目资本金一般规定最低数额与比例，以及资本金筹集到位的期限，并明确规定了在整个营运期内不得任意抽走，其目的是让投资者具有风险投资的意识，保证投资者承担必要的风险，从而避免无本经营或过度的负债经营。

（2）项目债务资金

项目债务资金是指企业从银行和非银行金融机构取得的贷款及发行债券的所得等，包括长期债务和短期债务。其中，长期债务是指长期借款、应付长期债券和融资租赁的长期应付款项等；短期债务是指短期借款、应付账款等。项目债务资金的来源渠道包括国内债务筹资和国外贷款资金两种形式。

1）国内债务筹资。主要是指通过国家政策性银行（如国家开发银行、农业发展银行、进出口信贷银行等）、国有商业银行（如中国建设银行、中国工商银行、中国农业银行、中国银行等）、股份制商业银行（如交通银行、光大银行、招商银行等）、非银行金融机构（如信托投资公司、财务公司、保险公司等），在国内发行债券以及国内融资租赁的形式获得资金的方式。

2）国外贷款资金。投资项目中若有需从国外引进的技术时，还需要使用外汇，则通过外国政府贷款、外国银行贷款、出口信贷、国际金融机构组织贷款，以及引进国外企业直接投资作为债务资金来源的重要渠道。

### 3. 公共项目投资的特点

公共项目投资具有大额性、差异性、阶段性和层次性的特点。

（1）公共项目投资的大额性

与其他投资产品不同，公共项目产品往往具有实物规模庞大、类型多样、建设地点固定，以及建设周期长、消耗资源多、涉及面广、协作性强等特征，因此，公共项目投资具有一次性投资额度大的特性，少则几十万、几百万，多则几千万、几个亿，甚至更高。由于公共项目投资的大额性，也决定了公共项目对于宏观经济的重大影响，说明了公共项目投资的特殊地位，如港珠澳大桥的投资额达到了 720 亿元，而北京地铁四号线作为地铁支线，其投资额也达到了 153.8 亿元。

(2) 公共项目投资的差异性

不同性质的公共项目有其特定的规模、功能和用途，在建筑外观造型、装修以及内部结构和分隔方面都会有差异，这些差异就形成了投资的差异性，即便同种类型的公共项目，如果处于不同的地区或地点，其投资估算额度也会有所差别。因此，公共项目的投资估算具有绝对的差异性，只能根据各个公共项目的具体情况分别确定其投资估算额。

(3) 公共项目投资的阶段性

在公共项目基本建设程序的不同阶段，同一工程的投资有不同的名称和内容，这就导致公共项目的投资管理具有阶段性。例如，项目的决策阶段，因拟建工程的相关建设数据尚处估测期，所以形成的是误差率较高的投资估算；项目的设计阶段，随着设计资料的完善，形成的是该项工程基本建设投资的最高限额设计概算；项目的施工阶段，随着工程变更、签证以及材料价格、计算费率等的变化，形成的是反映工程实际投资的结算文件等。与之相适应，在公共项目建设过程中应按照各阶段的投资数额进行有效的投资控制，以保证投资目标的实现，如图 1.2 所示。

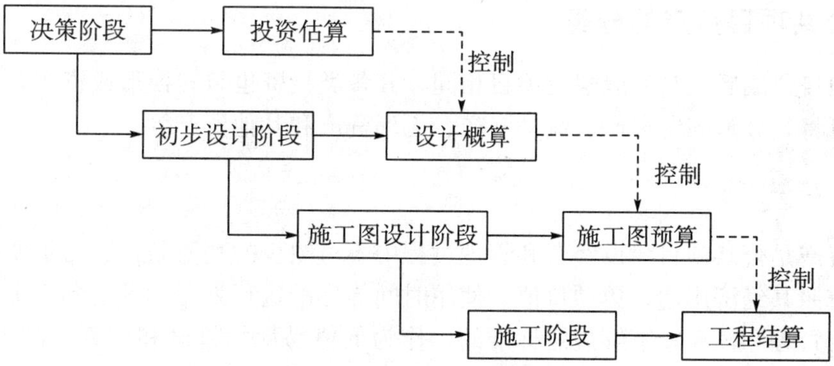


**图 1.2　公共项目投资管理的阶段性**

(4) 公共项目投资的层次性

由于公共项目的组成复杂，且投资具有大额性，因此，在进行投资管理时，需先将其按照工作分解结构（WBS）依次分解为单项工程、单位工程、分部工程和分项工程后，再逐级进行资金逆向控制。即以分项工程作为工程计价的最小单元造价，组合汇总得到各分部工程造价，再由各分部工程造价组合汇总形成各单位工程造价，然后由各单位工程造价组合汇总形成各单项工程造价，并由各单项工程造价组合汇总形成公共项目造价，最后以汇总得到的公共项目造价与总投资对比，得出投资管理结论，如某公路工程投资管理的层次性如图 1.3 所示。

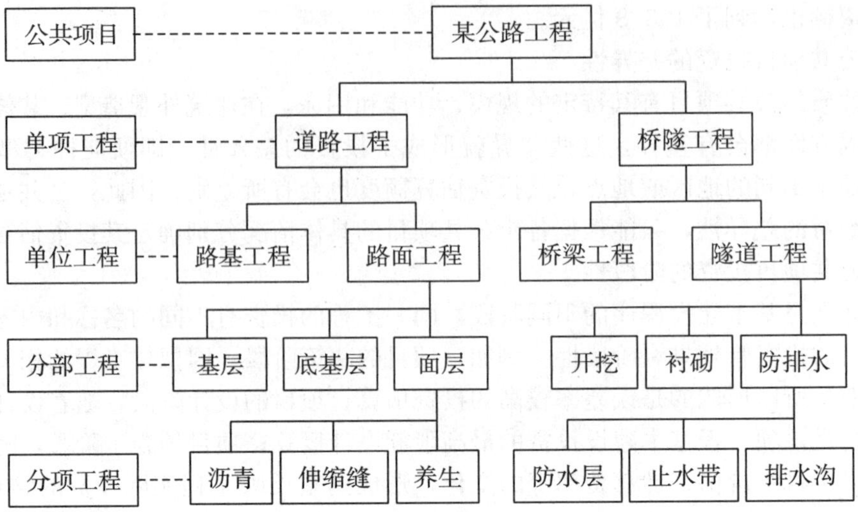


**图 1.3　按公共项目组成分解的投资管理层次**

## 1.2.3　公共项目资产的分类

公共项目建成后，与一般建设项目相同，其各类投资也将转换形成资产，按资产内容的不同，可将其分为固定资产、流动资产、无形资产和其他资产等。

1. 固定资产

固定资产是公共项目建设经营和管理过程中不可缺少的物质条件。为了便于管理和核算，通常按照其经济用途、单项价值、使用时间等标准进行划分。凡达到规定标准的，作为固定资产管理和核算；不够规定标准的，作为低值易耗品管理和核算。对于固定资产，尚需明确其原值、折旧、净值和残值等概念。

(1) 固定资产原值

固定资产原值即固定资产的原始价值，是指在会计核算中，购建固定资产的实际支出，包括建设期贷款利息、外币借款、汇兑差额，以及项目在达到使用状态前发生的运输费、装卸费等。

(2) 固定资产折旧

当项目投入运营后，固定资产在使用过程中会逐渐磨损和贬值，其价值逐步转移到产品中去，这种伴随固定资产损耗发生的价值转移称为固定资产折旧。转移的价值以折旧费的形式计入产品成本，并通过产品的销售以货币形式收回到投资者手中。

(3) 固定资产净值

固定资产净值是固定资产原值扣除累计的折旧费总额，再扣除已经计提的减值准备后的净值。其中，固定资产减值是指固定资产使用一段时间后，由于损坏、技术陈旧或者其他经济原因所导致的可回收金额低于账面价值的情况。

(4) 固定资产残值

当固定资产寿命期结束时，需根据社会再生产条件和市场情况对固定资产的价值重新进行评估，此时所得到的固定资产价值称为固定资产重估值。项目计算期结束时，固定资产的残余价值称为固定资产期末残值。对于某一项目，固定资产期末残值是一项在项目寿命期末可回收的现金流入。

### 2. 流动资产

流动资产包括现金及存款、存货、应收及预付款项、短期投资等。

(1) 现金及存款

在流动资产中，现金和各种存款是企业在生产经营过程中停留于货币形态的那部分资产，具有流动性大的特点。企业要进行生产经营活动，首先必须拥有一定数量的现金和各种存款，以支付劳动对象、劳动手段和活劳动方面的费用，然后通过生产经营过程，将产品销售出去，最终又获得这部分资金用于周转。

(2) 存货

存货是指企业在生产经营过程中为销售或者耗用而储存的各种有形资产，如材料、低值易耗品、产成品等。流动资产中存货的价值占有较大的比重，其特点是不断处于销售和重置或耗用和重置中，一般情况下，其价值一次性转移，并随着产品销售的实现，被耗用的价值一次性得到补偿。

(3) 应收及预付款项

应收及预付款项是指企业在生产经营过程中，由于销售或购买产品，提供或接受劳务时应收或者预付其他单位或个人的各种款项。其中，应收款项包括应收销货款、应收票据及其他应收款；预付款项包括预付购货款、预付备料款等。

(4) 短期投资

短期投资是指能够随时变现，或者持有时间不超过一年的投资，包括股票、债券、基金等。

流动资产在经营过程中，其价值一次性转移到产品成本中去，并随着产品价值的实现而得到补偿，是运营长期占用并周转使用的营运资金，不包含运营中需要的临时性营运资金。

### 3. 无形资产

无形资产是指由特定主体控制的不具有独立实体，对生产经营能长期持续地发挥作用，并具有获利能力的资产。公共项目的无形资产可以分为可确指的和不可确指的两大类。

(1) 可确指的无形资产

可确指的无形资产根据内容可分为知识产权、对物产权、行为权利、公共关系等。其中，知识产权是指专利权、商标权、版权、服务标志、顾客名单等；对物产权是指土地使用权、矿业开发权、优惠融资权等；行为权利是指专营权、许可证、专有技术等；公共关系包括客户关系、销售网络、职工队伍等。

(2) 不可确指的无形资产

不可确指的无形资产主要指商誉，是由企业的素质、管理水平以及经营历史等因素综合决定的，并通过超额利润来反映，其价值只能通过企业整体资产评估的途径来确定。

4. 其他资产

其他资产是指除了固定资产、流动资产、无形资产以外的其他资产，公共项目的其他资产主要包括长期待摊费用和其他长期资产。

（1）长期待摊费用

长期待摊费用是指企业已经支出，但摊销期限在1年以上（不含1年）的各项费用，包括开办费、租入固定资产的改良支出以及摊销期在1年以上的固定资产大修理支出、股票发行费用等。例如，递延资产是除了固定资产、流动资产、无形资产以外的长期待摊费用，是指企业已经支付这些费用，但其影响不仅限于支付当期，还需由支付当期以后的各期共同分摊的长期投资，又称为递延费用。

（2）其他长期资产

其他长期资产是指具有特定用途，不参加正常生产经营过程，除了固定资产、流动资产、长期投资、无形资产和长期待摊费用以外的资产。一般包括经国家特批的特准储备物资、银行冻结存款和冻结物资、涉及诉讼中的财产等。其中，特准储备物资是指由于特殊原因经国家批准储备的特定用途的物资，未经批准，不得挪作他用；银行冻结存款和冻结物资是指人民法院对被执行人在银行的存款或企业的物资实施强制执行的一种措施，是经冻结后的存款和物资。

# 第 2 章　项目融资概述

【本章概要】

本章主要包括项目融资的特征及参与者、项目融资的构成与运作程序两部分。首先通过项目投资与融资之间的关系、项目融资的特征、项目融资的八类主要参与者等内容介绍了项目融资的基本特征；然后从项目融资的构成要素以及各要素之间的制约关系等方面详细阐述了项目融资的构成，并对项目融资的运作程序和设计原则进行了详细的说明。

【本章知识总览】

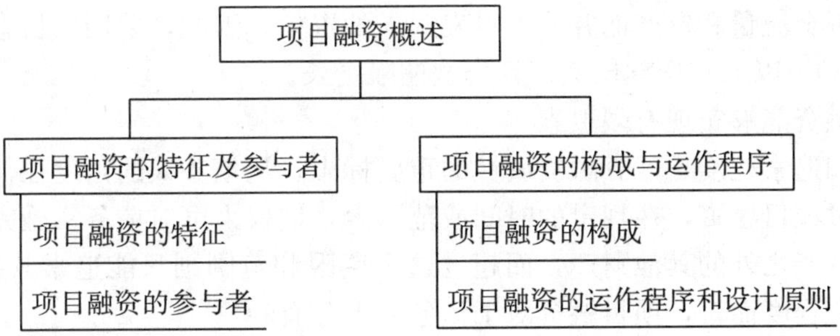


## 2.1　项目融资的特征及参与者

### 2.1.1　项目融资的特征

项目的融资与投资方案的设计与选择是项目投资管理不可分割的两个部分，只有当项目具有良好的融资前景和合理的资金来源时，才能对投资项目进行有针对性的可行性研究；若筹集不到足够的资金，即使项目投资前景广阔，收益可观，也难以付诸实施。

1. 项目投资与融资之间的关系

(1) 项目融资对项目投资的影响

从项目资本的运作来看，必须先有融资，再有投资，只有筹集到足够的资金，才可能进行项目的投资；同时，项目的融资决策也会对投资决策产生重大影响。因为不同的融资方式其融资成本也是不同的，而不同的融资成本将直接影响投资方案的选择，并最终影响投资效益。

（2）项目投资对项目融资的影响

首先，只有存在可行的投资项目，才会考虑筹集资金的方式，也才有融资的必要，因此，从决策程序来讲，先有投资决策而后才有融资决策，即投资决策是融资决策的前提。其次，从项目资金结构上分析，采用何种投资结构将直接关系到发起人对资产的拥有形式、对现金流量的控制程度，以及在项目中承担的责任，即项目的投资决策将决定、制约项目的融资决策。最后，项目的投资规模和投资估算的金额将直接影响项目的融资规模、融资成本、融资方式以及融资结构。

因此，项目的投资与融资之间具有不可分割的密切关系，二者相互联系、相互影响。在进行投资的时候要考虑到融资的方式，同样在进行融资的时候也要考虑到不同的融资方式会对投资决策产生何种影响，从而最终实现投资目标。

2. 项目融资的特征

（1）项目融资以项目为导向

项目融资是以项目为主体和导向，包括项目发起人、项目公司和贷款人等众多参与者的活动。由于它不是以现有的资产做抵押，而是以项目未来所形成的资产和预期收益做抵押，因此其抵押物是项目自身的财产。与传统的企业融资不同，项目融资的安排过程主要依赖于项目的现金流量和资产而并非项目发起人的资信，因此，采用项目融资可获得较高的（甚至达到80%以上）贷款比例，且贷款期限更长。

（2）项目融资能够实现有限追索

追索形式和追索程度是区分融资属性的重要标志，从债务人的角度往往希望追索程度越低越好。通过项目融资，在规定的时间或范围内，债权人可对债务实施完全追索，即可追索到除抵押资产之外的其他财产，而超过这个期限和范围则只能追索其抵押物。因此，从追索的形式和程度而言，项目融资对于债务人十分有利。

追索程度是根据项目的多方面综合因素，通过谈判来确定的。一般情况下，限制追索程度的因素主要包括：①项目自身的性质，即项目未来所形成的收益越有保障，追索程度越低；②项目发起人或项目公司的信誉或财产实力越强，追索程度越低；③项目的担保种类越多或担保越有保障，其追索程度也越低。

（3）项目融资强调风险分担

项目融资的本质是为大型建设项目筹集资金，而这类项目的特点就在于建设规模大、生命周期长，项目风险因素远远超过传统企业，因此必须实现有效的风险分担，不能将风险集中或过于集中到某一参与方，而需将与项目有关的各种风险要素以最有效的形式在参与者和贷款人之间进行分担。成功的项目融资结构是在项目中没有任何一方单独承担全部项目债务的风险责任，而是遵循由最有能力承担的参与方承担相应风险的原则，尽可能地将风险进行合理分散。

（4）项目融资可实现非公司负债型融资

非公司负债型融资也称为表外融资，即项目融资所筹集到的资金如果是负债的话，那么这种负债只计入项目公司的资产负债表，而不计入项目发起人即项目投资者的资产负债表中。表外融资作为一种向银行贷款的负债，由于其并未进入项目投资者的资产负债表中，意味着资产负债率仍然保持着一定的水平，因此对于投资者非常有利，既可以实现贷款人对借款人的有限追索，还有利于投资者进一步筹集资金，提高其债融资本率，以有限的财力从事更多的投资，同时将投资的风险分散和限制在更多的项目之中。

(5) 项目融资可实现信用结构多样化

成功的项目融资，能将贷款的信用支持分配到有关的各个关键方面，其表现形式为在项目融资过程中签订各类合同，每个合同都代表着不同的信用关系，其签订的目的就是通过合同或这种法律关系将风险分担给最有能力承担的一方，形成多样化的信用关系。例如，在市场方面，对项目产品有购买意向的消费者提供一种长期购买合同作为融资的信用支持；在工程建设方面，要求建设方提供工程技术相关保证；在原材料和能源供应方面，设计一定的浮动价格调值公式以保证项目的最低收益等都属于信用结构多样化，可提高项目的债务承受能力。

(6) 项目融资成本较高，但税务优势明显

项目融资相对传统融资的成本较高，主要基于两个原因：①由于项目融资存在着大量的前期工作，如谈判、协商、签订合同等，因此咨询费、成本费、承诺费等前期费用比较高；②由于项目融资属于无追索或有限追索性质，对于银行而言其风险提高，因此银行的贷款利率相对提高，从而使得贷款利息也相应较高。尽管如此，项目融资仍然是大量项目筹集资金的首选方式，这与项目融资税务优势明显的特征息息相关。

在项目融资过程中，可以充分利用其税务优势降低融资成本，即在法律允许的范围内，设计投资结构、融资模式，最大限度地加以分配和利用国家税务鼓励政策，包括利息成本、加速折旧、投资优惠以及其他费用的抵税法规等节约融资成本。例如，在利息成本方面，由于利息是在税前抵扣的，因此可充分利用项目融资中债务利息的税收政策降低税额，即缴纳的利息越多，虽然财务费用越高，但其税收却越低；在加速折旧方面，项目融资大多形成的是固定资产，因此还可充分利用固定资产折旧的税收政策，即通过累计固定资产折旧抵扣税收，固定资产占比越多，其提取的折旧越多，实际税收额度越低；在投资优惠方面，有些国家为吸引社会资本参与项目融资，提供了很多投资优惠政策，如美国为鼓励杠杆租赁模式，提出了凡经杠杆租赁模式融资的项目一律减免税收的 20%作为优惠条件。

## 2.1.2 项目融资的参与者

项目融资相对于其他融资方式而言，参与者众多，主要包括项目所在国政府、项目发起人、项目公司、贷款银行或银团、项目信用保证实体、项目运营商、保险公司和项目融资顾问。

(1) 项目所在国政府

项目所在国政府决定着建设项目设立与否，以及是否采取项目融资方式，有权在项目进行过程中对必要的环节进行监督和管理，并有权在项目特许到期时无偿收回该项目，因此，从总体上看，政府是项目的控制主体。

政府也是项目融资最主要、最关键的参与者，表现在宏观与微观两个方面：①在宏观方面，政府可以为项目建设提供一种良好的投资环境；②在微观方面，政府部门可以为项目的开发提供土地、良好的基础设施、长期稳定的能源供应和某种形式的经营特许权，以及提供条件优惠的出口信贷和其他类型的贷款或贷款担保，以促成项目融资的完成。因

此，政府是否为项目提供了良好的投资环境是项目融资成功与否的决定因素。

（2）项目发起人

项目发起人即项目公司的投资者，可以是单独的一家公司，也可以是由多家公司组成的联合体或投资财团；项目发起人的性质可以是私人公司，也可以是政府机构或国有企业两者的混合体。由项目发起人提出项目，取得经营项目所必需的特许权，并将各当事人联系在一起，组建项目公司。

项目发起人是项目的实际投资者和真正主办人，一般为股本投资者，其作用是：①通过项目的投资活动和经营活动，获得投资利润；②通过组织项目融资，实现投资项目的综合目标要求；③为项目公司提供一部分股本资金，并以直接或间接担保的形式为项目公司提供一定的信用支持，比如完工担保。

（3）项目公司

项目公司即项目的直接承办者，是项目发起人为建设、经营某特定工程项目而联络有关方面专门建立的自主经营、自负盈亏的公司或合营企业。项目公司是项目的执行主体，在项目中处于中心地位。项目公司直接参与项目的投资和管理，直接承担项目债务责任和项目风险，所有关系到项目的筹资、分包、建设、验收、运营以及还债和偿付利息的事项都由项目公司负责。

项目公司作为业主，直接与设计公司、建设公司、制造企业以及经营公司发生业务往来。在法律上，项目公司是一个独立的法律实体，具有独立的法人资格。其作用在于：①通过成立项目公司，可以限制债务和经营风险，实现有限追索；②通过成立项目公司，可以实现非公司型负债安排，即负债只进入项目公司的资产负债表而不进入项目发起人的资产负债表；③项目公司的所有权集中，便于管理且管理灵活高效。

（4）贷款银行或银团

贷款银行或银团是项目融资债务资金来源的主要提供者，可以是商业银行、非银行金融机构（如租赁公司、财务公司等），也可以是由十几家银行组成的国际银团，以及国家政府的出口信贷机构。贷款的条件一般取决于项目本身的规模、项目经营者的经营管理能力和资金状况，但在更大程度上取决于项目发起人和所在国政府为项目提供的支持和特许权协议的具体内容。项目发起人和政府的支持越多，贷款条件越优惠。

项目公司在选择贷款银行时的主要原则包括：①选择对项目所在国了解和友好的银行，比如“一带一路”倡议下，有大量的基础设施项目待建，则贷款可依靠世界银行、亚投行等友好的银行；②选择与项目规模相符的银行，如果项目建设规模大，则优先选择如国家开发银行等大银行；③选择对项目及所属部门熟悉的银行，一般来说建设的是哪种项目，就按行业选择与项目对应的银行。例如，基本建设项目优先选择建设银行，农业发展项目优先选择农业银行，而交通类基础设施项目则优先选择交通银行等。

（5）项目信用保证实体

项目信用保证实体是一种综合体，是指能够为项目提供信用担保的参与主体，其重要职能是通过签订相应的协议或合同分担风险。

项目信用保证实体主要包括：①项目产品的购买者或项目设施的使用者。这类实体通过为项目公司提供“长期购买合同”的方式，将项目未来的销售风险分担出去。②项目建设工程公司或承包公司。这类实体通过签订一揽子承包合同（也称“交钥匙合同”）的方式，将项目的建设风险分担出去。③项目设备供应商，能源、原材料供应商。这类实体通过签订“固定价格的长期供货协议”，或安排延期付款、低息优惠出口信贷等方式，将相应的风险分担出去。

（6）项目运营商

项目建成后需要运营商负责项目运营，而现代项目融资的参与者并不是独立的，一个参与者往往可能在项目融资中承担多种角色，如项目公司投建营一体化模式下，项目公司就同时担任着项目投资者、建设者以及运营商的角色，即项目公司本身就是运营商，在项目完工后负责运营。

项目公司投建营一体化模式是目前常用的商业模式，在此模式下，运营商也可能是项目的股东之一，从而具有两方面的优点：一是项目公司可获得三方面的利润，即投资利润、施工利润和经营利润；二是可确保项目资金及时到位，确保施工质量以及经营的效率。对于非专业经营者的项目公司，也可以通过合同委托其他专业经营商作为运营商经营项目，独立的运营商依约接管竣工项目，负责对项目进行经营和维护，并对项目的使用收取费用。

（7）保险公司

保险公司主要是对项目运行中各个角色都不愿承担的风险进行保险的项目融资参与方，其保险业务包括：工程承包商的意外风险，如火灾等；业务中断风险、整体责任风险以及政治风险，如战争、财产充公等。由于这些风险的不可预见性很强，难以预计，造成的损失巨大，因此需要通过购买保险的方式由保险公司承担。

项目融资对于保险公司的财力、信用要求比较高，一般的中小保险公司是没有能力承担此类保险业务的。

（8）项目融资顾问

项目融资的操作过程比较复杂，强调知识的综合性，且涉及的专业性很强，而绝大多数项目投资者缺乏融资的专业知识和实践经验。因此，项目发起人需要聘用具有专门技能的专业融资顾问协助其进行融资设计、安排项目融资工作。

对项目融资顾问的要求：熟悉项目所在地的政治、经济、投资环境，以及法律和税务等情况，能够根据当地条件对项目融资结构提出参考意见，对项目的可行性做出评估；能够利用自己良好的社会关系，向潜在的投资人推荐该项目，并通过组织银团，安排谈判，促成各利益主体之间达成协议，完成融资任务。因此，融资顾问应该是既具备专业知识又具备良好的社会关系的项目融资设计师。

对于大型的融资项目，融资顾问往往不是独立的个人，而是组织多个专业的投资顾问，包括财务与金融顾问、技术顾问、法律顾问、会计税务顾问等，组成融资顾问团。其职责包括：编制或审查项目可行性研究报告；确定最优融资方案；编制融资计划书；对项目进行技术评价、经济评价和社会评价；负责起草贷款和担保文件等其他重要文件，而且要特别仔细审阅项目发起方和其他各参与方之间的各项协议。

## 2.2 项目融资的构成与运作程序

### 2.2.1 项目融资的构成

1. 项目融资的构成要素

项目融资的构成要素包括四大结构和一个经济强度，即项目的投资结构、融资结构、资金结构、信用保证结构和项目的经济强度。

（1）项目的投资结构

项目的投资结构即项目的资产所有权结构，是指项目投资者对项目资产权益的法律拥有形式和其他项目投资者之间的法律合作关系。采用不同的项目投资结构或出资方式不同时，会导致投资者对其资产的拥有形式、项目的未来产品和现金流量的控制程度，以及投资者在项目中所承担的债务责任、所涉及的税务结构等方面均产生很大的差异，而这些差异又会对项目融资的整体结构设计产生直接的影响。

在进行项目的投资结构设计时，主要考虑以下七项因素：项目资产的拥有形式，项目产品的分配形式，项目管理的决策方式与程序，债务责任的划分，项目现金流量的控制，税务结构的安排，会计处理的差异。

（2）项目的融资结构

投资者达成投资结构的一致意见后，就要设计和选择合适的融资结构，以实现投资者在融资方面的目标要求。融资结构是项目融资方案的核心部分，是指项目融资方式及其组合，设计项目的融资结构是投资者所聘请的融资顾问承担的一项重点工作。

项目融资结构通常采用的模式包括投资者直接融资、单一项目公司融资、设施使用协议、生产支付、BOT、ABS、PPP、杠杆租赁等。融资结构模式并非一成不变，而是可以根据项目的实际情况对各种融资方式进行改良和创新，设计时可按投资者要求，对几种常见模式进行组合、取舍和拼装，以实现预期目标。

（3）项目的资金结构

项目的资金结构用于决定在项目中股本金、准股本金和债务资金的形式、比例关系以及来源，它是由投资结构和融资结构决定的。融资结构与资金结构的区别在于：融资结构决定的是投资者采用何种方式筹集资金，强调的是过程；而资金结构是指结果，即采用这种方式筹集到的各类资金数额。同时，资金结构也影响着项目融资结构的设计，同一项目选择不同的融资结构和资金结构，所得结果也会有很大差别。

由于大部分项目融资资金中占有绝大比重的是债务资金，因此，在设计项目的资金结构时，重点要解决项目的债务资金筹集问题。项目融资可采用的常见的债务形式有商业贷款、银团贷款、商业票据、欧洲债券、政府出口信贷、租赁等。特别要注意的是，在整个融资结构中需要适当数量和适当形式的股本金和准股本金作为信用支持。

（4）项目的信用保证结构

项目融资的安全性来自项目自身经济强度和项目之外的各种担保，其中项目担保由项目投资者提供，也可以由与项目直接或间接相关的其他方提供。这些担保可以是直接的财务保证，如完工担保、成本超支担保、不可预见费用担保等，也可以是间接的或非财务性担保，如长期购买产品协议、技术服务协议、以某种定价公式为基础的长期供货协议等。这些担保形式的组合构成了项目的信用保证结构，其目的在于风险的分担，原则上是由最有能力的一方承担相应的风险。

（5）项目的经济强度

项目的经济强度是指项目未来可用于偿还贷款的净现金流量以及项目本身的资产价值。若项目的净现金流量稳定、可观且风险小，则项目的投资者和融资方进行投融资的积极性就高，项目的投融资比例就趋于合理；若项目在建成后形成的资产价值高，升值空间大，且项目风险可适当控制，则成功融资的概率就会增加。因此，项目自身的经济强度是项目融资成功的关键。

## 2. 构成要素之间的制约关系

项目的经济强度决定了项目的投资结构、融资结构、资金结构以及信用保证结构，项目融资各基本构成要素之间的关系如图 2.1 所示。

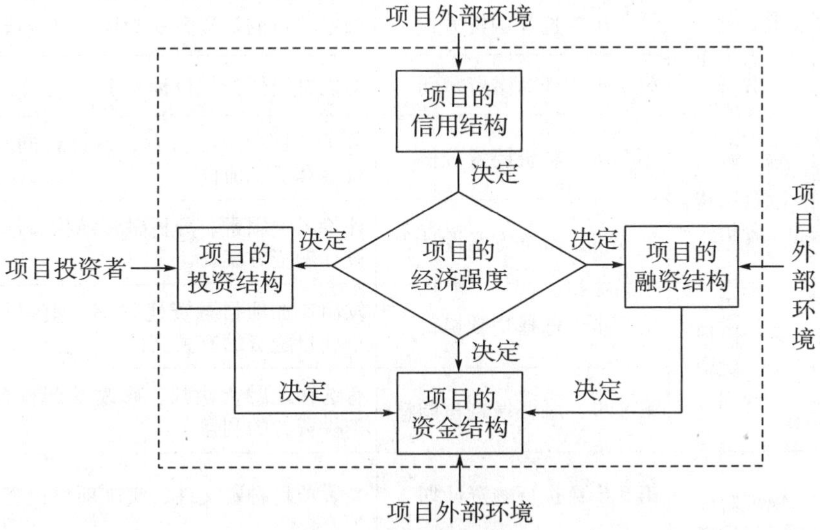


**图 2.1　项目融资各基本构成要素之间的关系**

图 2.1 中，项目的经济强度越强，证明其未来的收益越有保障，则银行承担的风险越低，与之相对应其信用保证结构就越简单。从这个意义上讲，融资项目能否获得贷款取决于项目自身的经济强度。项目本身的经济强度与信用保证结构之间也是相辅相成的关系，项目经济强度越高，信用保证结构就相对简单，条件相对宽松；反之，如果经济强度越弱，就要求信用保证结构相对复杂和严格。

对项目构成要素中任何要素的调整，都会影响各要素结构设计及要素间的组合关系。实际操作中，不能把项目融资整体简单理解为独立完成各基本要素设计后的组合。要通过投资者之间，投资者和贷款银行之间，投资者和贷款银行与项目产品消费者、生产设备供应商、能源及原材料供应商、政府有关部门及税务机构之间等反复谈判，才能完成项目融资的系统设计和各要素间组合关系的确定。该过程完成后，通过对不同方案的评价、选择和调整，最终产生最佳方案。

### 2.2.2 项目融资的运作程序和设计原则

#### 1. 项目融资的运作程序

项目融资的运作程序包括项目融资计划和项目融资实施两个过程，分为项目的投资决策分析、融资决策分析、融资结构分析、项目融资谈判和项目融资执行五个阶段，各阶段的运作步骤和运作要点如表 2.1 所示。

**表 2.1 项目融资的运作程序**

| 运作过程 | 运作阶段 | 运作步骤 | 运作要点 |
|---|---|---|---|
| 项目融资计划 | 第一阶段投资决策分析 | 第 1 步：投资决策分析 | 进行项目的宏观经济形势判断、行业内的竞争性分析、项目的可行性分析 |
| | | 第 2 步：确定投资结构 | 确定项目的产权形式、产品的分配形式、项目的债务责任 |
| | 第二阶段融资决策分析 | 第 3 步：选择融资方式 | 确定项目的筹资方式为项目融资或公司融资 |
| | | 第 4 步：任命融资顾问 | 明确融资任务、目标要求 |
| | 第三阶段融资结构分析 | 第 5 步：融资要素分析 | 分析项目融资参与者、签订合同和协议、明确资金和资源流向 |
| | | 第 6 步：融资方案设计 | 评价风险因素、分析融资结构、修正投资结构、设计融资方案 |
| | 第四阶段项目融资谈判 | 第 7 步：选择贷款银行 | 发出参加项目融资建议书、组织贷款银团、起草项目融资的有关文件 |
| | | 第 8 步：融资谈判与调整 | 有选择地融资谈判、修改及调整合同文件、保护投资者的利益 |
| 项目融资实施 | 第五阶段项目融资执行 | 第 9 步：执行融资计划 | 签署项目融资文件、实施项目投资计划 |
| | | 第 10 步：项目风险管控 | 贷款银行参与决策控制风险、贷款银团经理人参与决策协助风险管理 |

表 2.1 中各阶段的具体内容如下。

（1）投资决策分析阶段

1）投资决策分析。在进行项目融资决策之前，需要进行周密的投资决策分析，只有存在可行的投资项目，才会考虑采用何种融资方式，因此需要进行宏观经济形势判断、对部门的发展和项目所在的行业的竞争性分析，以及项目的可行性分析。

2）确定投资结构。在投资决策阶段还要确定项目的投资结构，它决定着投资者对项目资产的拥有形式、对项目现金流量的控制程度以及在项目中所承担的责任。项目投资结构的选择将影响项目融资的结构和资金来源的选择，反过来，项目融资结构的设计在多数情况下也会对投资结构的安排做出调整。

（2）融资决策分析阶段

1）选择融资方式。在融资决策阶段，项目投资者将决定项目的开发所采取的筹资方式，即确定是采用项目融资还是公司融资。

2）任命融资顾问。如果确定采用项目融资的方式为项目筹集资金，则需要选择和任命融资顾问开始研究和设计项目的融资结构，或者投资者也可以聘请融资顾问对项目的融资能力以及可能的融资方案做出分析和比较，从而优选得到最佳的融资方案。

（3）融资结构分析阶段

1）融资要素分析。融资结构是项目融资方式及其组合，其要素包括项目融资的参与者、参与者之间签订的合同以及协议、项目融资过程中资金或者资源的流向。

2）融资方案设计。项目融资结构设计的重要步骤是完成对项目风险的分析和评估。主要是由项目融资的参与者和融资顾问对项目的风险做出全面的识别与判断，从而确定项目的债务承受能力和风险，分析融资结构，修正投资结构，设计出切实可行的融资方案。

（4）项目融资谈判阶段

1）选择贷款银行。在初步确定了项目融资的方案之后，融资顾问将有选择地向商业银行或其他金融机构发出参加项目融资的建议书，组织贷款银团，着手起草项目融资有关文件。

2）融资谈判与调整。在与银行的谈判中，不仅会对有关的法律文件做出修改，在很多情况下也会涉及融资结构或资金来源的调整问题，有时甚至会对项目的投资结构及相应的法律文件做出修改，以满足贷款银团的要求。在这个阶段，强有力的融资顾问可以帮助加强项目投资者的谈判地位，从而保护投资者的利益，及时解决相关疑难问题。

（5）项目融资执行阶段

1）执行融资计划。在正式签署了项目融资的法律文件之后，融资的组织安排工作就结束了，项目融资将进入执行阶段。

2）项目风险管控。在项目融资过程中，贷款银行将通过其代理银行从项目建设期的提款情况、试生产期的监督使用情况、运营期的还款情况等方面，经常性地监督项目的进展，根据融资文件的规定，参与部分项目的决策程序，管理和控制项目的贷款资金的投入以及部分现金流量，以有效地控制项目的风险。此外，贷款银团的经理人也会参与到部分项目的生产决策中，并在重大的决策问题上有一定的发言权，可有效帮助项目投资者进行项目风险的管理。

### 2. 项目融资的设计原则

项目融资的模式可由项目发起人直接安排，也可通过项目公司安排，无论是哪种模式，都应遵循以下设计原则。

（1）有限追索原则

为了限制融资对项目投资者的追索责任，在进行项目融资模式设计时需要考虑的因素包括：拟建项目未来的经济强度在正常情况下是否足以支持融资的债务偿还；进行项目融资是否能够找到强有力的来自投资者之外的支持，如政府的担保等；对于融资结构的设计能否做出适当的技术性处理，如寻求外部投资者或参与者提供的担保等。

（2）项目风险分担原则

项目融资成功的标志就在于风险是否尽可能地进行了分担，不能集中到一个参与者身上，而风险分担的原则就是有能力者承担之，即谁最有能力承担这种风险，就由谁来承担。

（3）成本降低原则

由于项目融资的操作过程比较复杂，且银行面临的风险较高，其融资成本较传统的融资方式要高，因此，进行项目融资时要尽可能充分利用其税务优势，通过合理避税，降低融资成本，提高利润。

（4）完全融资原则

项目融资的投资者完全可以实现100%的融资，即全部通过外部筹集资金，其前提是项目未来的现金流量必须是充足、有保障的，因此，投资者股本资金的注入可以考虑以担保存款、信用证担保等非传统形式完成，投资者据此实现融资的目标要求。

（5）近期融资与远期融资相结合的原则

进行项目融资时有些资金需要短期的，而有些则需要长期的，因此，既要考虑从短期筹集资金以满足短期资金的要求，也要考虑一些长期贷款以满足远期融资的需求。

（6）表外融资原则

项目融资模式下从外部筹集的资金，只记录到项目公司的资产负债表上，而没有记录到项目发起人、股本投资者的资产负债表上，即表外融资。其优点是在没有提高资产负债率的前提下，可以提高项目投资者的再融资能力。

（7）融资结构最优化原则

在进行项目融资模式设计时，应注重融资结构最优化原则，具体表现在以下几方面：

1）实现融资方式种类结构的优化。在通过项目融资进行资金筹集时，既有股本资金，又有债务资金，如果资金来源单一化，就意味着项目融资过于依靠某一种方式，一旦这种方式不可行，就会使得风险过高，因此，要尽可能实现资金来源多元化。

2）实现融资期限结构的优化。在设计项目融资结构时，如果所有的债务都是短期的，意味着前期偿债压力巨大；而如果所有的债务都是长期的，则意味着成本、利息、费用等的提高。因此，要考虑到远期和近期相结合的原则，保持一个相对平衡的债务期限结构，尽可能使债务与清偿能力相适应，体现均衡性。

3）实现融资利率结构的优化。即利率选择时是采用固定利率、浮动利率、远期利率还是基期利率，要注重均衡性。

4）实现筹资方式的可转换性。可以实现股本转换为债务或债务转换为股本，这种可转换性主要是根据项目所面临的社会经济环境的变化调整变化的，也是规避金融风险的有效方法。

# 第 3 章　西部地区高等级公路 TOT 融资模式的适用性分析

**【本章概要】**

本章主要包括公共项目 BOT 融资模式分析、公共项目 PPP 融资模式分析和西部地区高等级公路 TOT 融资模式的适用性分析三部分。首先通过阐述 BOT 融资模式的运作流程与实施步骤、BOT 融资模式的参与方、BOT 融资模式的优缺点及其主要的衍生模式等分析了公共项目的 BOT 融资模式；然后从 PPP 融资模式的特征与类型、运作流程与实施步骤，以及 PPP 项目的确定原则、运作特点和实施要点等方面详细分析了公共项目的 PPP 融资模式；最后对 TOT 融资模式的运作流程与实施步骤及其在公共项目中的应用优势进行了介绍，并通过 TOT 与 BOT、BT、PPP 融资模式的对比分析，以及西部地区高等级公路投资建设的特点等内容，详细阐述了 TOT 融资模式应用于西部地区高等级公路的适用性及其优势。

**【本章知识总览】**

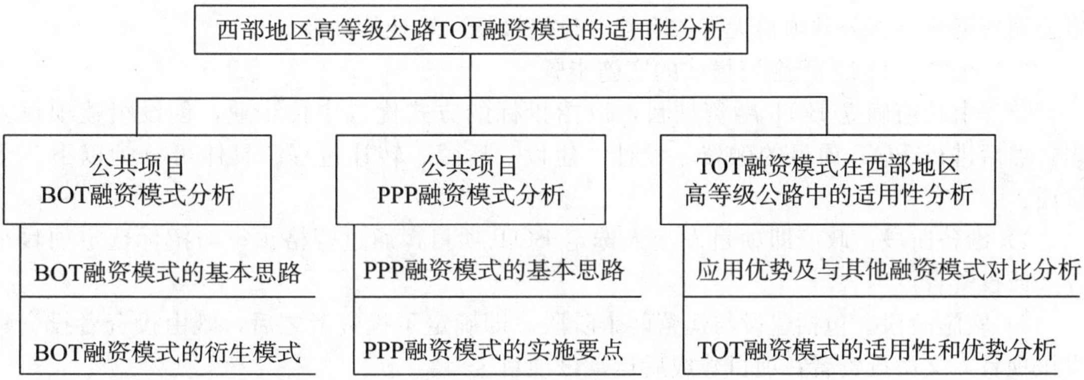


## 3.1　公共项目 BOT 融资模式分析

### 3.1.1　BOT 融资模式的基本思路

BOT（Build-Operate-Transfer）融资模式，即建设—经营—转让模式，也称为公共项目特许权方式。其基本思路是由项目所在国政府或所属机构为项目的建设和经营提供一种特许权协议作为项目融资的基础，由本国公司或外国公司作为项目投资者和经营者安排融资、承担风险，开发建设项目并在有限的时间内经营项目获取商业利润，最后根据协议将该项目有偿或无偿地转让给相应的政府机构。

## 1. BOT 融资模式的运作流程与实施步骤

（1）公共项目 BOT 融资模式的运作流程

公共项目 BOT 融资模式的运作流程如图 3.1 所示。

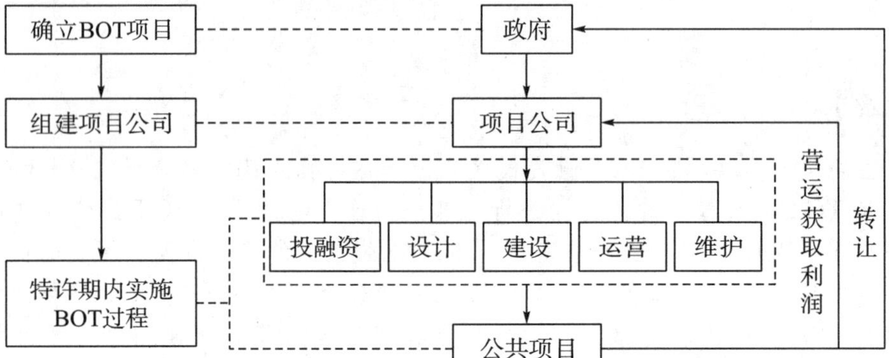


**图 3.1　公共项目 BOT 融资模式的运作流程**

如图 3.1 所示，BOT 融资模式的运作流程是通过签订特许权协议，政府将公共项目的建设权授予投资方所设立的项目公司，在协议约定的特许期内，由项目公司负责新建公共项目的投融资、设计、建设、运营和维护等工作。项目公司作为投资方，收回投资成本和获取利润的方式依赖于新建项目在特许年限内的运营收费，待特许经营期满后，再由项目公司根据协议将公共项目无偿或有偿（价格极低）转让给政府。

（2）公共项目 BOT 融资模式的实施步骤

首先由政府确立 BOT 融资项目，以招投标的方式优选中标企业，创设组建项目公司；然后进行 BOT 项目的融资、设计、建设、运营、转让过程。具体可分为以下三个阶段：

1）准备阶段。政府即项目发起人选定 BOT 项目，通过资格预审与招标选定项目承办人或投资者。

2）实施阶段。包括建设与运营两个阶段，即确定了投资者之后，既由投资者投资建设该项目，又由投资者在项目建成后运营该项目。

3）转让阶段。特许经营期满后，向政府转让移交的内容包括资产评估、利润分配、债务清偿、纠纷仲裁等。

从 BOT 融资模式的运作流程和实施步骤可以看出，BOT 融资模式的运作极为复杂，其过程包含了公共项目的整个生命周期。在项目的确立直至项目最终移交的全周期过程中，准备阶段是 BOT 融资模式中最重要的阶段，因为在这个阶段政府首先要决定是否采用 BOT 融资模式，在确定采用后，政府与投资者之间签订特许权协议，BOT 融资模式才得以运作实施。

## 2. BOT 融资模式的参与方

BOT 项目的参与方众多，且各参与方之间是以等级式关系相互作用的，不同参与方的利益需求不一样，因此，各自的独立性也使得各组织之间没有共同的协调机制。BOT 融资模式的主要参与方包括项目的发起人、项目的经营者以及项目的贷款银行。

（1）项目的发起人

BOT 项目的发起人是 BOT 融资模式中的最终所有者，是项目所在国政府、政府机构或政府指定的公司。在 BOT 项目运作期间，项目发起人在法律上既不拥有项目，也不经营项目，而是给予项目某些特许经营权和融资安排的支持。在融资结束后，项目发起人通常无偿地获得项目的所有权和经营权。由于特许权协议在 BOT 融资模式中占据关键性地位，所以 BOT 融资模式也被称为“特许权融资”。对于项目发起人而言，BOT 融资模式能够减少项目建设的初始投入，从而使政府部门可将有限的资金投入更多的领域中去。另外，BOT 融资模式还有利于吸引外资，引进新技术，改善和提高项目的管理水平。

（2）项目的经营者

BOT 项目的经营者是 BOT 融资模式的主体，一般是由一个专门组织起来的项目公司承担。BOT 项目公司的组成以在这一领域具有技术能力的经营公司和工程承包企业作为主体，有时也吸收项目产品或服务的购买者和一些金融性投资者参加。在 BOT 项目运作期间，项目经营者从项目所在国政府获得建设和经营项目的特许权，负责组织项目的建设和生产经营，提供项目开发所必需的股本资金和技术，安排融资，承担项目风险，并从项目投资和经营中获得利润。

BOT 项目特许权结束时，项目要转让移交给发起人，因此，对项目经营者的选择至关重要。一般情况下，项目的经营者包括多种类型，既可以是专业的经营公司，也可以是工程承包公司，甚至可以是产品的客户或购买者、金融机构等，无论是哪种类型，项目经营者均应满足以下标准和要求：①项目经营者要有一定的资金、管理和技术能力，以保证在特许协议期间能提供符合要求的服务；②项目经营要符合环境保护标准和安全标准，若涉及污染或不利于环保的企业都无权经营；③项目产品或服务的收费要合理，必要时政府可参与收费定价环节；④项目经营要做好设备的维修和保养工作，以保证特许权协议终止时项目发起人接收的是一个运行正常且保养良好的项目。

（3）项目的贷款银行

BOT 项目的贷款银行是 BOT 融资模式中项目融资债务资金的主要提供者，在 BOT 融资模式中通常扮演着很重要的角色，其贷款的条件取决于项目本身的经济强度、项目经营者的经营管理能力和资金状况，但是在很大程度上主要依赖于项目发起人和所在国政府为项目提供的支持和特许权协议的具体内容。BOT 项目的贷款银行具有以下两个特点：

1）BOT 项目贷款银行的组成复杂。由于 BOT 项目融资规模庞大，所以贷款银行的组成也相对较为复杂，是由包括商业银行、出口信贷机构和世界国际性银行在内的银团，共同为其提供贷款。

2）BOT 项目贷款条件更为优惠。BOT 项目往往是政府发起的具有公益性质的项目，属政策性贷款，因此较其他模式的商业银行贷款条件更为优惠。

### 3. BOT 融资模式的优缺点分析

(1) BOT 融资模式的优点

1) BOT 融资模式的最终所有者实际上是政府或政府所属的机构，即经营者与最终所有者并不是同一个主体，经营者是投资者，而最终所有者是政府，因此 BOT 融资模式能够减轻政府的财政负担，实现资产负债的表外融资。

2) BOT 融资模式有利于分散、转移和降低风险，且有利于提高项目的运作效率，从而提前满足社会和公众的需求，与此同时，通过国外承包的方式能够给项目所在国带来先进的技术和管理经验。

(2) BOT 融资模式的缺点

1) BOT 融资模式具有无追索或有限追索的特点，使得贷款人的风险增加，而对于项目发起人，除了承担市场风险、完工风险、融资风险，还要承担较高的政治风险和汇率风险。因此，BOT 融资模式的贷款人和项目发起人均须承担较高风险。

2) BOT 融资模式下，贷款人风险的增加必然会加强对项目的监管，同时，政府为了引进外资往往实施税收优惠政策，也会造成国家税收的大量流失。因此，与其他融资模式一样，BOT 融资模式的筹资成本较高，易导致税收流失，这一问题在发展中国家比较普遍。

3) BOT 融资模式的操作过程复杂，尤其是政府与 BOT 项目发起人的谈判比较复杂，双方都面临着如何准确了解对方意图、如何实现双方利益平衡的问题。因此，谈判往往旷日持久，有的甚至在大费周折后依然惨遭失败。

## 3.1.2 BOT 融资模式的衍生模式

BOT 融资模式在实践中通过组合、取舍和拼装形成了如 BOOT（建设—拥有—经营—转让)、BOO（建设—拥有—经营)、BT（建设—转让)、TOT（转让—经营—转让）等衍生模式，其中 BOOT 和 BT 是最典型的两种衍生模式。

### 1. BOOT 融资模式

BOT 项目是由社会资本进行投资和经营，最终无偿转让给政府，因此，BOT 项目的所有者实际上是政府或者政府所属的机构，这就出现了经营者是投资者，而最终所有者是政府，即 BOT 项目经营者与最终所有者不是同一个主体的情况，必将导致委托代理问题的产生，也就是经营者不会完全按照所有者的意志行事。以 BOT 高速公路项目为例，其投资者对高速公路的经营期是有限的，一般为 20 年或 30 年，因此投资者会尽可能在有限的经营期内将投资收回，并在经营期内尽可能减少维修保养费用，降低运营成本，从而最大限度地收回投资，获取利润，而最终转让给政府的可能是需付诸高额维修成本的项目。因此，为了避免这类委托代理产生的烂尾工程问题，就衍生了 BOOT 融资模式。

BOOT 融资模式包括建设、拥有、经营、转让四个过程，相比于 BOT 融资模式，它增加了“拥有”环节，意味着项目投资者同时拥有这个项目，即实现了公司治理委托代理的重要方法，使得项目经营者也成为所有者之一，能够激励投资者更好地经营项目，最终将项目移交给政府，且这种移交从无偿转为有偿，即经营者将股份有偿地转让给政府。

## 2. BT 融资模式

BT（Build-Transfer）融资模式，即建设—转让模式，从本质上可以看作 BOT 融资模式的一个演变，盛行于 20 世纪 80 年代发达国家。它的基本思路是由政府经过招投标程序选定投资人，由投资人组建项目公司完成项目的资金筹集以及项目的建设，项目建设期间的风险全部由承包企业承担。在协议规定的特许期限结束时，立即将竣工且满足质量要求的项目所有权移交给政府，政府利用非政府资金一次性或分期付款的方式付清与投资人协议约定的资金。BT 融资模式的流程如图 3.2 所示。

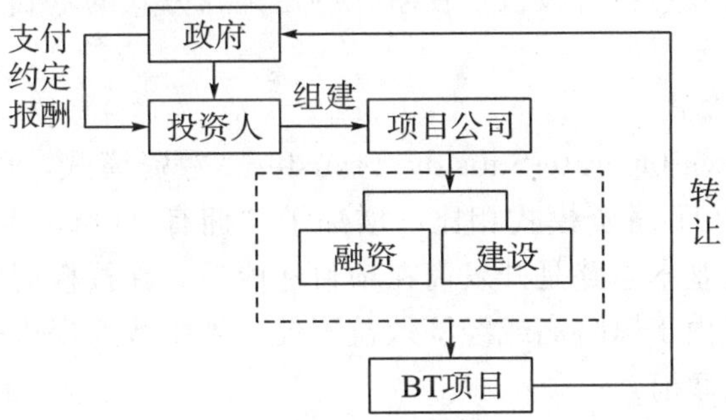


**图 3.2　BT 融资模式的流程**

BT 融资模式的具体运作流程包括确立 BT 项目、招投标优选承建单位、组建项目公司、融资、建设、转让环节。对比 BOT 融资模式，两者都具有较多的前期准备工作，耗时较长。不同的是，BT 融资模式不包括“O”运营阶段，这是由于公共项目经营风险比较高，社会资本不愿意承担这种经营风险，所以与政府协商时只确定投资建设这个项目，但是并不负责经营，政府必须有偿把建设的项目购买回去。即投资方在项目建成后，在满足质量要求的情况下，立即将所有权通过政府回购的方式转交给政府。这一特殊性极大地限制了 BT 融资模式的适用范围，使得其更适合于非营利性的基础设施类公共项目的建设。

需要注意的是，财政部在 2015 年发布的《关于进一步做好政府和社会资本合作项目示范工作的通知》中规定，政府和社会资本合作期限原则上不低于 10 年，对采用建设—转让方式的 BT 项目，通过保底承诺、回购安排等方式进行变相融资的项目，财政部将不予受理。这是由于规定我国推行 PPP、BOT 融资模式的核心是按项目的经营绩效支付，而 BT 项目最大的功能在于解决政府短期资金缺口，但这种模式在实施过程中并不能带来公共产品和服务供给绩效的提升，与推行 PPP 融资模式、BOT 融资模式的原则并不相符，尤其是 BT 项目具有容易出现垫资型工程的弊端。因此，目前在我国不允许以 BT 融资模式建立项目。

## 3. BOT 融资模式的其他衍生模式

### （1）BTO 融资模式

BTO（Build-Transfer-Own）融资模式，即建设—转让—经营模式，与 BOT 融资模式相比，其不同之处在于“经营（Operate）”和“转让（Transfer）”之间发生了次序上的变化。BTO 融资模式是在项目建成后，由政府先行偿还所投入的全部建设费用并取得项目所有权，然后按事先的约定由项目公司租赁经营一定年限，即建设、转让后再经营。

（2）BOO 融资模式

BOO（Build-Own-Operate）融资模式，即建设—拥有—经营模式，是由政府提供长期经营协议，通过招投标环节，出让在经营协议中规定的资产经营权利，运营商（投资人）则通过投标获得建造、拥有、经营该资产的权利。因此，BOO 融资模式中的项目公司在项目财产所有权上与一般私人公司相同，即相当于建设、经营某个特定基础设施而不转让项目设施财产权的私人公司。但在经营权的取得和经营方式上与 BOT 融资模式相似，即项目主办方获得政府特许授权，在事先约定经营方式的基础上，从事基础设施项目的投资建设和经营。

（3）BOOST 融资模式

BOOST（Build-Own-Operate-Subsidy-Transfer）融资模式，即建设—拥有—经营—补贴—转让模式，与 BOT 融资模式相比，增加了“拥有（Own）”和“补贴（Subsidy）”两个环节。这种模式的基本思路是开发商在项目建成后，在授权期内，既直接拥有项目资产又经营管理项目，但由于风险高或经济效益不佳，须由政府提供一定的补贴，授权期满后再将项目资产转让给政府。

## 3.2 公共项目 PPP 融资模式分析

### 3.2.1 PPP 融资模式的基本思路

PPP（Public-Private-Partnership）融资模式，即公共私营合作制模式，简称公私合营模式，有广义和狭义两种理解。广义的 PPP 融资模式是指公私合作的投融资模式，实质上涵盖了 BOT、BOOT、BT 和 TOT 等模式；狭义的 PPP 融资模式是指政府与私人组织之间基于某个项目而形成的相互合作关系，通过这种合作关系，合作各方可以达到与其单独行动相比更为有利的结果。通常研究所提到的 PPP 融资模式一般是狭义的，它的基本思路是由政府与私人部门组成特殊目的机构（SPV），引入社会资本，共同设计开发，共同承担风险，全过程合作，期满后再将项目移交政府的公共服务开发运营方式。

#### 1. PPP 融资模式的特征与类型

（1）PPP 融资模式的特点

PPP 融资模式以协议形式明确界定参与各方的责任、义务、风险和权益。其中，政府部门负责基础设施及公共服务价格和质量监管，以及保证公共利益最大化；社会资本承担设计、建设、运营、维护基础设施的大部分工作，并通过使用者付费及必要的政府付费的形式获得合理的投资回报。

以 PPP 高速公路项目为例，其基本思路是政府与社会民营企业合作建设公路项目，共同设计开发，共同承担风险。由政府与社会民营企业共同组建的 SPV 公司以特许权协议为基础，负责项目的资金筹措、建设与运营，政府通过与支持贷款的机构形成的直接协议，使得民营企业能较顺利地获得贷款，并通过授予民营企业一定时期的经营权来加快高速公路建设的有效运营。

（2）PPP融资模式的特征

PPP项目的核心及成功的关键在于第三个“P”，即合作，强调的是利益共享、风险共担的合作伙伴关系。因此，PPP融资模式的特征体现在伙伴关系、利益共享和风险共担三个方面。

1）伙伴关系。即私人部门与公共部门之间在形式上是私人部门提供相关服务、公共部门提供公共产品，双方的共同目标为盈利的伙伴关系。

2）利益共享。即采取使用者或政府付费的方式，确保私人部门与公共部门在PPP项目上的利益共享。

3）风险共担。即当收入达不到预想的情况时，政府应进行适当的补贴，以实现私人部门与公共部门对于PPP项目的风险共担。

（3）PPP融资模式的类型

从广义的角度看，只要是政府与社会部门的合作，即可认作PPP融资模式，因此，可以按照政府与社会资本合作的程度，将广义的PPP融资模式分为以下三类：

1）外包模式。政府参与程度最高，政府只是将项目的设计、建设、经营中的某一环节外包给社会部门去做，通过政府付费的方式确保投资者能够收回投资，强调的是以政府投资为主，社会或私人部门只是参与某一个环节。

2）特许经营模式。社会资本参与程度比较高，既参与了项目的投资，也参与了项目的建设与运营环节，如TOT（转让—经营—转让）、BOT（建设—经营—转让）、BOOT（建设—拥有—经营—转让）等模式。

3）私有化模式。社会参与化程度最高，社会资本参与该项目的投资建设并最终拥有该项目，如BBO（购买—建设—经营）、BOO（建设—拥有—经营）等模式。

因此，在外包、特许经营、私有化三类PPP融资模式中，就政府与社会资本的合作来讲，其社会资本参与的程度即私有化程度是依次升高的。

## 2. PPP融资模式的运作流程与实施步骤

（1）公共项目PPP融资模式的运作流程

公共项目PPP融资模式的运作流程如图3.3所示。

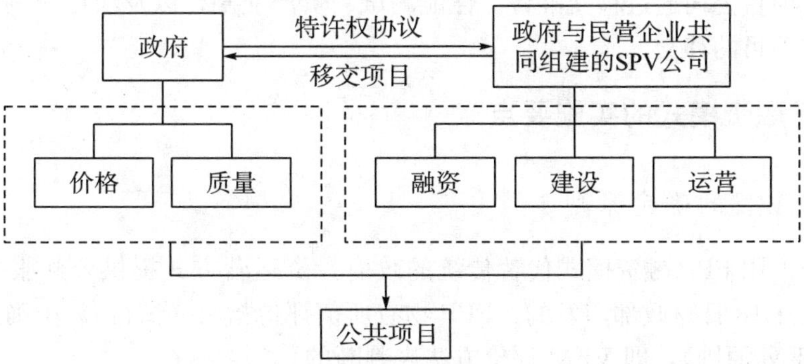


**图3.3　公共项目PPP融资模式的运作流程**

如图3.3所示，PPP融资模式的运作流程是先由政府设立项目、选择合作的民营企业并共同组建SPV公司，然后由SPV公司进行项目的融资、建设、运营、移交等环节。与BOT和BT融资模式的区别在于，PPP融资模式中与政府方合作的社会民营企业自新建项目的初始阶段就参与项目，政府与企业的合作贯穿整个项目周期，政府部门主要对项目的服务价格和质量进行监督，形成"双赢"的合作形式，使得双方建立相互协调的关系，减少冲突，有利于各参与方达到比预期单独行动更为理想的结果。尽管参与方各自理想的利益没有达到最大化，但项目的社会总效益却是最大的。

（2）公共项目PPP融资模式的实施步骤

公共项目PPP融资模式的实施步骤如图3.4所示。

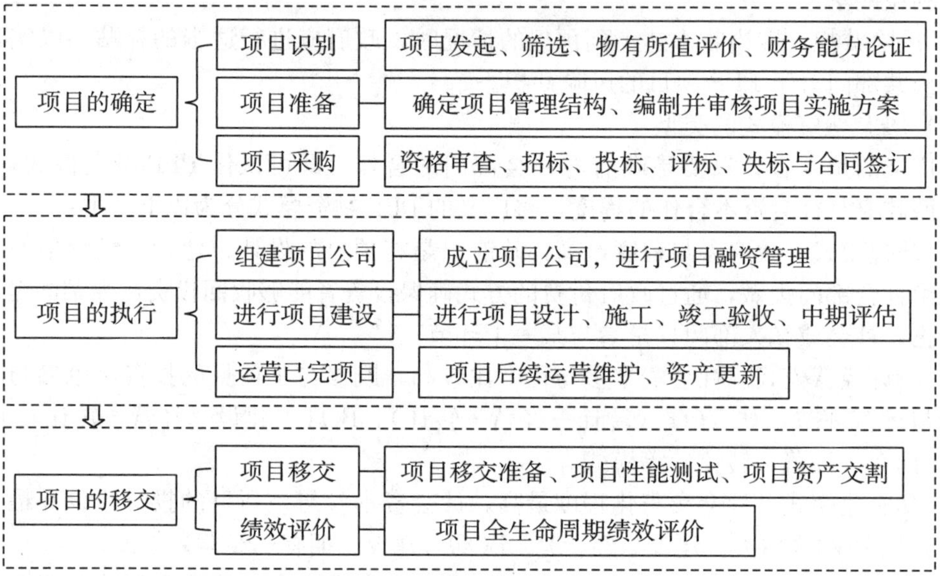


**图3.4 公共项目PPP融资模式的实施步骤**

如图3.4所示，公共项目PPP融资模式的实施步骤包括项目的确定、项目的执行和项目的移交。首先，在PPP项目的确定环节中，主要由政府进行项目识别、项目准备与项目采购（招投标）；其次，在PPP项目的执行环节中，主要由政府与民营企业成立的项目公司进行融资管理，以及项目设计、施工、竣工验收等环节管理，并进行项目的中期评估；最后，由项目公司通过移交准备、性能测试、资产交割，以及项目全生命周期绩效评价等环节完成项目的移交。

### 3.2.2 PPP融资模式的实施要点

#### 1. PPP项目的确定原则

政府是否采用PPP融资模式代替传统的政府投资运营方式提供公共服务项目，是根据2015年12月18日财政部印发的《PPP物有所值评价指引（试行）》中确定的物有所值评价原则（VFM原则），即VFM评价方法来判断的。

物有所值原则评价方法包括定性评价和定量评价。定性评价的指标包括全生命周期整合程度、风险识别与分配、绩效导向与鼓励创新、潜在竞争程度、政府机构能力和可融资性等。定量评价是在假定采用 PPP 融资模式与政府传统投资方式产出绩效相同的前提下，通过对 PPP 项目全生命周期内政府方净成本的现值（PPP 值）与公共部门比较值（PSC 值）进行比较，判断 PPP 融资模式能否降低项目全生命周期成本。

在进行物有所值评价时，公共部门比较值（PSC 值）是指三项成本的全生命周期现值之和，三项成本包括：①参照项目的建设和运营维护净成本；②竞争性中立调整值；③项目全部风险成本。

### 2. PPP 项目的运作特点

（1）外包类 PPP 项目

外包类 PPP 项目一般是由政府投资，私人部门承包整个项目中的一项或几项职能，如负责工程建设，或者受政府之托代为管理维护设施，或者提供部分公共服务，并通过政府付费实现收益。在外包类 PPP 项目中，私人部门承担的风险相对较小。

（2）特许经营类 PPP 项目

特许经营类 PPP 项目需要私人参与部分或全部投资，并通过一定的合作机制与公共部门分担项目风险、共享项目收益。公共部门可能会向特许经营公司收取一定的特许经营费或给予一定的补偿，这就需要公共部门协调好私人投资者的利润和项目的公益性两者之间的平衡关系。由于项目资产最终归公共部门保留，因此一般存在使用权和所有权的移交过程，即合同结束后要求私人部门将项目的使用权或所有权移交给公共部门，特许经营类项目能否成功在很大程度上取决于政府相关部门的管理水平。

（3）私有化类 PPP 项目

私有化类 PPP 项目需要私人部门负责项目的全部投资，在政府的监管下，通过向用户收费收回投资实现利润。私有化类 PPP 项目的所有权永久归私人拥有，且不具备有限追索的特性，政府只是起到监管的作用，全部投资由社会资本提供。因此，私人部门在这类 PPP 项目中承担的风险最大。

在三类 PPP 项目中，特许经营模式下，政府需协调好社会资本与公共利益之间的关系，既要确保投资者的利益，又要维护公共部门的需求，因此，特许经营类项目是管理最复杂、最能体现政府管理水平的类型。

### 3. PPP 项目的实施要点

（1）PPP 项目投资方的选择标准

政府选择 PPP 项目投资方的标准主要考虑服务技术能力和资金财务能力，对于三类 PPP 项目，政府选择投资方的考查重点不同。

1）对于外包类 PPP 项目，由于是以政府投资为主，因此政府选择投资方主要侧重于服务技术能力并兼顾财务能力。

2）对于特许经营类 PPP 项目，由于是要求私人部门全程参加投资建设与运营，因此政府选择投资方的标准是服务技术能力与财务能力并重。

3）对于私有化类 PPP 项目，由于是以私人部门投资为主，因此政府选择投资方主要侧重于财务能力并兼顾服务技术能力。

（2）PPP 项目的定价及价格调整机制

在 PPP 项目的运作过程中，要考虑项目产品的定价及价格调整机制，对于三类 PPP 项目，其定价方法也有差异。

1）外包类 PPP 项目主要由政府投资，强调政府能否收回成本，因此采取成本加定价或公允价值定价的方式制定服务的价格。

2）特许经营类 PPP 项目中政府作为管理者，要兼顾投资者和社会大众的利益，收费不宜过高或过低，过高将损害大众的利益，过低则无法保证投资者收回成本，因此其定价机制比较复杂。以高速公路为例，在进行综合定价时，不仅要考虑投资及成本、交通流量与通行费、项目特许经营期，还要考虑道路使用者的支付意愿、基准收益率、风险分担与利益补偿等方面。

3）私有化类 PPP 项目的定价方式相对简单，采取市场定价或公允价值定价即可。

（3）关于特许经营期的确定

特许经营期的长短对于特许经营类 PPP 项目投资者的收益影响很大，特许经营期越长，投资者的收益越有保障，一般情况下采用的是固定特许经营期。例如，对于高速公路项目，其特许经营期的规定是 30 年，是根据项目获得收益收回投资的时间确定的。随着社会经济的发展，在发达地区修建的高速公路项目可以保证 30 年内收回投资，但对于边远地区，由于投资成本高而车流量较少，则很难在 30 年内收回投资。因此，目前包括我国在内的很多国家开始推广弹性特许经营期，即事先不规定经营期的期限，而是规定投资者的最低收益率，规定当投资者在经营期内确保收回投资且获得合同约定的利润率后经营期自动到期。相较而言，弹性特许经营期比固定特许经营期更加科学合理。

（4）PPP 项目的投资回报形式

对于 PPP 项目，既要考虑项目如何投入，又要考虑项目如何退出，而三类 PPP 项目在投资回报形式以及退出机制方面，差异也较大。

1）外包类 PPP 项目是通过投资者向政府收取费用即政府付费的方式获得投资回报，并在收回投资后退出。

2）特许经营类 PPP 项目是以特许经营权为基础向项目使用者（客户）收取投资回报或其他形式的投资回报，并在协议约定的特许经营期满时退出，即采用弹性特许经营期制的退出方式。

3）私有化类 PPP 项目是在政府监管的条件下，以向客户收取费用的方式获得投资回报，通过公开上市、股权转让，以及管理层收购、股权回购、公司清算等其他方式退出。

## 3.3　TOT 融资模式在西部地区高等级公路中的适用性分析

根据公共项目的投资、技术和经济特点，目前国家推行的常用的融资模式主要包括 BOT 和 PPP 两种，而 TOT 融资模式既属于 BOT 融资模式的重组模式，也属于 PPP 融资模式中广义的形式之一，是重要的融资组合模式。

### 3.3.1　TOT 融资模式的应用优势

TOT（Transfer-Operate-Transfer）融资模式，即转让—经营—转让模式。其基本思路是政府将已建成并运营的公共项目的经营权在协议期内转让给中标企业，即 TOT 项目的受让方，受让方在接手 TOT 项目时，需要一次性地支付给政府一笔资金，然后由受让方成立的项目公司负责协议期内的运营工作，待特许经营期限结束时，TOT 项目的受让方通过项目运营收回所有投资得到相应的回报，并将公共项目的经营权无偿地转让给政府。

1．TOT 融资模式的运作流程与实施步骤

（1）TOT 融资模式的运作流程

TOT 融资模式的运作流程如图 3.5 所示，是先由政府确定 TOT 融资模式并报批拟转让项目，通过招投标确定投资方，即 TOT 项目的受让方；项目受让方向政府支付一定的资金后获得移交项目的经营权，然后由受让方组建项目公司并由其对项目进行运营管理，待特许经营期满时，受让方再将项目移交给政府。

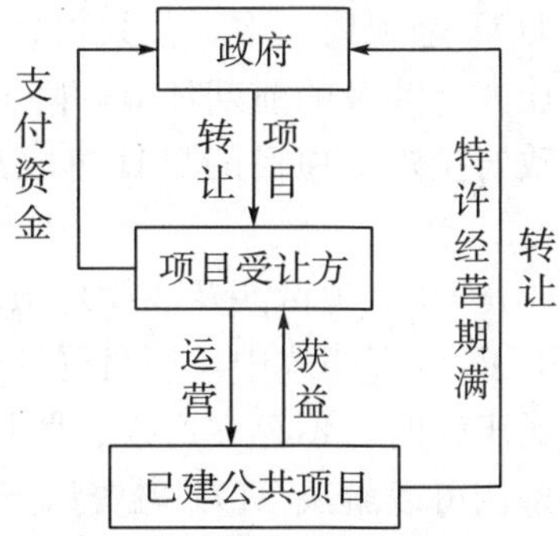


**图 3.5　TOT 融资模式的运作流程**

TOT 融资模式与其他融资模式相比，最大的差异在于运用对象的不同，它针对的是已建成的项目，利用已建成项目的经营权转让使政府获得新建项目的资金，且不包含项目的建设阶段，因此，项目前期准备工作大大减少，运作流程较为简单。

（2）TOT 融资模式的实施步骤

TOT 融资模式的实施步骤包括政府向受让方转让项目、项目受让方运营项目和受让方向政府转让项目。如图 3.6 所示，首先，在 TOT 项目的第一个转让环节中，主要由政府进行项目确定、项目报批和项目招标，并将项目转让给中标企业，即交付了一定资金后获得特许经营权的受让方；其次，在 TOT 项目的运营环节中，主要由项目受让方成立项目公司后，通过运营公共项目，收回投资并获得收益；最后，在项目特许经营期满后进入 TOT 项目的第二个转让环节，即由项目受让方将公共项目无偿地移交给政府。

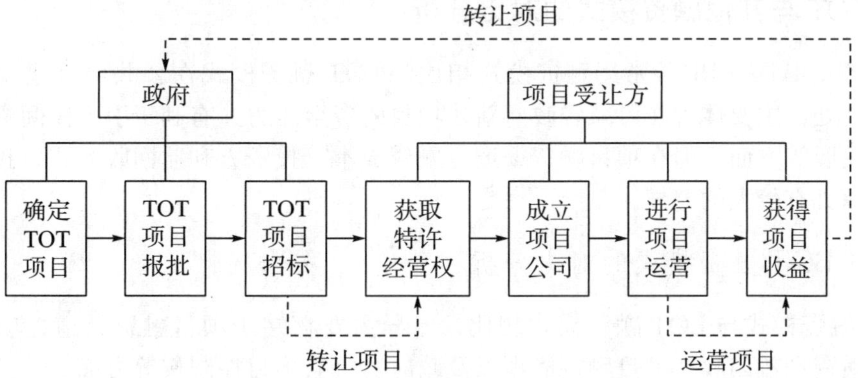


**图 3.6　TOT 融资模式的实施步骤**

### 2. TOT 融资模式在公共项目中的应用优势

以 TOT 融资模式在污水处理厂、电站等公共项目中的应用为例分析，其具有以下优势。

（1）TOT 项目融资风险较小

TOT 融资模式中，政府向项目受让方转让的是已建成的公共项目，不涉及项目的设计、施工、竣工阶段，能够有效地回避建设中的超支、停建或者建成后不能正常运营、现金流量不足以偿还债务等风险。同时，项目受让方购买的是正在运营的资产和对资产的经营权，因此，资产收益具有确定性，项目运营期的政策、财务风险均相对较小。

（2）TOT 项目融资成本较低

TOT 融资模式中，公共项目的融资只通过经营权转让这一过程便可完成，减少了项目受让方所涉及的前期环节，降低了谈判和评估的从属成本；同时，资金的快速到位也有利于政府投资新项目的早日建成和运营，减轻了政府新项目的融资风险，使得融资成本降低。

（3）TOT 项目涉及法律环节较少

TOT 融资模式中，项目受让方只收购了项目资产的部分或全部经营权，项目的控制权仍属于政府，不存在产权、股权问题，因此涉及的法律环节也较少，国家现行的法律法规和条例可以解决 TOT 融资所产生的大部分问题，且避免了国有资产流失的情况。

（4）TOT 项目收益较稳定

TOT 融资模式中，项目受让方接手的一般都是运行效益良好的项目，运营收入稳定，且后期运营养护成本可以预测，因此，项目受让方通过运营管理公共项目，可以从项目的相关收费收入中回收成本并获取利润。同时在特许经营期内可以享受政府给予的优惠政策和经济补贴，获得合理、稳定的收益。

（5）TOT 项目能够有效地利用国内民间资本

TOT 融资模式中，项目受让方获得已完工的公共项目的经营权，不涉及项目的实施过程，大大降低了项目融资风险，从而能够有效地吸引民间资本。同时，由于 TOT 项目不存在所有权转移的问题，也降低了引发移交者与受让方纠纷的可能性，可有效减少吸引资本的阻力，从而有利于让更多的民间资本参与到公共项目的建设与运营中。

## 3.3.2 TOT 与其他融资模式的对比分析

与 BOT、BT、PPP 等常用融资模式相比，TOT 融资模式在公共项目建设的运用中存在相似之处，主要体现在可减轻政府新建项目的资金压力、有利于引入民间资本和促进工程技术发展等方面，但在项目融资渠道、融资成本、投资方利益回收方式、投资方承担的风险方面具有较大的差异。

### 1. 与 BOT 融资模式的对比分析

TOT 融资模式与 BOT 融资模式相比，差异主要存在于项目融资渠道、项目融资风险、项目融资利益回收、项目融资成本以及政府对公共项目控制权等方面。

（1）项目融资渠道的差异

BOT融资模式主要依靠新建公共项目未来良好的效益吸引外资和民营资本积极投入项目建设，具体可分为外资BOT模式和内资BOT模式，在我国现有的实施BOT融资模式的公共项目中，大多数采用外资BOT模式进行投资建设。对于外资BOT模式，在将外资引入公共项目建设领域的同时，随之带来的还有国外承建单位先进的技术、设备和有效的管理方式。对于内资BOT模式，则是以少量的国家投资带动私有资本参与建设，且参与的大部分是具有较强能力的社会民营企业，在解决公共项目建设资金短缺难题的同时，通过增加投资渠道提高了社会闲散资金的利用率。

TOT融资模式受让方购买已建成资产，不涉及项目实施过程中存在的设计、建造和完工等风险，依靠风险的大幅度降低吸引投资者，且以吸引国内民间资本为主。除了大型银行、实力雄厚的企业公司，TOT融资模式更注重引导其他中小型金融机构、基金组织和私人资本参与投资公共项目。另外，由于在TOT项目中政府不需要对民营企业承诺过多，也使得利用引资的方式在东道国引起政治争论的可能性降低，增大了外资引入的可能性，有利于吸引大量社会资本在公共项目中的投入，从而实现资金的“一次投入，滚动使用”。

（2）项目融资风险的差异

BOT融资模式下，项目时间跨度长，往往经历几年、十几年甚至几十年，投资方对项目的融资、建设和经营过程全权负责，不可避免地承担着建设期和运营期存在的多种风险。另外，对于BOT融资模式中投资方借款的偿还和投资回报的获取都来源于所投资公共项目本身的盈利能力，一旦项目运作失败，会致使投资方无法获取利润，甚至无法回收成本，项目运作风险大。

TOT融资模式下，与BOT融资模式最大的不同之处在于缺少一个“B”（建设）阶段，这就使得TOT项目的受让方避开了项目在建设期的大量风险，包括建设期的建设成本是否超支、建设质量是否符合标准，以及建设过程中可能面临的政治、商务、金融等风险，项目受让方只需做好运营阶段的风险控制即可，从而使得项目运作风险大幅度降低，尽管政府风险会有所增大，但双方的风险之和总体呈下降趋势。

（3）项目融资利益回收的差异

BOT融资模式下，项目投资方是以新建项目的未来收益作为投资回报的，它的运作程序限定了项目的运营阶段是利益回收的唯一阶段。通常情况下，BOT项目的投资回收期较长，投资方会要求政府保障较高的投资回报率以补偿所承担的较大的风险。然而风险与回报也是成正比的，如果BOT融资模式顺利实施，那么投资方将在很长时间内获得稳定、高额的利润回报。

TOT融资模式下，项目受让方是以所获特许经营权的已建公共项目的收益来回收成本获取利润的，利益回收和其他融资模式显著不同，即TOT项目是否获利并不依赖于新建项目的盈利能力，也并不取决于需要融资项目的经济强度，而与所接受项目的性质和自身的运营管理能力密切相关，因此，投资者的利益回收比较稳定。

（4）项目融资成本的差异

BOT融资模式下，必须经过确立项目、项目准备阶段、招标、谈判、建设、运营维护、转让等阶段，需要签订的相关文件、合同的种类繁多，并且前期准备工作中还涉及政府的许可、审批以及外汇担保等环节，牵涉面广、幅度大、操作复杂，不利于实施，且一系列冗杂的操作程序使得项目的融资成本大大增加。

TOT融资模式下，省去了风险较大的建设环节，仅通过经营权的转让完成一次性TOT项目融资，对政府而言，由于TOT项目受让方在接受项目的同时支付资金，有利于资金的周转，可将其用于新项目的投入、建设和运营过程；对于受让方而言，涉及的前期环节减少，谈判、评估等从属费用大幅度下降，与此同时，因避免了具有较大风险的项目建设期，风险的减小也使得投资者的预期收益率合理下调，最终达到项目融资成本降低的效果，使得融资成本远低于BOT项目。

（5）政府对公共项目控制权的差异

BOT融资模式下，政府对公共项目没有控制权，即在特许期限内，新建项目的所有权及经营权都归项目公司所有，从本质上可以看作项目在特许权期限内的民营化。

TOT融资模式下，项目受让方买断的只是项目资产的部分或者全部经营权，虽然存在经营权的转让，但项目的控制所有权仍然属于政府，且有效回避了国有资产流失的问题。

### 2. 与BT融资模式的对比分析

TOT融资模式与BT融资模式相比，差异主要存在于项目获取利润方式、项目技术和质量控制、减轻政府资金压力方式以及项目融资风险和融资成本等方面。

（1）项目获取利润方式的差异

TOT融资模式下，投资方以项目运营阶段的收费收入回收成本并获得利润。

BT融资模式下，投资方利益回收依靠的是信用担保。投资方无法直接从新建项目本身收回成本并获得回报，主要依靠政府对项目的分期回购，即利润的获取与否取决于政府后期支付能力。另外，BT项目的利润来源于项目建设中资金的结余，所以节约建设成本是BT项目投资者扩大利润的辅助渠道。

（2）项目技术和质量控制的差异

TOT融资模式下，在已建项目的运营过程中，项目受让方因利益驱动，会考虑引进先进的技术来吸引更多使用者对项目的使用，会采用优秀的管理方法控制好项目运营中的成本，从而保证项目在运营期内可以高效运行，提高项目运营质量。

BT融资模式下，通过招投标程序寻找到的实力雄厚的投资方，在项目的投资建设过程中，会为了在项目建成时能够满足政府对项目质量的验收标准，保证项目顺利移交给政府，而采取引进先进技术、优化资源配置等手段实现管理、设计、施工资源的有效应用。但同时，由于BT项目中投资方的部分利润来源于建设阶段，所以不可避免地存在着项目公司为提高利润而尽可能地减少建设期费用的现象，比如偷工减料、将承包的项目再分包并通过分包方赚取差价等，从而影响项目投入使用后的运营质量。

（3）减轻政府资金压力方式的差异

TOT融资模式下，主要以吸引国内社会资本来缓解政府建设公共项目财政不足的压力。

BT融资模式下，尽管也以吸引国内社会资本作为主要方式，但与TOT融资模式不同的是，BT项目的运作可以帮助政府实施分期回购，即政府在投资方将项目建成后，分期支付给投资方应有的回报，这种运行支付的方式能够减轻政府投资建设的资金压力。

（4）项目融资风险和融资成本的差异

TOT 融资模式下，由于仅牵涉运营阶段，所以项目的融资成本和融资风险均较小。

BT 融资模式下，与 TOT 融资模式相比，BT 项目的参与方更多，主要有政府、投资方、供应商、分包单位、贷款机构等，各参与方之间关系复杂、签订的合同数量多，从而导致协调困难。尤其在项目前期投资方与政府在进行谈判时，各方都尽可能想实现自身利益最大化，容易引起利益冲突，延长周旋时间。例如，政府意图通过融资将风险转移给投资方，而投资方则希望在回购合同中谋求政府给予较高回报；同时，作为投资方，还希望能在保证项目质量的前提下降低承包方的报价，而承包方为保证自身的最低盈利标准，又会提出有可能使投资方利益蒙受损失的应对策略，最终难以达成一致。除此之外，由于各合同主体间利益难以平衡，中间环节的增多必然导致融资风险加大、融资成本增加。

### 3. 与 PPP 融资模式的对比分析

TOT 融资模式与 PPP 融资模式相比，差异主要存在于项目融资的难易程度、项目利益回收方式、政府对公共项目的控制权以及项目投资方的融资风险等方面。

（1）项目融资的难易程度的差异

从项目融资结构复杂程度分析，PPP 融资模式与 TOT 融资模式相比，参与方众多，在项目立项过程中签订的合同也随之增多，其复杂性较高。并且合同、协议等的签订从准备阶段开始就需要各参与方的相互信任、相互合作，任何一方的不配合必然会增加项目谈判成功的难度，会影响投资方的投资决策信心，最终导致项目融资难度增大。

（2）项目利益回收方式的差异

从项目利益回收方式分析，PPP 融资模式与 TOT 融资模式相比也存在较大差别，它与 BOT 融资模式比较类似，是以新建公共项目为主体的融资活动，依靠的也是未来公共项目的预期收益获取利润。与 BOT 融资模式不同的是，在 PPP 融资模式的运行中，鉴于公共项目规模大、投资回收期长、经济效益较低的特点，政府会与民营企业签订经营补偿协议，能够通过在经营期必要的优惠政策和政府给予运营补贴来获得合理的投资利润。但是，PPP 融资模式下公共项目的投资回报不确定性高，政府补贴费用难以准确计算，使得政府与企业在运营补贴上产生偏差，且项目价格体系的不完善使得价格变化的可预见性低，也导致投资者不敢贸然以此方式投入。

（3）政府对公共项目的控制权的差异

从政府对公共项目的控制权分析，PPP 融资模式与 TOT 融资模式相比，政府和合作的民营企业从项目论证到完成建设直至运营阶段，整个过程中一直保持“利益共享，风险共担”的伙伴关系，尽管政府没有直接参与项目的建设，但对项目的价格和质量却始终起到监督的作用，因此，PPP 项目中政府对项目自始至终享有一定的控制权。

（4）项目投资方的融资风险的差异

从项目投资方融资风险分析，PPP 融资模式与 TOT 融资模式相比，其运作过程中项目产生的风险既不由政府方单独承担，也不由民营企业单独承担，而是通过有效的风险分配方案合理地分摊风险。如在 PPP 项目中，与政府合作的民营企业在建设项目筹资过程中，也需要承担部分融资风险。与此同时，政府通常会向借贷机构做出承诺，按照与项目公司约定的合同内容支付相关费用，以帮助项目公司更容易获得贷款，使其融资风险相对减弱，但仍高于 TOT 融资模式下的风险程度。

### 3.3.3 西部地区高等级公路 TOT 融资模式的适用性和优势分析

中国西部地区包括重庆、四川、贵州、云南、广西、陕西、甘肃、青海、宁夏、西藏、新疆、内蒙古等十二个省、直辖市和自治区。随着西部大开发政策的实施，西部地区高等级公路发展迅速，截至 2020 年底，总里程数已达 64005 公里，总里程和新增里程均居于全国首位。高等级公路的建设运营大大改善了西部地区交通运输水平，极大地促进了西部地区经济社会的发展。

但相较于中、东部地区，西部地区经济社会发展较为缓慢，政府建设资金不足，高等级公路建设大量依靠债务资金。根据国家收费公路统计公报，2019 年底西部地区收费高等级公路中高速公路累计投资 32908.31 亿元，其中债务资金占比高达 82%。高等级公路虽然可以作为经营性项目，通过收取车辆通行费逐步收回投资，但是要靠这一途径收回投资往往需要 20～30 年，使得政府债务压力不断增大。

高等级公路的建设投资资金需求量大，基于目前的投资环境和建设背景，要保证西部地区高等级公路建设所需要的资金来源充裕，就必须加速构建“政府主导、分级负责、多元筹资”的投融资体制，提高国家对于西部地区交通基础设施类公共项目资本金补助的比例，加速创设西部地区交通发展基金，更大程度地提高社会资本参与投资建设的积极性，拓宽建设资金来源渠道，充分发挥各级交通投融资实体的作用。寻找适合西部地区的融资模式与渠道，科学合理地利用存在的社会资源，为项目建设提供稳定的资金来源，从而促进高等级公路项目的发展。

#### 1. 西部地区高等级公路投资建设特点

改革开放以来，西部地区在建设高等级公路方面取得了明显成效，已建成并投入使用的收费项目日趋增多。但与中东部发达省份相比，仍需大力发展。这主要是由于西部地区开始大规模投资建设的时间较晚，基本源于西部大开发战略实施的“九五（1996—2000）”时期，而增长速度又较快，并且受西部地区经济发展及特殊地貌、气候等特征的影响，在投资建设方面具有鲜明特点，主要体现在以下几个方面。

（1）西部地区高等级公路项目投资额度大

西部地区地质情况相对复杂，高山丘陵居多，以甘肃省为例，地貌复杂多样，形成了特色的陇南山地、甘南高原、陇中黄土高原、河西走廊、河西走廊以北地带、祁连山地六大区域。因其所处地形多以山地和高原为主，常会遇到滑坡、坍塌等灾害问题。而高等级公路建设里程长，建设幅度广，通常会跨越六大区域中的不同区域，导致投资方需要处理不同区域带来的特殊的工程问题。建设中使用的各种建筑材料，比如钢材、路面和路基材料等往往需要从外地引入，从而加大了运输成本。总之，运输条件、环境及资源的限制等一系列因素大大提高了西部地区高等级公路项目的工程造价，投资建设资金压力大。

（2）西部地区高等级公路项目筹资难度大

相对于中东部发达地区，西部地区的省份多属于经济欠发达地区，省政府的财政收入远远满足不了高等级公路高额的成本投入，尽管近年来国家在西部交通基础设施的建设方面给予了较大的优惠政策，但是支持度并不相同。对于补助较少的西部地区相关省份，其公路建设的大部分资金仍需要通过更多的融资渠道解决。

虽然现阶段国内实力雄厚的民间资本大量存在，但是由于西部地区大多省份地处我国内陆腹地，区域内公路经常遭受泥石流、崩塌等不良地质灾害的影响，且车流量相对发达省份较小，巨额的投资成本难以及时回收，大大增加了投资方的风险，同时因融资政策的优惠程度不同也使得西部地区对民间资本的吸引力不均衡。诸多因素使得一般的企业和个人无法或不愿投资，导致西部地区高等级公路项目筹集建设资金难。

（3）西部地区高等级公路对投资方要求高

鉴于高等级公路项目的建设投入巨大、投资回收期长的特点，作为基础设施类公共项目，在高等级公路的投资建设中，仍以政府为主，政府在项目的投融资过程中起到指导方向和扶持推进的作用，吸引国内外投资。虽然 BOT、BT 等融资模式已得到较好的应用，但由于在西部地区高等级公路建设的过程中对人力、财力和物力各方面的资源都耗费较大，所以对投资方的选择标准越来越高。优先考虑的是资金良好、融资能力强、资历丰厚，有较强的应对突发情况能力的单位。这些标准和要求使得许多需要投资的中小型企业望而却步，社会资金得不到充分利用，最终导致资金的来源渠道较为单一，且具有局限性。

（4）西部地区高等级公路施工技术要求高

西部地区特殊的地理环境、气候类型及险恶的地质条件使得灾害频繁发生，造成高等级公路建设难度和危险性增大。尤其是一般的施工技术在特殊的湿陷性黄土、膨胀土或盐渍土等地区的建设中并不适用，导致施工难度升级，给项目的投资建设者带来巨大考验。而近年来，由于公路所承载的车辆负荷不断加重、交通密度持续增大、行车速度不断提升等，对高等级公路路面的使用性能和路基的结构性能要求越来越高，这些因素也使得西部地区高等级公路在建设中不得不引进国内外先进的技术、设备和优秀的人才等，只有这样才能保障高等级公路快速、高效地建设。

高等级公路不仅能对西部地区经济结构、就业、地区文化等产生巨大影响，还能够推进各地区资源的汇聚和再分配，对资本要素产生巨大的吸引力，形成沿公路产业带。所以尽管高等级公路建设难度大、投资金额高、资金回收慢，但是对其的建设仍为发展西部地区的首要举措。因此，充分利用已有资源选择合适的融资模式，达到拓宽融资途径、解决建设难题的目的势在必行。

### 2. TOT 融资模式应用于西部地区高等级公路的适用性分析

（1）TOT 融资模式在政策上的适用性

TOT 融资模式下，私营部门可通过特许经营协议进入国家基础设施领域进行公共项目的经营，而私营部门的主要目的是获得长期稳定的收益来偿还贷款并获取利润，且这种收益只能通过运营管理及费用的收取来实现，因此，TOT 融资模式是适用于高等级收费公路项目的。

西部地区自西部大开发以来，收费高等级公路发展迅速，以高速公路为例，截至 2019 年底，已建成收费高速公路总里程达到 53706.5 公里，且大部分收费高速公路运行效益良好，年度通行费收入达到 1566.03 亿元，如表 3.1 所示，这为应用 TOT 融资模式提供了投资回报与盈利基础。

**表 3.1 截至 2019 年底西部地区各省、市、自治区收费高速公路统计**

| 西部地区省、市、自治区 | 政府还贷性高速公路 | | 经营性高速公路 | |
|---|---|---|---|---|
| | 里程（公里） | 年度通行费收入（亿元） | 里程（公里） | 年度通行费收入（亿元） |
| 四川 | 5379.2 | 218.4 | 1582.4 | 57.4 |
| 重庆 | — | — | 2999.7 | 128.8 |
| 云南 | 158.6 | 2.45 | 5180.8 | 167.13 |
| 贵州 | 3157.4 | 118.47 | 3580.1 | 83.02 |
| 广西 | 4252.9 | 171.42 | 1842.7 | 119.28 |
| 青海 | 3198.1 | 18.11 | — | — |
| 新疆 | 4455.5 | 66.9 | 470.9 | 6.7 |
| 内蒙古 | 5618.6 | 74.6 | 849.3 | 19.6 |
| 甘肃 | 3722.6 | 64.95 | 53.3 | 0.08 |
| 宁夏 | 1678.3 | 24.32 | — | — |
| 陕西 | 5133.1 | 212.5 | 393 | 11.9 |
| 总里程：53706.5 公里；年度通行费总额：1566.03 亿元 | | | | |

（2）TOT 融资模式在法律环境上的适用性

20 世纪 90 年代以来，我国颁布了一系列关于基础设施项目投融资体制的重要政策，初步建立了市场条件下投资的风险约束机制和投资管理机制，为 TOT 融资模式在西部地区高等级公路中的顺利发展奠定了良好的法律基础。

1）国务院《90 年代国家产业政策纲要》。在国务院于 1994 年 3 月 25 日发布并于同日施行的该规范性文件中，明确指出：鼓励和吸引社会各界资金参与基础设施建设，优先支持国家政策性银行发行股票、证券和贷款；经批准，允许交通设施建设的投资主体优先获得沿线和港区、机场附近的房地产开发经营权，以进行综合经济补偿。

2）交通部《公路经营权有偿转让管理办法》。1994 年 7 月，交通部发布《关于转让公路经营权有关问题的通知》，其中规定：为筹集公路建设资金，加快公路建设发展，国家允许外国投资者或者境内非交通运输部门单独或者共同建设、经营公路，并允许将建成的收费公路有偿转让给外国投资者或者境内非交通运输部门。这是我国政府首次正式同意实行公路经营权的有偿转让。1996 年 10 月 9 日，交通部以 1996 年第 9 号令颁布了《公路经营权有偿转让管理办法》，并自 1996 年 11 月 1 日起正式实施。

3）原国家计委《关于加强国有基础设施资产权益转让管理的通知》。在原国家计委于 1999 年 10 月 19 日发布的该文件中，明确规定了基础设施资产权益转让是指“向外商和国内经济组织转让国有公路、桥梁、隧道、港口码头、城市市政等公用基础设施的经营权、使用权、收益权以及股权等”。这使得投资者对公共基础设施项目有了可操作的投资基础。

4）国务院《国务院关于实施西部大开发若干政策措施的通知》。在国务院于 2001 年

1 月 1 日正式颁布的该文件中，明确指出：在西部地区进行以 BOT 方式利用外资的试点，开展以 TOT 方式利用外资的试点，允许外商投资项目开展包括人民币在内的项目融资。并在 2001 年 8 月 28 日颁布的《关于西部大开发若干政策措施的实施意见》中，进一步明确“加大对西部地区基础设施建设的信贷投入，对投资大、建设期长的基础设施项目，根据项目建设周期和还贷能力，适当延长贷款期限。其中，国家开发银行对高速公路项目，在项目资本金比例达到 40%和统借统还的条件下，贷款期限可放宽至 18 年”。另外，还通过相应举措表明：发展 TOT 项目不仅可以利用外资，还可以利用国内资本，如一些实力雄厚、资金雄厚、经营能力强的国内企业。

5）原国家计委《关于印发促进和引导民间投资的若干意见的通知》。在原国家计委于 2001 年 12 月 11 日发布的该文件中，明确指出：要进一步完善法律法规，依法保护民间投资者的合法权益，为民间投资者营造公平竞争的发展环境。鼓励和引导民间投资以独资、合作、联营、参股、特许经营等方式，参与经营性的基础设施和公益事业项目建设。各级政府应积极创造条件，通过财政贴息、设立担保基金和投资补贴等形式，支持民间投资者到西部地区投资，鼓励和引导民间投资参与道路、桥梁等城市基础设施建设，建立政府特许经营制度。

6）国务院《关于创新重点领域投融资机制鼓励社会投资的指导意见》。在国务院于 2014 年 11 月 26 日发布的该文件中，明确指出：为推进经济结构战略性调整，促进经济持续健康发展，迫切需要在公共服务、资源环境、生态建设、基础设施等重点领域进一步创新投融资机制，充分发挥社会资本特别是民间资本的积极作用。政府可采用委托经营或转让—经营—转让（TOT）等方式，将已经建成的市政基础设施项目转交给社会资本运营管理，完善公路投融资模式。

7）中国农业发展银行《关于积极支持 TOT 模式基础设施项目的通知》。此文件是于 2019 年 7 月 9 日由我国公共基础设施建设领域内的主力银行，同时也是仅有的两家政策性银行之一的中国农业发展银行发布的积极探索支持 TOT 模式项目的文件。其中明确指出：TOT 模式作为 PPP 项目中的一种重要模式，有利于整合社会资源、盘活政府存量资产。积极探索支持 TOT 模式项目，能够帮助地方政府减轻财政负担，深化政策性银行与地方政府的合作关系。鼓励各省、自治区、直辖市分行要积极支持转让—运营—转让（TOT）模式贷款项目，大力支持预期效益良好、收益来源可靠、运作模式合规、风险基本可控的优质 TOT 模式项目。

综上所述，结合 TOT 融资模式与 BOT、BT、PPP 融资模式的对比分析结果，以及 TOT 融资模式公共项目融资风险较小、融资成本较低、涉及法律环节较少、收益较稳定、能够有效地利用国内民间资本等优势，并根据西部地区高等级公路的投资建设特点，可得出结论：TOT 融资模式适合于西部地区高等级公路的运营与发展。

### 3. TOT 融资模式应用于西部地区高等级公路的优势分析

对于西部地区高等级公路，一方面需要快速投入建设，另一方面存在资金短缺和技术处理难题。综合考虑资金获取时间、现存资产利用率、风险程度、融资成本、融资难易程度等方面，TOT 融资模式在西部地区高等级公路的建设中不仅适用，而且具有一定优势，具体体现在以下几个方面。

（1）有利于盘活国有资产存量，提高资金使用率

通过几十年来对西部地区高等级公路项目的投资与建设，西部地区经营性高等级公路建成量明显增加，建成量的快速增长也使得公路项目中部分政府垫资或已回收所有权的经营性资产出现闲置状况，未能得到充分利用。如何盘活现有公路资产，利用存量资产继续滚动投入新的项目建设，发挥最大的社会经济效益，是西部地区多数省份解决建设资金难题的一大突破点。TOT 融资模式正是通过转让已建成项目的经营权为新项目获得建设资金，有效地为盘活西部地区现有存量资产提供了投资渠道，优化了资源配置。

（2）TOT 项目融资风险小且有利于政府的资金周转

TOT 融资模式的项目受让方避开了高等级公路项目的建设和完工风险，并使得政府投资项目的总风险得以降低，这一特点能够成功吸引社会资本，促进新建项目引资成功。同时，TOT 融资模式下在已建项目转让成功后，政府可以及时地获取一大笔资金投入新项目的建设，与其他融资模式相比，大大缩短了公路项目建设的前期筹融资工作的时间，使得新项目能够尽早地投入建设和使用。

（3）TOT 项目可有效缓解政府财政压力

西部地区高等级公路的建设仍以政府为主导，政府财政的压力始终居高不下，采取 TOT 融资模式可以将国内大中小型各类社会资金引入新建高等级公路项目，有效缓解政府财政不足的压力，加快西部地区高等级公路的建设，保证社会经济持续稳定、高效地发展。

（4）TOT 融资模式有利于项目受让方经营管理效率的提高

利用 TOT 融资模式引入资金，受让方购买的可能是一项完整的公路设施经营权，也可能是部分经营权，但不管采取什么方式，为了尽快或者能保证其收回投资和取得合理的投资回报，受让方一定会把先进的技术和管理方法引进项目公司的经营过程，这对本就相对落后的西部地区高等级公路项目解决技术难题、完善经营管理制度、提高经营效率大有裨益。

（5）TOT 融资模式能够保证国家资源的不流失

高等级公路是文化交流的途径，其建成运营对经济发展影响较大，西部地区大部分省份多有文化之城，国有财产不容流失，若采用 TOT 融资模式对高等级公路进行移交，则可保证地方政府在得到新建项目资金的同时又避免了产权转让这一敏感问题，杜绝了国有资产流失的可能性，保证了地方政府对移交公路项目的控制权，符合我国当下经济及法律环境的要求，也有利于 TOT 融资模式的推广实施。

因此，在西部地区高等级公路现有资产以及能够提供的保障的基础上，结合 TOT 融资模式的特点，证实 TOT 融资模式适用于西部地区高等级公路项目建设，应该鼓励并大力推进 TOT 融资模式的应用。

# 第4章　西部地区TOT高等级公路受让方财务决策研究

【本章概要】

本章主要包括西部地区TOT高等级公路受让方财务决策影响因素体系的构建、西部地区TOT高等级公路受让方财务决策模型的建立和西部地区TOT高等级公路受让方财务决策模型应用实例三部分。首先，研究了政府、项目公司和项目使用方三大利益相关方以及西部地区大环境条件四部分对受让方财务决策的影响因素，分析了受让方财务决策中影响成本—效益的计算因子，构建了受让方财务决策成本—效益因子结构图和受让方财务决策影响因素体系，为下一步受让方财务决策内容的计算与研究奠定了基础。其次，建立了适用于TOT项目受让方财务决策的定量和定性决策模型的框架，明确了财务决策的内容、方法以及相关基础数据的计算，并针对TOT项目的特点以及受让方财务决策的目的阐述了选择三个关键财务报表的原因。利用AHP+FCE组合模型对各方的影响因素进行综合评价，对TOT项目进行财务决策与敏感性分析，并提出对策。最后，通过对甘肃省某高等级公路项目概况的分析，初步评估该高等级公路采用TOT融资模式进行转让是适用的；利用定量决策模型，得到该TOT项目接手后具有良好的盈利能力和偿债能力，受让方可以接手该项目的结论；根据AHP+FCE组合模型分析出对受让方财务决策影响最大的因素是项目公司，尤其是项目公司一次性支付政府资金来源因素，并对各主要因素提出相应对策。

【本章知识总览】

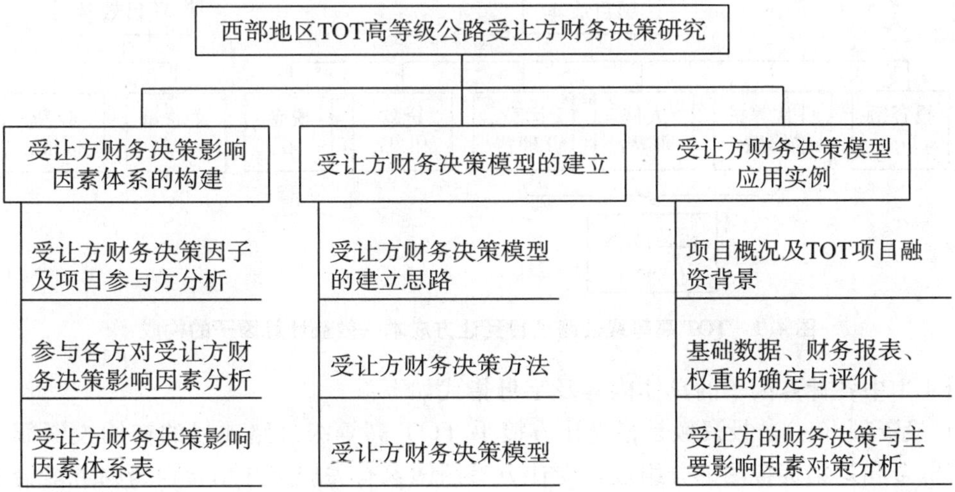

## 4.1 西部地区 TOT 高等级公路受让方财务决策影响因素体系的构建

本研究所提到的财务决策，实质上是 TOT 项目受让方依据国家现行价格体系和财税政策，预测并分析西部地区 TOT 高等级公路项目特许经营期限内发生的直接成本费用和产生的财务效益。以考察拟投资项目的盈利能力和偿债能力为主要内容，测算相关的财务决策指标来评判 TOT 项目的财务可行性，为项目受让方提供有价值的财务决策参考。并在财务评价的过程中研究 TOT 项目受让方应予以重视的关键因素，使其在就 TOT 项目进行谈判时有针对性，做出正确的决策，保证自身的利益，从而更好地促进西部地区 TOT 高等级公路项目的成功实施。

### 4.1.1 受让方财务决策因子及项目参与方分析

TOT 项目受让方财务决策主要依据对项目成本和项目效益的准确测算，同时，由于 TOT 模式高等级公路项目的相关参与方较多，因此，识别与 TOT 高等级公路项目相关的成本和效益因子，分析与其密切相关的项目直接参与方，是确定 TOT 项目受让方财务决策影响因素体系的首要环节。

1. 受让方财务决策成本—效益因子分析

根据公共项目的投资与成本构成以及西部地区高等级公路的投资建设特点，对于西部地区 TOT 高等级公路项目，影响项目成本的主要计算因子包括投资额、运营成本（养护维修费、运营管理费）、贷款利息和税金，影响项目效益的主要计算因子包括交通量和收费标准，如图 4.1 所示。

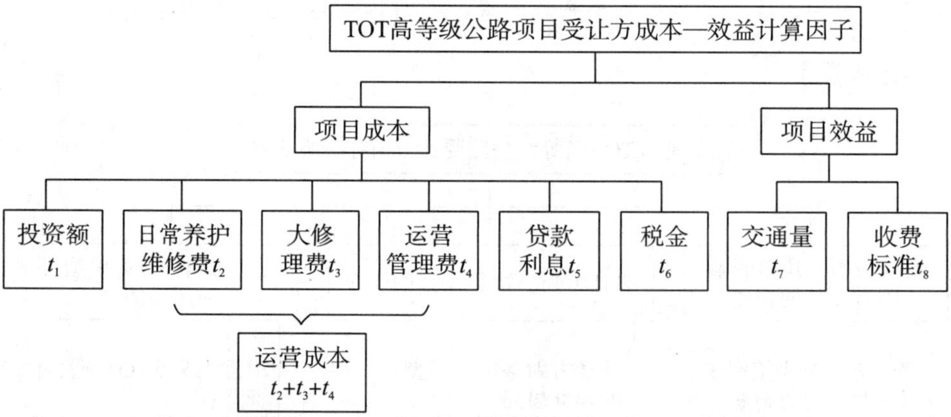


**图 4.1 TOT 高等级公路项目受让方成本—效益计算因子的构成**

图 4.1 中各计算因子的具体内容及字母指代如下：

1）投资额（$t_1$）。投资额是指受让方接手 TOT 高等级公路项目的初始投资额，通常由自有资金和筹集资金两部分组成，受让方参照国家有关规定并结合自身财务能力来决定投资额中需要筹集多少资金，也就是说，投资额的确定决定了项目受让方投资资金的构成。

2）运营成本（$t_2+t_3+t_4$）。运营成本是指项目受让方为保证 TOT 高等级公路项目在经营期内正常运营所需支付的费用，主要包括日常养护维修费（$t_2$）、大修理费（$t_3$）和运营管理费（$t_4$）。

3）贷款利息（$t_5$）。贷款利息与项目受让方贷款额的金额大小息息相关，即与 TOT 高等级公路项目受让方一次性支付资金的构成情况密切相关。贷款额的变化会引起项目利息的变化，若贷款额度过大，就会造成 TOT 高等级公路项目受让方的经济负担和还款压力过大，从而影响财务效益。

4）税金（$t_6$）。不同行业涉及的税种不同，不同税种根据国家规定的税率以及计算基数不尽相同，对于高等级公路这类基础设施公共项目，其税金的计算对财务决策中各决策指标的计算均有较大影响。

5）交通量（$t_7$）。受让方接手的经政府转让的 TOT 高等级公路项目必须是经营性质的，且运营期内的经营收入主要为通行费收入，因此，交通量是计算营运收入的主要因子。

6）收费标准（$t_8$）。通常与交通量关系密切，是计算 TOT 高等级公路项目通行费收入的另一个主要因子。

### 2. 西部地区 TOT 高等级公路项目直接参与方分析

TOT 融资模式下，西部地区高等级公路项目的参与方包括政府、项目受让方、项目公司、贷款机构、项目使用方和材料供应方等，其中与 TOT 高等级公路项目关系最为直接的是政府、项目受让方、项目使用方。西部地区 TOT 高等级公路项目与各直接参与方的关系如图 4.2 所示。

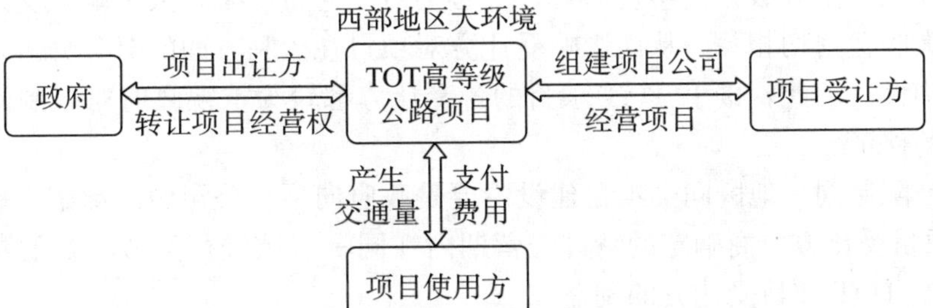


**图 4.2　西部地区 TOT 高等级公路项目与各直接参与方的关系**

## 4.1.2　政府对受让方财务决策的影响因子分析

### 1. 政府对财务决策的影响因素分析

政府作为转让 TOT 高等级公路项目经营权的发起人，是拟转让公路项目的真正拥有者，既能为项目融资提供优惠政策，也可能给受让方带来风险。政府对西部地区高等级公路项目受让方财务决策的影响主要体现在运营阶段的收益方面，具体包括以下内容。

（1）政府对特许经营期的确定

特许经营期也是受让方接手项目后的项目寿命期，特许期限的长短对受让方是否能够盈利具有较大影响。一般而言，特许经营期越长，项目的受让方越能更好地进行投资规划，从所接手的项目中获利的概率也越大。特许期的不确定或者不合理可能会造成受让方在接手项目前对项目未来现金流量估算不准确、对交通量的预测不准确，以及对贴现率的确定不合理等情况；另外，特许经营期的长短还决定着受让方是否需要对项目进行大修，从而影响受让方对财务决策成本和效益的预测。

（2）政府对项目可行性研究报告的评审

受让方在接手项目前的财务决策分析中，很难对未来交通量做出准确的预测。对于TOT 融资模式下的高等级公路项目而言，在依据已有交通量的基础上，还要依靠项目建设前评审通过的可行性报告中的预测交通量去综合判断接手项目的投资回报。如果经审批的可行性报告在经济评价中的基础数据预测出入过大，就会使受让方的相关人员不能深入仔细地据实考察项目，最终导致财务决策中需预测的交通量数据出现大的偏差。

可行性研究报告对资产评估中 TOT 项目转让的经营权价格也会产生影响，若对项目运营情况预测过于积极，会导致预测收益偏高，使受让方对于项目过于乐观，容易增加项目接手后的实际运营难度，增加项目投资失败的可能性。相反，如果预测过于消极，会使得预测收益偏低，容易击退受让方对拟转让项目的积极性，不利于 TOT 融资模式的应用。总之，政府对前期可行性报告的评审不严格、不准确，会造成受让方最终财务分析出现较大偏差，影响财务决策。

（3）政府对同地区同类项目的限制

虽然 TOT 项目受让方接手的是已建成的高等级公路项目，避开了项目风险较大的建设期，但 TOT 项目公司在运营项目时仍会面临各类风险，这些风险会直接影响投资收益，导致项目在特许经营期内收益具有不确定性。若在同一区域建设同类项目，对于具有特殊性质的经营性高等级公路项目而言，势必会对交通量产生较大影响，交通量的大小又与项目的未来收益密切相关，从而影响受让方对项目在盈利方面的财务分析，最终影响财务决策的准确性。因此，接手 TOT 项目的各受让方都较为重视政府对限制同一地区同类项目的建设的保证。

政府保证限制同一地区同类项目建设主要是政府向项目公司做出承诺，确保政府不会在与 TOT 项目受让方协商确定的特许经营期内在同一区域进行类似项目的建设，这一行为有利于保障 TOT 项目受让方的利益。

（4）政府对项目资产的运营现状

TOT 高等级公路项目在转让时，政府对项目资产的运营现状是影响受让方接手项目后获利能力的因素之一。如果项目资产现状（路面状况和配套设施完备情况）好，则能继续为受让方带来可观的交通量；同时，受让方在特许经营期内对项目的日常养护维修成本会较小，则运营阶段的成本会降低，从而使得 TOT 项目的获利能力越大。

### 2. 政府影响受让方成本—效益因子结构图

根据政府对财务决策的影响因素分析内容，可得政府影响受让方成本—效益因子结构图，如图 4.3 所示。

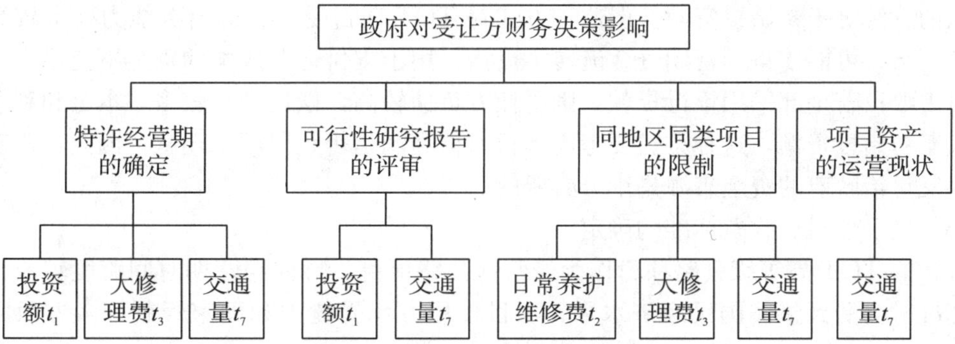


**图 4.3　政府影响受让方成本—效益因子结构图**

### 4.1.3　项目公司对受让方财务决策的影响因子分析

#### 1. 项目公司对财务决策的影响因素分析

企业决策投资项目的关键在于投资该项目能否为企业带来可观的收益。在采取 TOT 融资模式的情况下，项目受让方通常会成立专门的项目公司在与政府协议的特许经营期内负责 TOT 项目的日常运营管理工作。项目产生效益的好坏与项目公司息息相关，项目公司对西部地区高等级公路受让方财务决策的影响主要体现在运营阶段的成本方面，成本的变动又必然带来效益的变动。因此，项目公司对 TOT 项目财务决策的影响主要包括以下内容。

（1）技术设备的先进性

西部地区特殊的地理环境、气候类型及险恶的地质条件等因素，对于高等级公路的施工要求高，如各类不良土质或软弱地基的处理都要求施工技术必须保证一定的先进性，因此，受让方在接受项目时应注重施工质量是否达到要求，否则将在运营期产生大量的维修养护成本。

另外，西部地区多数省份资源相对匮乏，在设备的引进方面也相对落后，而在高等级公路的运营过程中，需要有道路设施、电子收费系统、通信设施、电子监控系统、养护技术和设备等一起发挥作用。随着社会高科技的快速发展，这些配套设计中有许多新的技术问题有待解决，若这些问题解决得好，高等级公路的运营效益就高，反之就低。通常，TOT 项目中的受让方为保证项目顺利运营和提高项目的使用情况会在运营期内提高技术设备档次，引进先进的技术来增加效益。

（2）一次性支付给政府的资金来源

通常情况下，投资方在投资新建项目时，可选用的建设资金支付方式有三种：自有资金、融资贷款、部分自有资金和部分贷款结合。采用 TOT 融资模式转让的高等级公路项目也不例外，转让价格的高额性使受让方完全利用自有资金支付这笔款项显得较为困难。

支付方式的不同对财务报表的编制有着直接影响，而财务决策指标的计算又依赖于相关财务报表。主要体现在不同的资金来源计入财务报表中的类别不同，在特许期内需要偿还的利息也各不相同。若全部采用自有资金支付，在财务报表中就不存在利息偿还，本金和利息的总额等于初始投资额。但这种方式对 TOT 项目受让方的财务能力要求较高，如果管理不当，可能使得运营期资金流转不灵活，用于支付运营成本的资金不充足，从而导致项目失败；若全部采用银行贷款，则受让方负债较高，偿还利息较多，本金和利息的偿还远大于初始投资额，这种方式要考虑项目所得利润是否足以用于还款。因此，明确用于一次性支付给政府的资金来源是十分必要的。

（3）接手项目后收费标准的确定

转让的 TOT 高等级公路项目作为经营性公路项目，特许经营期时间跨度较长，确定收费标准时会受到整体国民经济水平、项目使用方承受能力和国家管制等多方面因素的影响。

收费标准的确定与 TOT 项目受让方财务决策中效益的计算息息相关。如果在运营过程中，某项因素成本大幅度提高，此时若制定的收费标准过低，则可能无法在特许期内偿还借款、获取利润；若制定的收费标准过高，可能超出项目使用方愿意接受的范围，则交通部门也不会予以审批通过，同样无法在特许期内盈利。任何一种情况造成的损失都只能由项目公司自行承担。

（4）运营管理能力

受让方在获得 TOT 项目的特许经营权后，要组织相关人力、物力对接手的项目进行日常经营，组建的项目公司自身的经营观念、策略、方针和模式影响着项目的财务效益。

项目公司若具有科学、先进、良好的管理制度，必能有效地控制运营成本，同时还能获得良好的社会经济效益；反之，不规范、落后的管理制度极有可能造成工作效率的低下或者使得项目运营成本失控，达不到理想的运营效益。因此，重视 TOT 模式下项目公司的经营管理能力是受让方实现投资目的的关键因素之一。

### 2. 项目公司影响受让方成本—效益因子结构图

根据项目公司对财务决策的影响因素分析内容，可得项目公司影响受让方成本—效益因子结构图，如图 4.4 所示。

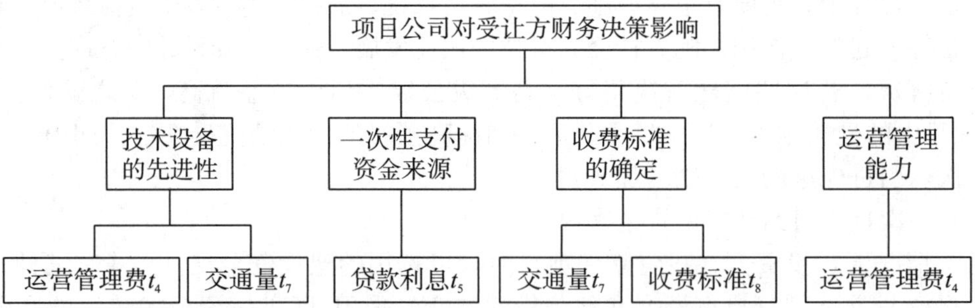


**图 4.4　项目公司影响受让方成本—效益因子结构图**

### 4.1.4　项目使用方对受让方财务决策的影响因子分析

#### 1. 项目使用方对财务决策的影响因素分析

转让的 TOT 高等级公路项目运营阶段的收益是项目公司偿还贷款及利息并获取利润的主要来源。而公路项目的收益来源依靠的是项目使用方的交通付费，即项目运营收费的效果理想与否与项目使用方的支付能力密不可分，项目使用方对西部地区高等级公路项目受让方财务决策的影响主要体现在未来收益方面，具体包括以下内容。

（1）项目使用方对高等级公路项目收费定价的接受程度

项目使用方对收费定价的接受程度决定了项目在运营阶段车流量的大小，车流量的大小与项目收益能力息息相关。根据消费者理论对人们在事物上的消费心理研究，通常情况下，消费者在消费选择时会倾向于选择他们认为物有所值的产品；反之，如果消费者认为所选物品价值与价格不相匹配，就会减少对该产品的消费。同理，大多数的项目使用方若认为公路收费合理，并且能为自身提供便利，则能够增大通行的车流量，从而为受让方带来更多收益；反之，项目使用方会选择该项目的替代品，导致通行量减少，影响受让方运营效益。

（2）项目使用方对高等级公路项目的使用率

西部地区的多数省份自然资源充裕，旅游胜地居多，若处在发达地区，项目使用方会为了提高生活水平、促进产业销售而加大对该地区公路项目的使用率，旨在借助交通运输形成产业交流，则公路使用率的增加必然带来受让方收费效益的增加；反之，若处在偏僻穷困地区，对外运输的需求量小，造成对该地区公路项目的使用率低，则减少了受让方的收入效益。

#### 2. 项目使用方影响受让方成本—效益因子结构图

根据项目使用方对财务决策的影响因素分析内容，可得项目使用方影响受让方成本—效益因子结构图，如图 4.5 所示。

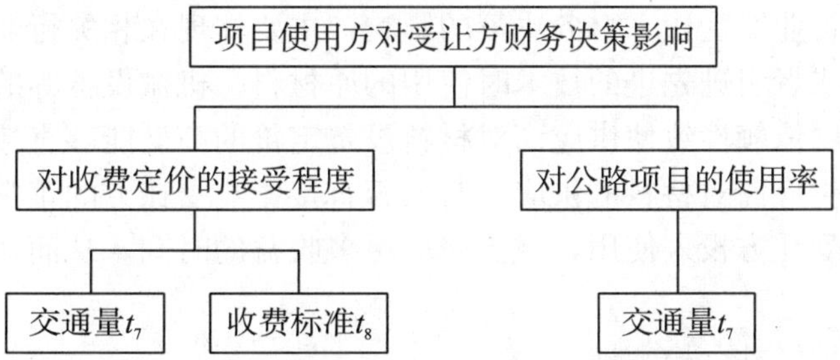


**图 4.5　项目使用方影响受让方成本—效益因子结构图**

### 4.1.5　西部地区大环境条件对受让方财务决策的影响因子分析

#### 1. 西部地区大环境条件对财务决策的影响因素分析

除了项目相关参与方等内部环境会影响受让方对 TOT 高等级公路项目的财务决策，

项目所在的社会经济环境大背景也会在一定程度上影响财务决策，主要体现在金融和法律政策环境、社会和文化差别、项目所在地区发展规划及相关行业的配套服务、项目所在地区社会稳定性以及自然环境等方面，具体包括以下内容。

（1）金融和法律政策环境

影响西部地区 TOT 高等级公路项目受让方财务决策的金融环境主要表现为税收和利率情况引起的成本效益变化。利率的变化与受让方项目的收益息息相关，例如银行贷款利率的升高直接影响贷款利息的增加，从而导致受让方需要更多的利润偿还利息，效益减少。

相对 BOT、BT、PPP 等融资模式牵涉项目风险较大的建设阶段，需要更加健全、完善的法律政策予以保障，对法律环境要求较高；TOT 融资模式针对的是已建成项目，政府让渡的也只是公路项目的经营权，对法律环境要求相对较低。尽管如此，与融资有关的政策、法律等的变动仍然是受让方关注的重点，例如税法的修改或加大税收等政策会引起税率的变化，从而导致 TOT 项目受让方的运营成本费用增加，影响项目特许期内的收益，对受让方造成利益损失等。

（2）社会和文化差别

西部地区多数省份拥有特殊的地理人文环境，其社会和文化差别主要是项目所在地区各利益相关方的价值观念、宗教信仰以及地域风俗等因素的差异。例如，项目所在区域的人口规模、分布情况以及当地人民的收入水平的不同会影响人们对高等级公路项目的认知和使用情况，从而对受让方的交通收入产生影响。

（3）项目所在地区发展规划及相关行业的配套服务

西部地区各省份经济发展不平衡，为了促进发展，政府对各地的发展规划不同。财务可行性大小与项目所在地区是否被划为未来重点发展区域有关，若转让的 TOT 高等级公路项目所在地区处于西部地区资源丰富、大力发展的区域，为了加快文化资源的交流，扩大流通性，必然会加大对项目的使用情况，交通量的增加能为受让方带来更好的收益；反之，若项目所在地区没有能够促进经济发展的资源，也不是西部地区拟规划发展的重点，那么该地区公路项目的使用情况就不理想，交通量的稀少也不利于受让方的资本回收。

公路项目相关行业对受让方财务决策的影响，主要体现在相关行业对受让方接手的公路项目的日常维护或者引进先进的技术时使用的原材料、机械设备等的提供情况，项目对材料设备供应的高度依赖性致使供应商对材料设备定价的高低能够直接影响受让方的成本大小；相关行业的供应商对材料的供应及时与否直接影响受让方的正常运营过程，若供应不及时，则会延误受让方投入使用，减少获取更多收益的时间，从而对运营效益产生极大影响。

（4）项目所在地区社会稳定性

西部地区多数省份为少数民族聚集区，具有浓郁的民族特色，若项目所在地区发生社会动荡、民族和谐问题或族内纠纷等，则会引起宏观社会环境的不稳定，导致转让项目在运营过程中效益得不到保障，甚至会因为社会环境不稳定在很大概率上使得转让的 TOT 高等级公路项目无法顺利进行，致使受让方亏损。

（5）自然环境

西部地区多数省份的地貌特征以及生态自然环境相比于发达地区较为复杂和脆弱，遇到恶劣的暴雨、大风等自然因素的冲击时，容易发生滑坡、泥石流等灾害，不利的自然环境下可能会给日常的运营维护所需的材料或设备的运输造成诸多不便，给 TOT 高等级公路项目的运营管理带来麻烦，引起运营总成本的增加，从而影响受让方的财务总效益。

2. 西部地区大环境条件影响受让方成本—效益因子结构图

根据西部地区大环境条件对财务决策的影响因素分析内容，可得西部地区大环境条件影响受让方成本—效益因子结构图，如图 4.6 所示。

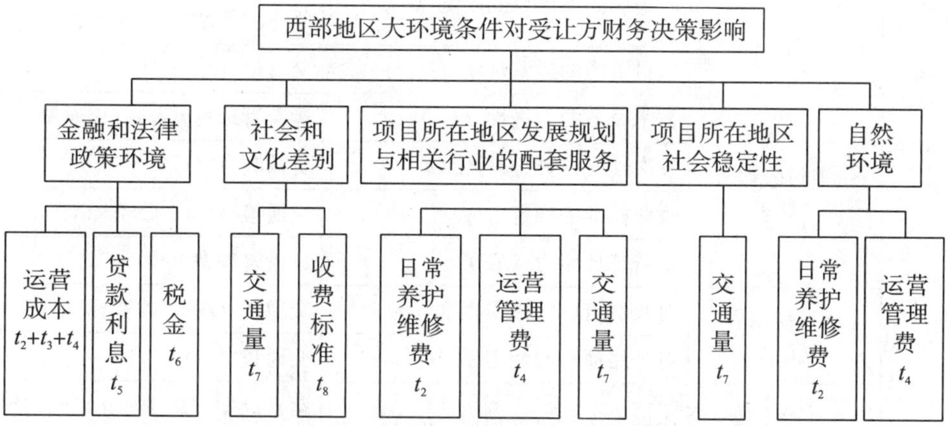


**图 4.6　西部地区大环境条件影响受让方成本—效益因子结构图**

### 4.1.6　西部地区 TOT 高等级公路受让方财务决策影响因素体系

通过政府、项目公司、项目使用方以及西部地区大环境条件四个方面对受让方财务决策的影响因素研究，得到各自对应的受让方财务决策中涉及的影响成本—效益的计算因子，构成西部地区 TOT 高等级公路项目受让方财务决策影响因素体系。该体系以项目受让方财务决策影响程度为目标层，以政府（$B_1$）、项目公司（$B_2$）、项目使用方（$B_3$）、大环境条件（$B_4$）四个一级影响因素为准则层，包括特许经营期的确定（$b_{11}$）、可行性研究报告的评审（$b_{12}$）、同地区同类项目的限制（$b_{13}$）等 15 个二级影响因素的指标层和投资额（$t_1$）、大修理费（$t_3$）、交通量（$t_7$）等 8 个成本—效益影响因子。对体系中各层级的因素和影响因子进行字母编号，得到西部地区 TOT 高等级公路项目受让方财务决策影响因素体系，如表 4.1 所示。

**表 4.1　西部地区 TOT 高等级公路项目受让方财务决策影响因素体系**

| 目标层 | 准则层 | 指标层 | 因子层 |
|---|---|---|---|
| | 一级影响因素 | 二级影响因素 | 成本一效益影响因子 |
| 项目受让方财务决策影响程度 | 政府（$B_1$） | 特许经营期的确定（$b_{11}$） | 投资额（$t_1$）、大修理费（$t_3$）、交通量（$t_7$） |
| | | 可行性研究报告的评审（$b_{12}$） | 投资额（$t_1$）、交通量（$t_7$） |
| | | 同地区同类项目的限制（$b_{13}$） | 日常养护维修费（$t_2$）、大修理费（$t_3$）、交通量（$t_7$） |
| | | 项目资产的运营现状（$b_{14}$） | 交通量（$t_7$） |
| | 项目公司（$B_2$） | 技术设备的先进性（$b_{21}$） | 运营管理费（$t_4$）、交通量（$t_7$） |
| | | 一次性支付资金来源（$b_{22}$） | 贷款利息（$t_5$） |
| | | 收费标准的确定（$b_{23}$） | 交通量（$t_7$）、收费标准（$t_8$） |
| | | 运营管理能力（$b_{24}$） | 运营管理费（$t_4$） |
| | 项目使用方（$B_3$） | 对收费定价的接受程度（$b_{31}$） | 交通量（$t_7$）、收费标准（$t_8$） |
| | | 对公路项目的使用率（$b_{32}$） | 交通量（$t_7$） |
| | 西部地区大环境条件（$B_4$） | 金融和法律政策环境（$b_{41}$） | 运营成本（$t_2+t_3+t_4$）、贷款利息（$t_5$）、税金（$t_6$） |
| | | 社会和文化差别（$b_{42}$） | 交通量（$t_7$）、收费标准（$t_8$） |
| | | 项目所在地区发展规划与相关行业的配套服务（$b_{43}$） | 日常养护维修费（$t_2$）、运营管理费（$t_4$）、交通量（$t_7$） |
| | | 项目所在地区社会稳定性（$b_{44}$） | 交通量（$t_7$） |
| | | 自然环境（$b_{45}$） | 日常养护维修费（$t_2$）、运营管理费（$t_4$） |

## 4.2　西部地区 TOT 高等级公路受让方财务决策模型的建立

### 4.2.1　受让方财务决策模型的建立思路

1. 项目受让方财务决策的内容

从表象上来看，受让方接手的是已建成的高等级公路项目，不需要对项目进行建设投资；但从本质上来看，受让方接手 TOT 高等级公路项目的行为仍然属于一种特殊的投资，因为对于 TOT 项目的受让方来说，接手拟转让的高等级公路项目时，需要投入一笔资金。不同的是，项目受让方不是投入建设，而是投入获得运营权。只要存在投资行为，就必然离不开成本的回收以及利润的获取，项目受让方正是依靠接手的已建成项目在特许经营期内的收益获取利润的。因此，对于项目受让方而言，可靠的财务评价是财务决策依据的主要内容，应高度重视。

从项目受让方的角度考虑，在做 TOT 高等级公路项目财务决策时，应主要包括盈利能力分析和偿债能力分析两方面内容。

1）TOT 项目的盈利能力分析。这是测算和分析受让方接手后的 TOT 项目在特许经营期内的财务盈利水平，即能否在特许期内收回投资成本并获得利润。它是受让方决策是否投资该项目的直接参考，并直接关系到项目是否能够成功移交。

2）TOT 项目的偿债能力分析。这是考察受让方在初始投资 TOT 项目时筹措的资金能否按时偿还，偿债能力的强弱直接关系到受让方面临的债务风险的大小，它是受让方决策接手 TOT 项目的主要依据之一。

以上两部分内容在作为 TOT 高等级公路项目受让方财务决策参考依据时是相辅相成、缺一不可的。

### 2. 项目财务决策模型的建立流程

根据 TOT 融资模式的特点，TOT 高等级公路项目受让方财务决策模型包括四个部分内容：特许经营期内基础数据的预测、相关财务报表的选取与编制、影响因素权重的计算与评价、运营管理对策的分析与制定。TOT 高等级公路项目受让方财务决策模型的建立流程如图 4.7 所示。

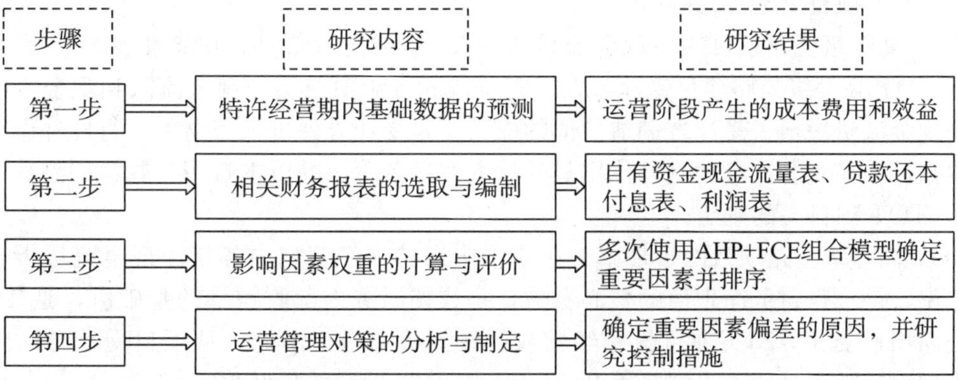


**图 4.7　TOT 高等级公路项目受让方财务决策模型的建立流程**

## 4.2.2　受让方财务决策方法

TOT 高等级公路项目受让方财务决策采用定量与定性相结合的方法，其中，定量决策主要是应用净现值法（NPV 法）和内部收益率法（IRR 法）对 TOT 高等级公路项目财务可行性进行分析评价；定性决策主要是对研究所得的财务决策的影响因素进行单个评价和综合评价，并提出相应对策。

### 1. 净现值法

（1）基本思路

TOT 高等级公路项目的净现值是指在特许经营期内通过折现后的各年现金流入和现

金流出的差额，它反映的是转让的 TOT 项目的盈利能力。净现值法中的“现值”不是指“现在”的价值，而是各年现金流量折现后的价值，通常有一个折现所采用的基准时间点。这个基准时间点在 TOT 项目中是指受让方拟接手项目的年份，产生的净现值即为项目各年产生的净现金流量折现到拟接手项目当年的累计值。在净现值法中涉及三个主要参数，即现值、现金流和折现率。净现值法在 TOT 项目财务决策中的计算公式为

$$FNPV = FNCF_0 + \sum_{t=1}^{n} FNCF_t (1 + i_c)^{-t} \tag{4.1}$$

式中，$FNPV$——项目的财务净现值；

$FNCF_0$——受让方接手项目当年（即第 1 年年初）产生的净现金流量，包括为接手 TOT 项目投入的自有资金和项目运营产生的现金流量两部分；

$FNCF_t$——项目第 $t$ 年产生的净现金流量；

$n$——受让方获得的特许经营年限；

$i_c$——折现率。

由式（4.1）可知，在净现值法中，首先必须预测以下三个输入变量：$FNCF_t$，$i_c$，$n$，其中净现金流量 $FNCF_t$ 和折现率 $i_c$ 是整个净现值法的核心。

（2）参数估计

在运用净现值法进行 TOT 高等级公路项目财务决策时，首先要准确地估计参数，确定净现金流量 $FNCF_t$ 和折现率 $i_c$ 的计算方法。

1）TOT 项目 $FNCF_t$ 的确定。

TOT 高等级公路项目的净现金流量 $FNCF_t$ 是指在运营过程中产生或支出的货币资金，即 TOT 高等级公路项目受让方在运营阶段的各年限产生的现金流入和现金流出的差值。净现金流量决定了受让方创造价值的能力，是受让方评价项目财务可行性并做出决策的主要指标。净现金流量的测算依据是受让方在运营阶段的成本费用与收益的测算。

2）TOT 项目 $i_c$ 的确定。

TOT 高等级公路项目的折现率 $i_c$ 是指将未来特许经营期内各年净现金流量折合成现值的比率，是求得财务净现值的核心参数，是权衡财务内部收益率的基础值，是 TOT 高等级公路项目受让方购买项目收费经营权的预期收益率。因此，从项目受让方的角度来看，折现率反映了受让方投资接手 TOT 项目后能够接受的最低收益率。

TOT 高等级公路项目是经营权交易的过程，受让方应依据投资报酬状况来确定折现率。而受让方在投资接手 TOT 项目时需要支付给政府的资金筹资方式的不同会产生不同的筹资成本差异，这对于折现率 $i_c$ 的确定有一定的影响。基于此，可以采用改进的加权平均资金成本公式确定 TOT 高等级公路项目的折现率。

TOT 高等级公路项目的折现率 $i_c$ 的确定公式依赖于受让方接手公路经营权时初始投资资金的结构，即自有资金与借入的负债分别占总投资的比例，以及各类投资资本所要求的回报率，并据此计算得到受让方财务决策指标计算时需要的折现率。用数学公式表示为

$$i_c = \omega_1 \times \delta_1 + \omega_2 \times \delta_2 \tag{4.2}$$

$$\delta_2 = r_1 + r_2 \tag{4.3}$$

式中，$i_c$——折现率；

$\omega_1$——项目受让方为支付初始投资额而借入的负债占初始投资资本的百分比；

$\omega_2$——项目受让方自有资金占初始投资资本的百分比；

$\delta_1$——银行贷款利率；

$\delta_2$——受让方自有资本要求的回报率；

$r_1$——TOT 项目的安全收益率，与国债收益率有关；

$r_2$——风险报酬率。

TOT 高等级公路项目中风险报酬率$r_2$ 的计算要结合概率统计的知识来确定，即

$$r_2 = (R - r_1)\beta \tag{4.4}$$

式中，$R$——社会平均折现率，目前一般取值为 8%；

$R - r_1$——社会的平均风险收益率；

$\beta$——风险校正系数，TOT 收费公路项目的受让方承担的运营期风险要高于政府运营时的运营风险，但与社会的平均风险相比略低，一般在 0.9～1.0 之间取值。

财务净现值 $FNPV$ 对于 TOT 高等级公路项目受让方适用的决策标准：当计算所得的 $FNPV>0$ 时，说明 TOT 项目的盈利能力较好，受让方应该予以投资；当 $FNPV<0$ 时，说明项目财务不可行，受让方不应投资该 TOT 项目。值得注意的是，尽管任何公路项目都应该考虑其社会效益和经济效益，但是出于 TOT 项目受让方的立场，目的就是通过拟转让的 TOT 高等级公路项目获取利润，获得投资回报，因此，从 TOT 项目受让方的财务角度考虑，当 $FNPV=0$ 时，受让方认为该项目从经济效益衡量是不利于投资的。

### 2. 内部收益率法

TOT 高等级公路项目的内部收益率是指项目在特许经营期内流入的现值与流出的现值总额相等时的利率，反映的是 TOT 项目运营中实际的获利率，计算公式为

$$\sum_{t=0}^{n} FNCF_t\,(1 + FIRR)^{-t} = 0 \tag{4.5}$$

式中，$FIRR$——项目的财务内部收益率；

$FNCF_t$——项目第 $t$ 年的净现金流量；

$n$——TOT 项目受让方的特许经营期年限。

财务内部收益率 $FIRR$ 对于 TOT 高等级公路项目受让方适用的决策标准：只有计算所得的 $FIRR>i_c$时，说明 TOT 项目的内部收益率要高于期望收益率，此时认为受让方可以予以投资；否则，受让方应该放弃该 TOT 高等级公路项目。

通常情况下，因为净现值法能更好地考虑受让方在运营期内资金的时间价值，所以以贴现现金流量模型（DCF）中净现值法为主、内部收益率法予以辅助的方式，作为 TOT 高等级公路项目受让方财务决策的主要方法。

### 3. 辅助指标的选用

根据项目受让方财务决策依据的内容，在采用净现值法进行盈利能力分析后，还应该对 TOT 高等级公路项目的偿债能力内容进行分析，主要选取利息备付率（$ICR$）和偿债备付率（$DSCR$）两个指标予以辅助。

(1) 利息备付率（$ICR$）

利息备付率是指 TOT 高等级公路项目受让方在特许经营年限内，各年可用于支付利息的息税前利润与当年应付利息费的比值，计算公式为

$$ICR = \frac{EBIT}{PI} \tag{4.6}$$

式中，$EBIT$——TOT 项目的利润总额与计入运营成本费用的利息之和；

$PI$——TOT 项目当年应付的利息金额。

利息备付率对于 TOT 高等级公路项目受让方适用的决策标准：计算所得的 $ICR$ 值越高，说明支付利息的保证度越大。若 $ICR>2$，表明项目偿还能力较好，且越大越有利；若 $ICR<1$，表明项目没有足以偿还利息的能力，债务风险大，不利于投资。

(2) 偿债备付率（$DSCR$）

偿债备付率是指 TOT 高等级公路项目受让方在特许经营年限内，各年能够用于还本付息的税前利润与当年应还本付息金额的比值，其计算公式为

$$DSCR = \frac{EBIT - H_3}{FD} \tag{4.7}$$

式中，$EBIT$——TOT 项目的利润总额与计入运营成本费用的利息之和；

$H_3$——企业所得税；

$FD$——当年应还本付息的总金额。

偿债备付率对于 TOT 高等级公路项目受让方适用的决策标准：$DSCR$ 值不低于 1.3，$DSCR$ 值越大，表示项目偿还贷款本息的能力越高。

对于正常运营的 TOT 高等级公路项目，$ICR$ 和 $DSCR$ 都应按年计算，以便使项目受让方更清晰地了解 TOT 项目各年偿还债款的能力。

### 4.2.3 受让方运营期基础数据的确定及预测

由于净现值法中的两个主要参数 $FNCF_t$ 和 $i_c$ 的确定都与成本—效益因子关系紧密，而在受让方财务决策影响因素研究中，政府、项目公司、项目使用方和西部地区大环境条件对 TOT 高等级公路项目受让方财务决策成本—效益的影响因子主要体现在三个方面，即 TOT 项目投资额、TOT 项目成本费用、TOT 项目运营收入，因此，受让方在财务决策前需对这三类因子进行测算。

针对运用 TOT 融资模式转让的高等级公路项目不牵涉建设期这一特点，受让方在现金流出方面只需考虑项目的总成本费用，因此，TOT 项目成本费用主要包括运营成本、贷款利息和税金。运营成本由日常养护维修费、大修理费、运营管理费组成。TOT 高等级公路项目的运营收入主要是指项目在特许经营期内来往车辆的通行费收入，是 TOT 高等级公路项目受让方现金流入的主要来源，也是 TOT 项目财务决策中评价的主要指标，而交通量和收费标准是决定公路项目运营收入的两个重要因子，因此，TOT 项目的运营收入主要包括交通量和收费标准。

综上分析，TOT 高等级公路财务决策的首要环节是对 TOT 项目的投资额、运营成本（包括日常养护维修费、大修理费和运营管理费）、贷款利息、税金以及 TOT 项目交通量和收费标准等基础数据进行预测，且尽可能准确地定量测算，并据此计算 TOT 项目

的运营效益。

### 1. TOT 项目投资额（$L$）的确定

受让方在接手 TOT 高等级公路项目时，需要进行实际投资额的确定，但是从接手项目前的财务决策角度考虑，受让方可先依据招标文件中政府规定的最低投标价格进行财务评价。此项工作包括两方面内容：确定初始投资额，明确投资资金来源。

（1）确定初始投资额

TOT 高等级公路项目中政府在对项目转让招标前，必须根据拟转让的 TOT 公路项目经营情况向国有资产管理局申请立项评估，并经批准确认评估结果，最后以国有资产管理局最终确认的公路经营权资产转让价值作为政府与受让方成交价格的依据。因此，在受让方接手项目的初始投资额与资产评估价格之间存在着一种关系，即

$$L \geqslant S$$

式中，$L$——受让方实际支付的初始投资额；

$S$——招标文件中的最低转让价格。

对于 TOT 高等级公路项目，受让方在确定与使用 $L$ 和 $S$ 时还应注意以下两个方面：

1）拟转让项目定价的高低通常与政府规制的强度、公路项目平均盈利能力、现有资产价值以及预期投资回报率等众多因素有关，并且由于评估人员对折现率、风险等影响因素的理解不同，可能会造成评价结果的偏差。

2）受让方在财务决策时，先按照政府在招标文件中给定的初始投资额和特许经营期进行财务分析。在对特许经营期内项目的盈利情况预测后，若认为投资额偏高不利于盈利时，可与政府进行协商谈判。

（2）明确投资资金来源

明确投资资金来源即确定资金结构。资金结构的分析是一项重要工作，不同的资金构成方式不仅会造成后期偿还的利息不同，还会对净现值法中折现率的确定带来影响。在 TOT 高等级公路项目中，资金结构主要是指项目自有资本金与贷款的债务资金的比例，即一次性支付政府资金的自有资金和贷款的比例。只有在明确资金构成方式的前提下，才能准确计算项目总成本费用和确定合适的折现率值，受让方才能准确得到项目特许经营期内的经济收益情况。

根据国家的有关规定，涉及债务资金的企业在筹措资金时，需要依据项目的经济效益和企业状况等因素确定投资项目资本金所占总投资的比例。其中，交通运输项目的资本金比例不应低于 35%。近年来，国家对投资项目的资本金比例进行了适当调整，目前的规定是公路交通运输项目的资本金比例不应低于 25%。

### 2. TOT 项目运营成本（$P$）的预测

TOT 高等级公路项目涉及的运营成本（$P$）主要包括公路的运营管理费（$P_1$）、日常养护维修费（$P_2$）、大修理费（$P_3$）、折旧费（$P_4$）以及其他费用（$P_5$）。受让方在特许经营期内的运营成本的计算公式为

$$\sum_{t=1}^{n} P = \sum_{t=1}^{n} (P_1 + P_2 + P_3 + P_4 + P_5) \tag{4.8}$$

(1) 运营管理费 ($P_1$)

运营管理费是指高等级公路项目受让方为管理和实施项目的正常运行而支出的各种费用，如收费站设施管理经费、人员工资及福利费、职工教育经费、劳动保障费等。

结合西部地区特殊的环境条件和政策因素，受让方在决策前应根据项目所处地区的地质、气候、使用状况等实际情况，对运营阶段是否需要引进先进的技术和增加管理人员以提高项目水平和运营效率进行考察。技术的引进和人员的增加必然引起成本的增加，受让方在财务决策时应将此部分隐藏的成本考虑在内。具体表达式为

$$P_1(n) = P_1(1) \times (1 + w_1)^{n-1} \tag{4.9}$$

式中，$n$——受让方接手项目的第 $n$ 年；

$P_1(1)$ ——受让方运营项目第一年的运营管理费；

$w_1$——增长比率，通常取 0.3～0.5。

(2) 日常养护维修费 ($P_2$)

日常养护维修费是指为保持项目资产的正常运营，充分发挥其使用功能，对项目进行必要的日常养护维修所产生的费用，主要包括对高等级公路路基、路面等的养护。

对于 TOT 融资模式下的公路项目，在项目建成运营后，交通量的逐年递增带来项目的被损坏程度逐年加大，最终引起受让方所要承担的日常养护维修费用逐年上升的趋势，并且初始日常养护维修费与转让时资产现状有关。通常情况下，受让方可以参照同一类别其他收费公路项目的养护费用或在能够获取政府经营年限时的日常养护维修费用的前提下，先预测项目转让后第一年的养护维修费用，然后未来每年的养护维修费用在此基础上以 3%～5%递增估算。具体表达式为

$$P_2(n) = P_2(1) \times (1 + w_2)^{n-1} \tag{4.10}$$

式中，$n$——受让方接手项目的第 $n$ 年；

$P_2(1)$ ——受让方运营项目第一年的日常养护维修费；

$w_2$——增长比率，通常取 0.3～0.5。

(3) 大修理费 ($P_3$)

大修理费通常根据公路路面结构及实际使用情况确定，并不是每一年都会发生的费用。参照国内实际运输情况，高等级公路的使用往往超出承载范围，体现为车辆长期超载碾压，这一行为会导致公路出现严重破坏，因此本着谨慎投资的原则，往往对高等级公路 10 年进行一次大修。对于 TOT 项目的受让方更应注重项目转让前年限，在决策前应先根据建成后的使用年限以及特许经营期长短判断特许期内项目是否需要进行大修，大修年份会使得成本费用大幅度提高。具体表达式为

$$P_3(n) = P_2(n) \times w_3 \tag{4.11}$$

式中，$P_2(n)$ ——受让方运营项目第 $n$ 年的日常养护维修费；

$w_3$——日常养护费的倍数，通常取 10～13。

需要注意的是，在计算大修理费的年限时，本年不再计算公路的日常养护维修费，以避免该年成本费用的重复计算。

(4) 折旧费 ($P_4$)

折旧费是成本的一个重要因素，它是回收投资或偿还贷款的重要资金来源，计算固定资产折旧主要有平均年限法和双倍余额递减法。但是，对以下几种情况的固定资产不需要

计提折旧：①已提足折旧但仍继续使用的固定资产；②以前年度已经估价单独入账的土地；③生命周期内提前报废的固定资产；④以经营租赁方式租入的固定资产。TOT 模式是一种特殊的融资模式，政府以一定期限一定价格将公路项目的经营权转让给受让方，可以看作利用融资模式进行的经营性租入活动，所以对于受让方，在 TOT 项目运营成本测算时无须考虑计提折旧。因此，对折旧费的计算取值为 $P_4=0$。

（5）其他费用（$P_5$）

其他费用是指上述费用以外的支出部分，主要包括对 TOT 高等级公路项目安全设施、监控设施等配套设施的日常维护所发生的成本费用。TOT 融资模式下的该部分费用同样是以项目转让前一年的其他收费项目的费用为基准，项目受让方根据实际情况以 3%～5%的比率调整。具体表达式为

$$P_5(n) = P_5(1) \times (1 + w_5)^{n-1} \tag{4.12}$$

式中，$P_5(1)$ ——受让方第一年的其他费用；

$w_5$——增长比率，通常取 0.3～0.5。

（6）TOT 项目运营成本（$P$）

综上，TOT 高等级公路项目的运营成本以项目是否进行大修为分界线，详细的表达式可以分为两种：项目需要大修和项目不需要大修。

1）项目需要大修的运营成本，假设第 $m$ 年需要大修时，计算公式为

$$\sum_{t=1}^{n} P = \sum_{t=1}^{n} [P_1(1) \times (1 + w_1)^{n-1} + P_2(1) \times (1 + w_2)^{n-1} - P_2(m) + P_2(m) \times w_3 + P_4] \tag{4.13}$$

2）特许经营期内项目不需要大修的运营成本，计算公式为

$$\sum_{t=1}^{n} P = \sum_{t=1}^{n} [P_1(1) \times (1 + w_1)^{n-1} + P_2(1) \times (1 + w_2)^{n-1} + P_4] \tag{4.14}$$

### 3. TOT 项目贷款利息（$G$）的估算

TOT 项目的贷款利息是指受让方为获取投资购买 TOT 项目经营权所需资金而发生的费用，为借款费用，通常包括支付利息和相关手续等费用。在项目财务决策的实际运用中，往往只计算利息支出部分。TOT 融资模式下是否需要计算运营期利息取决于受让方购买 TOT 项目特许经营权的资金来源，若有贷款，则在项目运营期按现行银行贷款的年利率对产生的借款利息进行估算。

一般情况下，企业还本付息都是采用分期还款的方式，常用的分期还款方式又分为两类：一类为等额还本付息，另一类为等额本金还款，这两类方式在还款金额上存在明显差异。假设贷款本金数额为 $A_1$，贷款年限为 $n$，银行贷款年利率为 $i$，下面分别说明两种还款方式的表达式。

（1）等额还本付息

等额还本付息实质上代表在借款期限内，每年支付给银行的本金和利息总额是相同的。在此方式下，相同的还款金额中，本金所占比例逐年递增，利息所占比例逐年递减。也就是说，借款期限的前半期利息比例大、本金比例小。每年的还款额计算公式为

$$\text{每年还款额} = \frac{A_1 \times i \times (1+i)^n}{(1+i)^n - 1} \tag{4.15}$$

$$\text{每年利息} = \text{剩余本金} \times n \tag{4.16}$$

(2) 等额本金还款

等额本金还款实质上是将最初借款额平均分配到整个借款期限中，每年的还款本金数额相等。因为每年需要还款的总金额不同且逐年递减，所以每年利息的偿还不同，支付的利息也是逐年减少的。计算公式为

$$\text{每年还款本金} = \frac{A_1}{n} \tag{4.17}$$

$$\text{第}\ t\ \text{年的利息} = \left[A_1 - (t-1)\frac{A_1}{n}\right] \times n \tag{4.18}$$

从支付利息的总额看，通常等额本息支出的利息总数要比等额本金的多，并且贷款期限越长，利息相差就越大。TOT 高等级公路项目受让方可根据企业的财政资金充裕情况选择合适的还款方式。

### 4. TOT 项目税金（$H$）的测算

一般的公路项目财务评价中涉及的运营期税金包括增值税、城市维护建设税和教育费附加、所得税、关税、城乡土地使用税等，相关政策对其计算依据的规定各不相同，但是只要在政策不发生大变动的情况下，税金所受影响较小。

针对 TOT 高等级公路项目的特点，受让方运营的是已建成项目，所以在进行财务决策时，税金（$H$）主要考虑的是增值税、城市维护建设税和教育费附加、关税以及所得税。其中，关税主要针对引用了外资、引进了先进的国外技术和设备的公路项目而言，TOT 项目多是以利用社会民间资本为主，提高国内的资金使用率，因此可不考虑关税的计算。

(1) 增值税（$H_1$）

TOT 项目的增值税是针对受让方在运营高等级公路项目时产生的增值额作为计税依据而征收的一种流转税。按税收规定，对于高等级公路项目而言，适用交通运输行业的增值税，税率取 9%。它的计税依据为当期销项税额和当期进项税额，计算公式为

$$\text{应纳增值税额}\ H_1 = \text{当期销项税额} - \text{当期进项税额} \tag{4.19}$$

式中，当期销项税额——按照当期销售额和规定的增值税率计算的增值税额；

当期进项税额——购进货物或接受应税劳务应负担的增值税额。

(2) 城市维护建设税和教育费附加（$H_2$）

这两种税与增值税本质不同，它们没有独立的征税对象或税基，本质上是一种附加税。对于 TOT 高等级公路项目而言，是在以增值税为计算依据的基础上，结合实际，选取合适的比例税率进行计算的，一般情况下按增值税的 7%和 3%计算，计算公式为

$$\sum_{t=1}^{n} H_2 = \sum_{t=1}^{n}(H_1 \times 7\% + H_1 \times 3\%) \tag{4.20}$$

式中，$t=1$——受让方接手项目第一年；

$n$——特许经营期年限；

$H_2$——城市维护建设税和教育费附加；

$H_1$——增值税。

（3）所得税（$H_3$）

TOT 高等级公路项目所得税是对受让方在特许经营期内的公路项目运营所得而征收的一种税，所得税税率以项目所在地区有关规定为准，各地的优惠不一，不同企业征收所得税的税率如表 4.2 所示。

**表 4.2　不同企业征收所得税的税率**

| 企业 | 一般企业 | 国家重点扶持的高新技术企业 | 小型微利企业 |
|---|---|---|---|
| 所得税税率 | 25% | 15% | 20% |

对于 TOT 融资模式下的西部地区高等级公路项目，通常以 25%的征收标准计算。所得税的计算为利润总额乘以所得税税率，项目若在运营年间发生亏损，那么在该年不纳所得税。所得税的计算公式为

$$H_3 = Q_1 \times 25\% \tag{4.21}$$

式中，$Q_1$——利润总额。

## 5. TOT 项目交通量（$M_1$）的预测

交通量（$M_1$）是与 TOT 高等级公路项目的运营收入（$M$）关系密切的重要因子之一。目前，用于预测交通量（$M_1$）的相关方法很多，包括增长率法、灰色预测模型、四阶段法以及回归分析法等。从预测模型的精度和准确性方面考虑，灰色理论可以将转让前 TOT 项目产生的交通量这一个本无特定规律、随机的系统，通过灰色预测模型 $GM(1, 1)$ 分析数据信息，发现存在的某种规律，并进行精度检验，以达到较高水平。因此，针对 TOT 高等级公路项目，采用灰色模型进行预测，能够尽可能地保证预测的准确性。

（1）确定换算系数

为了便于计算，通常将不同车型的交通量当量数进行折算后再运用灰色预测模型计算，TOT 高等级公路项目通常以小汽车类型作为折算标准，不同车型的折算系数如表 4.3所示。

**表 4.3　不同车型的折算系数**

| 类别 | 小客车 | 大客车 | 小货车 | 中货车 | 大货车 |
|---|---|---|---|---|---|
| 折算系数 | 1.0 | 1.5 | 1.0 | 1.5 | 2.0 |

（2）运用灰色预测模型 $GM(1, 1)$ 的具体步骤

第一步，转让前日交通量情况构成原始离散数据 $X^{(0)}$，即

$$X^{(0)} = \{x^{(0)}(k)\},\ k = 1,\ 2,\ \cdots,\ n$$

第二步，对 $X^{(0)}$ 一阶累加生成运算，即

$$X^{(1)}(t) = \sum_{t=1}^{k} x^{(0)}(k),\ X^{(1)} = \{x^{(1)}(t)\},\ k = 1,\ 2,\ \cdots,\ n \tag{4.22}$$

此时，累加得到的数据序列 $X^{(1)}$ 具有较强的递增规律性，满足一阶线性微分方程，即

$$\frac{\mathrm{d}X^{(1)}(t)}{\mathrm{d}t} + aX^{(1)}(t) = u$$

对于方程中的参数 $a$，$u$，用 $\boldsymbol{A}$ 表示，即

$$\boldsymbol{A}=\begin{bmatrix}a\\u\end{bmatrix}=(\boldsymbol{B}^{\mathrm{T}}\boldsymbol{B})^{-1}\boldsymbol{B}^{\mathrm{T}}\boldsymbol{Y} \tag{4.23}$$

式中，$a$——发展参数，反映生成序列 $X^{(1)}$ 与原始离散数据 $X^{(0)}$ 的发展趋势；

$u$——协调系数，反映数据之间内部变化关系；

$\boldsymbol{B}$，$\boldsymbol{Y}$——构造的矩阵数列，表示如下：

$$\boldsymbol{B}=\begin{bmatrix}-\frac{1}{2}[X^{(1)}(1)+X^{(1)}(2)] & 1\\ -\frac{1}{2}[X^{(1)}(2)+X^{(1)}(3)] & 1\\ \vdots & \vdots\end{bmatrix}$$

$$\boldsymbol{Y}=[X^{(0)}(2),X^{(0)}(3),\cdots,X^{(0)}(n)]^{\mathrm{T}}$$

第三步，利用软件，求解参数 $a$，$u$，并将计算得到的 $a$ 和 $u$ 值代入上述微分方程，可得

$$\hat{x}^1(t+1)=\left[x^0(1)-\frac{u}{a}\right]\mathrm{e}^{-at}+\frac{u}{a},\quad t=0,1,2,\cdots,n-1 \tag{4.24}$$

第四步，对式（4.24）求导，得到还原模型：

$$\hat{x}^0(k)=\hat{x}^1(t+1)-\hat{x}^1(t)=(-a)\left[x^0(1)-\frac{u}{a}\right]\mathrm{e}^{-at},\quad t=0,1,2,\cdots,n \tag{4.25}$$

第五步，进行模型精度检验。

将预测值与实际值比较，若模型计算精度满足要求，受让方就能够利用此模型预测接手后项目在特许期内的交通量，作为财务决策分析中运营效益的计算依据，模型精度检验过程需要对残差、相对误差等进行计算，具体如式（4.26）～（4.33）所示。

①残差：

$$q(k)=x(k)-\hat{x}(k),\quad k=1,2,\cdots,n \tag{4.26}$$

②残差平均值：

$$\bar{q}=\frac{1}{n}\sum_{k=1}^{n}q(k),\quad k=1,2,\cdots,n \tag{4.27}$$

③相对误差：

$$e(k)=\frac{q(k)}{x^{(0)}(k)} \tag{4.28}$$

④原始数据序列的方差和生成的残差方差：

$$S_1^2=\frac{1}{n}\sum_{k=1}^{n}[x^{(0)}(k)-\bar{x}]^2 \tag{4.29}$$

$$\bar{x}=\frac{1}{n}\sum_{k=1}^{n}x^{(0)}(k),\quad k=1,2,\cdots,n \tag{4.30}$$

$$S_2^2=\frac{1}{n}\sum_{k=1}^{n}[q(k)-\bar{q}]^2,\quad k=1,2,\cdots,n \tag{4.31}$$

⑤两者方差的比值：

$$C=\frac{S_2}{S_1} \tag{4.32}$$

⑥小误差概率：

$$P = P\{ |q(k) - \bar{q} < 0.6745\, S_1| \},\quad k = 1, 2, \cdots, n \tag{4.33}$$

模型精度检验标准参照表 4.4 进行评级。

**表 4.4　预测模型精度等级**

| 精度等级 | 两者方差的比值 $C$ | 小误差概率 $P$ |
|---|---|---|
| 好 | 小于 0.35 | 大于 0.95 |
| 合格 | 小于 0.45 | 大于 0.80 |
| 勉强合格 | 小于 0.65 | 大于 0.70 |
| 不合格 | 不低于 0.65 | 不高于 0.70 |

将计算得到的两者方差的比值 $C$ 和小误差概率 $P$ 的结果与表 4.4 比较，$C$ 的计算值越小，说明预测效果越好。若精度不满足规定要求，则应该通过残差序列重新建立 $GM(1, 1)$ 模型进行残差修正。

结合已发生年限的实际折算交通量，运用建立的灰色预测模型 $GM(1, 1)$ 预测接手的公路项目在特许期内的交通量情况，可为受让方在接手项目前的财务决策中的运营收益计算提供较为准确的依据。

### 6. TOT 项目收费标准（$M_2$）的确定

收费标准（$M_2$）是与 TOT 高等级公路项目的运营收入（$M$）关系密切的另一个重要因子，收费标准对于公路项目受让方的财务决策也有着决定性的作用。作为公共基础设施，任何一项高等级公路项目在考虑经济效益的同时，也不能忽略项目的社会效益。因此，在确定公路的收费标准时，应该综合考虑项目使用方的支付能力以及公路的效益。我国通常根据不同区域的发达程度与道路等级设定不同的收费标准。

但是对于收费的 TOT 高等级公路项目略有不同，一般情况下，TOT 高等级公路项目已处于运营阶段，其收费标准早已在政府投资建设项目时由交通运输部、财政部以及物价局等相关部门制定并且在政府运营阶段实施，项目受让方应该沿用政府转让前拟定的收费标准，不能随意改变。当根据实际情况需要调整收费标准时，应根据当地颁布的收费文件和项目实际情况对接手项目的收费标准进行合理定价，对调整的幅度等应当参考拟接手的 TOT 高等级公路项目所在区域的类似项目确定，并出具可行性研究报告交由省级交通主管部门审批。

### 7. TOT 项目运营效益的计算

基于受让方角度的 TOT 高等级公路项目运营阶段财务效益可用税后利润定量计算结果来衡量，税后利润的大小是考核受让方组建的项目公司经营效果好坏的一项综合性指标，是受让方判断运营阶段效益好坏的直接表达。

项目受让方的利润总额用 $Q_1$ 表示，净利润总额用 $Q_2$ 表示。对转让的 TOT 高等级公路而言，项目公司在计算特许期内的利润总额时可按如下公式计算：

$$Q_1 = \sum_{t=1}^{n} (M - P - H - G) \tag{4.34}$$

$$Q_2 = \sum_{t=1}^{n}[(M - P - H - G) \times (1 - 25\%)] \tag{4.35}$$

式中，$M$——项目受让方在特许期内对转让的TOT高等级公路项目的运营收入，计算公式如下：

$$M = \sum_{t=1}^{n}(M_1 \times M_2) \tag{4.36}$$

式（4.34）~式（4.36）中，$M_1$ 为交通量，$M_2$ 为收费标准，$P$ 为运营成本，$H$ 为税金，$G$ 为贷款利息。

### 4.2.4 受让方运营期财务报表的选取与编制

#### 1. TOT项目受让方财务报表的选取

受让方对TOT高等级公路项目的财务评价，是指将转让后在特许经营年限内项目的全部投资和运营成本、收入、效益逐年计算出来，用财务报表的形式反映，然后进行分析的过程。财务报表的选取与编制是财务决策净现值法与其他指标计算的依据，是受让方判断项目盈利能力和项目偿债能力强弱的参考。

根据TOT融资模式受让方成本—效益因子的分析，以及TOT项目受让方并不参与高等级公路项目建设的特点，对其所编制的财务报表与一般的财务报表存在着差异。TOT项目受让方编制的相关财务报表应以贷款还本付息表、现金流量表和利润表为主。

（1）贷款还本付息表

受让方在接手TOT高等级公路项目时，面对需一次性支付的大额资金，必然要依靠其他方式进行筹资，其中最为常见的方式是银行贷款，而确定贷款金额以及特许经营期内每年的还款金额是贷款决策的关键，因此，需要编制贷款还本付息表。

（2）现金流量表

在确定了净现值法作为TOT项目受让方财务决策的主要方法后，就需要明确TOT高等级公路项目在运营阶段每年产生的还款利息、经营成本、应支付的各项税收，计算得到每年的净现金流量和累计净现金流量，并据此计算项目的净现值指标。因此，需要编制现金流量表为财务决策指标的计算奠定基础，这也是判断项目盈利能力依据的必不可少的主要报表。

（3）利润表

TOT项目受让方最为关心的是高等级公路项目是否盈利，并希望能够直观地看到项目在特许经营期内的盈利情况，因此，需要编制利润表为TOT项目受让方做出初步判断提供依据。

#### 2. TOT项目受让方贷款还本付息表的编制

明确投资资金的来源，是准确编制财务报表进行财务评价的首要条件，不同的资金来源方式带来的成本效益是不同的，应视项目具体情况而定。TOT项目受让方多采用银行贷款为主，因此，设定受让方采取自有资金和银行贷款两种支付方式构成初始投资资金来源，对应编制的贷款还本付息表如表4.5所示。

**表 4.5　TOT 项目受让方贷款还本付息表（单位：万元）**

| 项目 | 合计 | 0 | 1 | 2 | 3 | … |
|---|---|---|---|---|---|---|
| 年初借款累计 | | | | | | |
| 本年还本 | | | | | | |
| 本年付息 | | | | | | |
| 期末借款余额 | | | | | | |
| 还本付息合计 | | | | | | |

说明：一般的公路项目财务评价包含建设期和运营期两部分，财务报表中的“0”代表的是建设期初，而在 TOT 融资模式的高等级公路项目中，表 4.5 中的“0”是指项目受让方的运营期初，即受让方与政府合同约定的特许经营期开始之日，之后的年限截止日是特许经营期结束之日。

### 3. TOT 项目受让方自有资金现金流量表的编制

对于 TOT 高等级公路项目，受让方编制现金流量表时应以“自有资金现金流量表”为主，反映项目特许经营期内各年经营活动的现金流入与流出情况。它是财务决策净现值法中“现金流量”这一重要参数取值的直观反映，是受让方计算决策指标、评价 TOT 项目财务可行性的重要参考，如表 4.6 所示。

**表 4.6　TOT 项目受让方自有资金现金流量表（单位：万元）**

| 序号 | 项目 | 合计 | 0 | 1 | 2 | … |
|---|---|---|---|---|---|---|
| 1 | 现金流入 | | | | | |
| 2 | 现金流出 | | | | | |
| 2.1 | 支付的初始投资额 | | | | | |
| 2.2 | 还本付息 | | | | | |
| 2.3 | 运营成本 | | | | | |
| 2.3.1 | 运营管理费 | | | | | |
| 2.3.2 | 日常养护维修费 | | | | | |
| 2.3.3 | 大修理费 | | | | | |
| 2.3.4 | 其他费用 | | | | | |
| 2.4 | 税金及附加 | | | | | |
| 2.5 | 所得税 | | | | | |
| 3 | 净现金流量 | | | | | |
| 4 | 累计净现金流量 | | | | | |

说明：在 TOT 融资模式下编制受让方自有资金现金流量表时应注意以下两点：

1）表 4.6 中的“0”是指项目受让方的运营期初，即受让方与政府合同约定的特许经营期开始之日，之后的年限截止日是特许经营期结束之日。

2）表 4.6 中的“支付的初始投资额”这一栏，与一般的新建项目不同，它只是代表受让方利用自有资金支付给政府的金额，而不是初始投资额的全部，应避免重复计算。

### 4. TOT 项目受让方利润表的编制

利润是企业在特定时期，通过项目经营活动所获得的财务成果。从全社会的角度来看，利润是社会再生产的重要的资金来源；从投资企业的角度来看，利润是企业生产经营状况的一个直观反映，获取可观的利润是企业生存与发展不可缺少的条件。TOT 项目利润表是项目受让方财务决策的重要的基础依据报表，如表 4.7 所示。

**表 4.7　TOT 项目受让方利润表（单位：万元）**

| 序号 | 项目 | 合计 | 0 | 1 | 2 | … |
|---|---|---|---|---|---|---|
| 1 | 经营总收入 | | | | | |
| 2 | 运营成本 | | | | | |
| 3 | 运营期利息 | | | | | |
| 4 | 税金及附加 | | | | | |
| 5 | 利润总额 | | | | | |
| 6 | 所得税 | | | | | |
| 7 | 税后利润 | | | | | |

说明：在 TOT 融资模式下编制受让方利润表时应注意以下两点：

1）表 4.7 中的“0”是指项目受让方的运营期初，即受让方与政府合同约定的特许经营期开始之日，之后的年限截止日是特许经营期结束之日。

2）通常情况下，利润表按利润构成和利润分配两个板块编制。对于 TOT 项目，主要以利润构成为主，受让方可以清晰地了解到项目最终的盈利情况即可，应在利润表中列明受让方在经营过程中各年的通行费收入（即经营总收入）、经营总成本费用、税金及附加、所得税等情况，最终表现为项目带来的实际利润或形成的亏损。

## 4.2.5　受让方财务决策影响因素权重的确定与评价

TOT 高等级公路项目的决策人员不仅要清晰地了解财务定量决策的评价结果，更要了解各方面因素未来可能给评价结果带来的影响程度，只有正确、清晰地认识哪些因素对项目的财务总效益影响大，才能对此提出相应的对策，采取措施，使得受让方财务决策更准确。基于 TOT 模式下受让方财务决策的影响因素具有模糊性、复杂性的特点，采用层次分析法与模糊综合评价法组合即“AHP+FCE 组合”的方法来确定各类因素对财务决策影响程度的权重，并对整个指标体系做出综合评价。

### 1.“AHP+FCE 组合”方法的适用性

（1）层次分析法

层次分析法（Analytic Hierarchy Process，AHP）是由美国运筹学家 Thomas L.

Saaty 最先提出的。它是指把一个复杂的决策问题分解表示成具有递阶层次的多目标结构形式，通过专家对各层定性指标的判断后，采用数学计算得到体系中各层指标权重的方法。目前该方法的应用领域非常宽泛，涵盖了项目的风险评价、企业管理水平评价、教学质量评价以及项目的投资决策等各类问题。AHP 法的原理是通过同一层次间的两两因素比较确定其相对重要性，根据判断尺度构建判断矩阵，逐层计算各项指标的权重，通过对结果的一致性检验来论证权重的分配合理与否，最后据此完成决策。

（2）模糊综合评价法

模糊综合评价法（Fuzzy Comprehensive Evaluation，FCE）由美国控制论专家 L. A. Zadeh 最早创立，它实质上是一种依据模糊数学的隶属度理论对某研究对象的各个影响因素综合定性分析后，做出的一个总体的定量评价的方法。目前用于模糊环境下对受多因素影响的事物做综合决策的领域较多。模糊综合评价法的原理是利用最大隶属度原则，构建模糊判断矩阵，通过对众多因素的单一评价来获得对某个问题的整体评价。

（3）层次分析法与模糊综合评价法的优缺点分析

1）层次分析法的优点在于：①系统性。把研究对象看作一个系统，按照先分解后综合的思路进行决策，不隔断各个因素对结果的影响。②实用和科学性。定性和定量分析的有效结合能处理许多传统的技术无法满足的实际问题。③简捷性。该方法的基本原理和步骤易于理解，所需的数据信息不多，涉及的运算较为简单，结果明确。

2）层次分析法的缺点在于：①当一致性检验达不到要求时，需要重新构造判断矩阵予以调整，过程复杂；②定性分析多，不适用于精度要求高的问题决策；③从创建层次结构模型到得出比较矩阵的整个过程中，主观性过于强烈，使得结果难以让所有的决策者接受。

3）模糊综合评价法的优点在于：①定性问题的定量化，能对模糊性的信息资料做出比较科学、贴近实际的评价；②计算简捷，构造的模糊判断矩阵的模糊性能够解决层次分析法中判断矩阵一致性难以满足要求的不足；③能够对体系整体进行评价决策。

（4）“AHP+FCE 组合”方法的适用性分析

在 TOT 高等级公路项目受让方的财务决策问题中，政府、项目公司、项目使用方和西部地区大环境条件下的各因素对其影响程度都不同，建立的影响因素体系对受让方最终的财务决策的总影响程度需要进行综合评价，对整个体系的评价不能简单地通过对各因素的评价分数相加来决定。因此，选择将层次分析法与模糊综合评价法两种方法组合使用，即采用“AHP+FCE 组合”方法确定政府、项目公司、项目使用方及大环境条件中各影响因素对受让方财务决策的权重，并对其做出模糊评价，计算过程定性与定量分析并存，能够很好地解决影响因素的模糊性问题，使最终的评价结果更为清晰、科学。

### 2. 财务决策影响因素权重的确定

政府、项目公司、项目使用方及大环境条件中各影响因素对受让方财务决策权重的确定流程如下。

（1）建立评语集并赋值

设西部地区 TOT 高等级公路项目受让方财务决策影响程度评语集 $\boldsymbol{V}=\{v_1, v_2, v_3, v_4, v_5\}$，分别表示｛高，较高，一般，较低，低｝，并赋予相应的数值，记为 $\boldsymbol{F}=$

{100，80，60，40，20}。

（2）设立各层级影响因素集

根据受让方财务决策影响因素体系，先对目标层下准则层的一级影响因素用 $\boldsymbol{B}_i$ 表示，再将由一级影响因素划分的指标层中的二级影响因素用 $b_{ij}$ 表示。根据西部地区 TOT 高等级公路受让方财务决策影响因素体系表，可将一级和二级影响因素集表达如下：

1）一级影响因素集（准则层因素集）：$\boldsymbol{B}=\{\boldsymbol{B}_1$(政府)，$\boldsymbol{B}_2$(项目公司)，$\boldsymbol{B}_3$(项目使用方)，$\boldsymbol{B}_4$(大环境条件)$\}$，即 $\boldsymbol{B}=\{\boldsymbol{B}_1, \boldsymbol{B}_2, \boldsymbol{B}_3, \boldsymbol{B}_4\}$。

2）二级影响因素集（指标层因素集）：$\boldsymbol{B}_1=\{b_{11}, b_{12}, b_{13}, b_{14}\}$；$\boldsymbol{B}_2=\{b_{21}, b_{22}, b_{23}, b_{24}\}$；$\boldsymbol{B}_3=\{b_{31}, b_{32}\}$；$\boldsymbol{B}_4=\{b_{41}, b_{42}, b_{43}, b_{44}, b_{45}\}$。

（3）建立评价矩阵

请相关专家对进行比较的两因素的相对重要性打分，汇总后创建评分调查统计表，评分采用“1～9”重要性判断标度法，如附表 1.2 所示。

（4）计算各层级影响因素权重

1）一级影响因素（准则层）的因素权重集用 $\boldsymbol{A}$ 表示，即 $\boldsymbol{A}=\{\boldsymbol{A}_1, \boldsymbol{A}_2, \boldsymbol{A}_3, \boldsymbol{A}_4\}$。其中，$\sum_{i=1}^{n}\boldsymbol{A}_i=1$，$n=4$；$\boldsymbol{A}_1$，$\boldsymbol{A}_2$，$\boldsymbol{A}_3$，$\boldsymbol{A}_4$ 分别对应 $\boldsymbol{B}_1$，$\boldsymbol{B}_2$，$\boldsymbol{B}_3$，$\boldsymbol{B}_4$ 的权重。

2）二级影响因素（指标层）的因素权重集用 $\boldsymbol{W}$ 表示，即 $\boldsymbol{W}_1=\{w_{11}, w_{12}, w_{13}, w_{14}\}$，$\boldsymbol{W}_2=\{w_{21}, w_{22}, w_{23}, w_{24}\}$，$\boldsymbol{W}_3=\{w_{31}, w_{32}\}$，$\boldsymbol{W}_4=\{w_{41}, w_{42}, w_{43}, w_{44}, w_{45}\}$。其中，$\sum_{i=1}^{4}w_{1i}=\sum_{i=1}^{4}w_{2i}=\sum_{i=1}^{2}w_{3i}=\sum_{i=1}^{5}w_{4i}=1$，利用 Excel 表格建立计算模型，对权重进行计算并进行归一化处理和一致性检验，计算得到几何平均值、权重、加权和、近似 $\lambda_{\max}$ 以及 $\lambda_{\max}$ 的值。

3）对权重一致性检验：

$$CI=\frac{\lambda_{\max}-n}{n-1} \tag{4.37}$$

$$CR=\frac{CI}{RI} \tag{4.38}$$

式（4.38）中，$RI$ 是平均随机一致性指标值，可以参照表 4.8 对应选取。

**表 4.8　*RI* 值的选取**

| 阶数 | 1 | 2 | 3 | 4 | 5 | 6 | 7 | 8 | 9 |
|---|---|---|---|---|---|---|---|---|---|
| *RI* 值 | 0.00 | 0.00 | 0.58 | 0.90 | 1.12 | 1.24 | 1.32 | 1.41 | 1.45 |

当 $CR<0.1$ 时，说明判断矩阵的一致性符合要求；当 $CR\geqslant 0.1$ 时，未能满足一致性要求，应重复上述步骤重新构造判断矩阵，再次计算。

（5）对发放问卷的处理

通过一致性检验确定发放的问卷的有效性，并对每一份有效问卷进行权重计算，求平均值，该项平均值即为项目影响因素的计算权重。

### 3. 各级因素影响程度的模糊评价

对项目受让方财务决策各级因素影响程度的模糊评价步骤如下。

（1）构建模糊关系评价矩阵

对准则层一级影响因素集 $\boldsymbol{B}_i$ 中的各因素进行单因素评价，得到单因素的评价矩阵，用 $\boldsymbol{R}_i$ 表示，参照表 4.9。

**表 4.9　因素集 $\boldsymbol{B}_1$（政府）中各单因素隶属域评语集**

| 指标层 $\boldsymbol{B}_1$ | 评语集 | | | | |
|---|---|---|---|---|---|
| | 好 | 较好 | 一般 | 较差 | 差 |
| $b_{11}$ | $r_{11}$ | $r_{12}$ | $r_{13}$ | $r_{14}$ | $r_{15}$ |
| $b_{12}$ | $r_{21}$ | $r_{22}$ | $r_{23}$ | $r_{24}$ | $r_{25}$ |
| $b_{13}$ | $r_{31}$ | $r_{32}$ | $r_{33}$ | $r_{34}$ | $r_{35}$ |
| $b_{14}$ | $r_{41}$ | $r_{42}$ | $r_{43}$ | $r_{44}$ | $r_{45}$ |

其中，$r_{ij} = \dfrac{M_{ij}}{\sum M}$，$\sum M$ 表示评判专家的总人数，$M_{ij}$ 表示$\boldsymbol{B}_1$ 中第 $j$ 种评语集下的第 $i$ 指标归为同一评语集的专家人数。

$$\boldsymbol{R}_1 = \begin{bmatrix} r_{11} & r_{12} & r_{13} & r_{14} & r_{15} \\ r_{21} & r_{22} & r_{23} & r_{24} & r_{25} \\ r_{31} & r_{32} & r_{33} & r_{34} & r_{35} \\ r_{41} & r_{42} & r_{43} & r_{44} & r_{45} \end{bmatrix}$$

$\boldsymbol{R}_1$ 即为 $\boldsymbol{B}_1$（政府）的模糊关系矩阵。

同理，准则层一级影响因素集 $\boldsymbol{B}_2$，$\boldsymbol{B}_3$，$\boldsymbol{B}_4$ 中各因素的评价如表 4.10～表 4.12 所示。

**表 4.10　因素集 $\boldsymbol{B}_2$（项目公司）中各单因素隶属域评语集**

| 指标层 $\boldsymbol{B}_2$ | 评语集 | | | | |
|---|---|---|---|---|---|
| | 好 | 较好 | 一般 | 较差 | 差 |
| $b_{21}$ | $p_{11}$ | $p_{12}$ | $p_{13}$ | $p_{14}$ | $p_{15}$ |
| $b_{22}$ | $p_{21}$ | $p_{22}$ | $p_{23}$ | $p_{24}$ | $p_{25}$ |
| $b_{23}$ | $p_{31}$ | $p_{32}$ | $p_{33}$ | $p_{34}$ | $p_{35}$ |
| $b_{24}$ | $p_{41}$ | $p_{42}$ | $p_{43}$ | $p_{44}$ | $p_{45}$ |

其中，$p_{ij} = \dfrac{M_{ij}}{\sum M}$，$\sum M$ 表示评判专家的总人数，$M_{ij}$ 表示$\boldsymbol{B}_2$ 中第 $j$ 种评语集下的第 $i$ 指标归为同一评语集的专家人数。

$$\boldsymbol{R}_2 = \begin{bmatrix} p_{11} & p_{12} & p_{13} & p_{14} & p_{15} \\ p_{21} & p_{22} & p_{23} & p_{24} & p_{25} \\ p_{31} & p_{32} & p_{33} & p_{34} & p_{35} \\ p_{41} & p_{42} & p_{43} & p_{44} & p_{45} \end{bmatrix}$$

$\boldsymbol{R}_2$ 即为 $\boldsymbol{B}_2$（项目公司）的模糊关系矩阵。

**表 4.11　因素集 $B_3$（项目使用方）中各单因素隶属域评语集**

| 指标层 $B_3$ | 评语集 | | | | |
|---|---|---|---|---|---|
| | 好 | 较好 | 一般 | 较差 | 差 |
| $b_{31}$ | $q_{11}$ | $q_{12}$ | $q_{13}$ | $q_{14}$ | $q_{15}$ |
| $b_{32}$ | $q_{21}$ | $q_{22}$ | $q_{23}$ | $q_{24}$ | $q_{25}$ |

其中，$q_{ij}=\dfrac{M_{ij}}{\sum M}$，$\sum M$ 表示评判专家的总人数，$M_{ij}$ 表示$\boldsymbol{B}_3$ 中第 $j$ 种评语集下的第 $i$ 指标归为同一评语集的专家人数。

$$\boldsymbol{R}_3=\begin{bmatrix} q_{11} & q_{12} & q_{13} & q_{14} & q_{15} \\ q_{21} & q_{22} & q_{23} & q_{24} & q_{25} \end{bmatrix}$$

$\boldsymbol{R}_3$ 即为 $\boldsymbol{B}_3$（项目使用方）的模糊关系矩阵。

**表 4.12　因素集 $B_4$（大环境条件）中各单因素隶属域评语集**

| 指标层 $B_4$ | 评语集 | | | | |
|---|---|---|---|---|---|
| | 好 | 较好 | 一般 | 较差 | 差 |
| $b_{41}$ | $m_{11}$ | $m_{12}$ | $m_{13}$ | $m_{14}$ | $m_{15}$ |
| $b_{42}$ | $m_{21}$ | $m_{22}$ | $m_{23}$ | $m_{24}$ | $m_{25}$ |
| $b_{43}$ | $m_{31}$ | $m_{32}$ | $m_{33}$ | $m_{34}$ | $m_{35}$ |
| $b_{44}$ | $m_{41}$ | $m_{42}$ | $m_{43}$ | $m_{44}$ | $m_{45}$ |
| $b_{45}$ | $m_{51}$ | $m_{52}$ | $m_{53}$ | $m_{54}$ | $m_{55}$ |

其中，$m_{ij}=\dfrac{M_{ij}}{\sum M}$，$\sum M$ 表示评判专家的总人数，$M_{ij}$ 表示$\boldsymbol{B}_4$ 中第 $j$ 种评语集下的第 $i$ 指标归为同一评语集的专家人数。

$$\boldsymbol{R}_4=\begin{bmatrix} m_{11} & m_{12} & m_{13} & m_{14} & m_{15} \\ m_{21} & m_{22} & m_{23} & m_{24} & m_{25} \\ m_{31} & m_{32} & m_{33} & m_{34} & m_{35} \\ m_{41} & m_{42} & m_{43} & m_{44} & m_{45} \\ m_{51} & m_{52} & m_{53} & m_{54} & m_{55} \end{bmatrix}$$

$\boldsymbol{R}_4$ 即为 $\boldsymbol{B}_4$（大环境条件）的模糊关系矩阵。

（2）构建目标层对评语集 **V** 的隶属度矩阵

首先，计算得到准则层的各一级影响因素的模糊矩阵，即

$$\boldsymbol{B}_i=\boldsymbol{W}_i\times\boldsymbol{R}_i \tag{4.39}$$

然后，构建目标层对评语集 **V** 的隶属度矩阵，即

$$\boldsymbol{R}=\begin{bmatrix} \boldsymbol{B}_1=\boldsymbol{W}_1\times\boldsymbol{R}_1 \\ \boldsymbol{B}_2=\boldsymbol{W}_2\times\boldsymbol{R}_2 \\ \boldsymbol{B}_3=\boldsymbol{W}_3\times\boldsymbol{R}_3 \\ \boldsymbol{B}_4=\boldsymbol{W}_4\times\boldsymbol{R}_4 \end{bmatrix}$$

（3）各层级因素对目标层影响程度的模糊综合评价

1）对目标层综合评价。由计算所得的各一级影响因素权重向量和隶属度矩阵对 TOT 融资模式受让方财务决策影响因素进行模糊综合评价，即

$$\boldsymbol{D}=\boldsymbol{A}\times\boldsymbol{R} \tag{4.40}$$

式中，$\boldsymbol{D}$ 为准则层对评语集的隶属向量；$\boldsymbol{R}$ 为隶属度矩阵，$\boldsymbol{R}=[\boldsymbol{B}_1,\boldsymbol{B}_2,\boldsymbol{B}_3,\boldsymbol{B}_4]$；$\boldsymbol{A}$ 为准则层一级影响因素权重。

2）各层级因素影响程度（目标层）总体评价结果

对影响因素体系综合评价，计算各因素对受让方财务决策影响程度的总体得分 $\boldsymbol{Z}$，即

$$\boldsymbol{Z}=\boldsymbol{D}\times\boldsymbol{V}^{\mathrm{T}} \tag{4.41}$$

### 4.2.6　受让方的财务决策及主要影响因素对策分析

#### 1. 受让方财务决策主要影响因素的确定

在计算政府、项目公司、项目使用方和西部地区大环境条件下各影响因素权重并做出影响程度评价的基础上，还应研究并找出对财务决策影响大的成本—效益因子作为受让方重点分析的主要影响因素，具体步骤如下。

（1）选取指标 $\boldsymbol{B}_1$，$\boldsymbol{B}_2$，$\boldsymbol{B}_3$，$\boldsymbol{B}_4$ 对应的权重较大的影响因素 $q$

依据 $\boldsymbol{W}_1=\{w_{11},w_{12},w_{13},w_{14}\}$，$\boldsymbol{W}_2=\{w_{21},w_{22},w_{23},w_{24}\}$，$\boldsymbol{W}_3=\{w_{31},w_{32}\}$，$\boldsymbol{W}_4=\{w_{41},w_{42},w_{43},w_{44},w_{45}\}$，计算$q_{ij}$，即

$$q_{ij}=\{\boldsymbol{A}_i\times w_{ij}\} \tag{4.42}$$

选取$q_{ij}$中计算较大的值对应的影响因素$b_{ij}$，其中，$i=1,2,3,4$，$j=1,2,3,4,5$。

（2）列明各影响因素$b_{ij}$对应的受让方财务决策的影响因子

根据受让方财务决策影响因素体系表，选取影响因素$q_{ij}$对应的影响因子。

其中，影响因素$b_{11}\rightarrow q_{11}=\{\boldsymbol{A}_1\times w_{11}\}\rightarrow\{t_1,t_3,t_7\}$；

$b_{12}\rightarrow q_{12}=\{\boldsymbol{A}_1\times w_{12}\}\rightarrow\{t_1,t_7\}$；…

影响因素$b_{21}\rightarrow q_{21}=\{\boldsymbol{A}_2\times w_{21}\}\rightarrow\{t_4,t_7\}$；…

影响因素$b_{31}\rightarrow q_{31}=\{\boldsymbol{A}_3\times w_{31}\}\rightarrow\{t_7,t_8\}$；…

影响因素$b_{41}\rightarrow q_{41}=\{\boldsymbol{A}_4\times w_{41}\}\rightarrow\{t_2,t_3,t_4,t_5,t_6\}$；…

（3）确定受让方成本—效益的主要影响因子

假设计算所得的$q_{ij}$对应的成本—效益影响因子为$\{t_1,t_2,t_3,\cdots\}$，重复上述步骤，利用专家打分计算权重，根据权重的大小，选取权重大的因子作为项目受让方在财务决策的主要影响因素，并选取两个或两个以上因子进行敏感性分析。

#### 2. 受让方的财务决策与敏感性分析

通过计算受让方财务决策的盈利能力指标和偿债能力指标，按照决策标准进行 TOT 项目可行性的评价，以做出财务决策，并对主要影响因素中的重点因子进行敏感性分析。

（1）盈利能力指标的计算与决策

1）指标计算。根据 TOT 项目受让方自有资金现金流量表以及财务决策中盈利能力

指标的计算公式，计算TOT高等级公路项目受让方的财务净现值（*FNPV*）、财务内部收益率（*FIRR*），有时也需要计算出投资回收期等盈利能力指标。

2）根据指标计算结果得出盈利能力决策结论。

（2）偿债能力指标的计算与决策

1）指标计算。根据项目的还款方式（等额还本付息或等额本金还款），按辅助指标的计算公式和TOT项目受让方贷款还本付息表计算两个偿债能力指标，即利息备付率（*ICR*）和偿债备付率（*DSCR*）。

2）根据指标计算结果得出偿债能力决策结论。

（3）敏感性分析

虽然TOT融资模式受让方接手的是已建成项目，有部分基础数据可以参照，但对项目财务效益产生影响的因素依然存在且较多。受让方在对项目进行财务分析时，许多基础数据也是来自预测和估算，不确定性强，对整个项目的成本和收益状况会有很大影响。此时就需要对财务决策影响较大的主要因素进行敏感性分析，计算估量受让方在接手项目时可能承担的风险，有利于受让方根据自身能力确定项目的经济可靠性，为是否接手TOT项目做出正确决策。

敏感性分析的具体步骤：①将计算选取的受让方财务决策的影响因子做±5%或±10%的比例变动，对受影响的成本费用或收费收入重新进行财务测算；②选取并计算*FNPV*和*FIRR*的值；③依据净现值法中的决策标准，得到敏感性分析结论。

### 3. 受让方财务决策主要影响因素的对策分析

根据上述研究，TOT融资模式高等级公路项目中影响受让方财务决策的因素是多方面的，通过对政府、项目公司、项目使用方和西部地区大环境条件下的影响因素进行权重计算并做出评价后，才能明确主要影响因素和次要影响因素，受让方也才能有针对性地采取措施，提早防范，保证TOT项目的顺利转让并且实现利益最大化。

（1）主要影响因素为政府的对策分析

1）对于政府招标文件中确定的特许经营期不能满足受让方收回成本并获利的需求时，受让方应采取可靠的方法确定一个合理的特许经营期，并与政府进行协商。

2）在协议谈判过程中，明确并落实政府对同一地区建设同类项目限制的保障力度，并且应用政治经济体制的特点以及相关法律法规对政府信用进行约束，使得政府的保证确实具有法律效力。

3）对于转让的TOT项目资产现状不良的情况，受让方在协商过程中，可以适当要求政府给予一定的财政补贴或优惠政策。

（2）主要影响因素为项目公司的对策分析

1）项目公司的主要影响在于TOT高等级公路项目的成本方面，注意成本的控制是关键。项目受让方可以通过建立完善的监督和管理制度，加强运营管理人员和部门的协作性等措施来减少人为因素造成的成本增加。

2）在接手TOT高等级公路项目时，初始投资额一般巨大并且需要一次性支付，所以受让方在决策前应充分考虑自身的资金状况，在能力范围内进行投资。当以最开始的资金构成进行财务可行性计算结果不太理想时，受让方组建的项目公司应在自身的财务资金满足要求的情况下，适当调整资金结构（即借贷所占总投资的比例）来减少借款利息的支付。

（3）主要影响因素为项目使用方的对策分析

项目使用方对受让方接手项目财务分析的影响主要体现在收益方面，也就是交通量和收费标准方面。为保证项目使用方对项目的使用率，受让方可以通过给予优惠、提供更多便利等方式来吸引使用者；或者与政府协商转让公路经营权周边的产业，如服务区、加油站等，并对这些产业提供一定的优惠条件。

（4）主要影响因素为西部地区大环境条件的对策分析

1）西部地区大环境条件中包含的金融环境、法律和政策环境、西部地区各省份社会和人文差别等因素很难由受让方自身控制和改变，所以受让方在接手 TOT 项目前后应对项目所在地区进行调查，不断关注最新的国家宏观调控政策，做好预防措施。当这些因素成了主要影响因素不利于受让方接手项目时，受让方可以在与政府谈判的过程中，适当向政府提出一些保障制度或补贴政策的要求。

2）税率或贷款利率发生变化时，项目受让方可以通过调整筹资方式或改变投资额贷款比例的方式，保证 TOT 项目收费收入足以偿还贷款。

3）对于在日常运营维护或者大修年限中可能会遇到的相关行业提供的材料、设备价格上涨等因素，项目受让方应研究出相应的调价方案，防止相关行业的不稳定引起受让方成本的大幅度增加。

## 4.3　西部地区 TOT 高等级公路受让方财务决策模型应用实例

### 4.3.1　项目概况及 TOT 项目融资背景

#### 1. 项目概况

甘肃省某高等级公路项目全长约 98.56 km，按照规定的四车道的标准建设，设计行车速度为 80 km/h，整体路基宽 24.5 m，政府投资约 65370 万元，工期 3 年。2007 年 10 月 12 日开工，经过三年的建设，于 2010 年 10 月 12 日通过竣工验收并开始运行，自项目建成全面通车以来一直由政府负责运营维护工作。

#### 2. TOT 项目融资背景

（1）该 TOT 高等级公路项目融资背景

2016 年，为了满足高等级公路的快速发展，缓解政府建设新高等级公路项目的资金压力，拟将该公路项目部分路段的经营权运用 TOT 融资模式进行招标转让，拟转让路段全长 24 km。该项目转让路段在转让前已由政府聘请第三方对项目经营权转让部分进行资产评估，评估报告也已通过国资办备案。结合资产评估和政府投资建设情况，政府在文件中约定受让方在获取该项经营权时，需要一次性支付给政府不少于 21400 万元的资金，并且初步拟定特许经营期为 20 年。

(2) X公司对该TOT高等级公路受让的财务决策

X公司准备以TOT模式接受该路段的经营权，作为受让方，X公司对项目做出了初步评估，结论为：转让的该段高等级公路是甘肃省省会兰州市改变南北向交通不顺畅现状的交通要道，并且对甘肃省经济、旅游的发展起着举足轻重的作用，也是省内资源对外流通的主要通道。虽然转让路段距离较短，但是优越的地理位置能够保证其具有较为充裕的交通量，受让方通过合理有效的经营能够保证获得预期的收益，对受让方吸引力大。

在初步决定接手该项目后，X公司对该段TOT高等级公路项目从受让方的角度按财务决策模型，即确定与预测基础数据—编制相关财务报表—确定影响因素并评价影响程度—确定主要影响因素—做出财务决策与敏感性分析—确定主要因素的对策的流程，对该段TOT高等级公路项目做出了详细的财务决策。

### 4.3.2 该TOT项目基础数据的确定与预测

1. 确定投资额

(1) 初始投资额

根据项目概况及TOT融资背景介绍，该项目受让方在接手项目当年的初始投资资金不得少于21400万元，即项目受让方需在21400万元的初始投资额下进行项目的财务定量决策，即

$$L=21400\text{万元}$$

(2) 初始投资的资金筹措方式

虽然X公司是一家拥有很强资金实力的公司，但是为了保证公司其他项目的正常运作，在面对这笔巨大的初始投资资金时，X公司选择30%由公司自有资金支付，70%由银行贷款的资金筹措方式完成支付。

初始投资额的支付组成为

$$L=21400\times30\%+21400\times70\%=6420\text{（万元）}+14980\text{（万元）}$$

即受让方X公司自有资金额为6420万元，银行贷款额为14980万元。

2. 预测运营阶段基础数据

政府招标文件中拟定授予受让方项目特许经营期为20年，因此受让方需根据之前政府经营时的成本效益以及自身情况合理估算出接手后20年内的最大成本和效益，该路段政府经营期（取转让前近两年，即2014—2015年的数据）的运营情况如表4.13所示。

**表4.13 2014—2015年该（路段）收费公路项目运营情况的相关数据（单位：万元）**

| 年份 | 费用 | | |
|---|---|---|---|
| | 运营管理费 | 日常养护维修费 | 其他费用 |
| 2014 | 248.40 | 294.24 | 112.62 |
| 2015 | 255.85 | 303.06 | 116.01 |

数据来源：由甘肃省公路管理局提供。

（1）运营期运营成本的预测

该 TOT 项目运营期运营成本的构成如下：

1）运营管理费。对于该 TOT 高等级公路项目，不存在大的技术难题，所以受让方根据自身项目公司管理的情况，在财务决策时，未来 20 年内每年以 3%递增计算。

2）日常养护维修费。根据项目建成后由政府经营时期近两年（2014—2015 年）花费的具体情况及增长速度，项目受让方确定未来 20 年内的日常养护维修费在前一年日常养护维修费的基础上以 3%递增计算。

3）公路大修理费。结合该 TOT 项目的实际情况，确定 10 年进行一次大修，对于受让方而言，项目自建设之日起，应在 2021 年和 2031 年进行大修，即在计算 2021 年和 2031 年的运营成本时，将公路大修理费考虑在内，大修理费以当年应有的日常养护维修费的 13 倍计算。

根据运营成本的构成及相关规定，可估算出受让方 X 公司接手项目后，在特许经营期内的运营成本，具体估算过程及结果如表 4.14 所示。

**表 4.14　特许经营期内（2016—2035 年）受让方运营总成本估算表（单位：万元）**

| 年份 | 2016 | 2017 | 2018 | 2019 | 2020 |
|---|---|---|---|---|---|
| 运营管理费 | 263.52 | 271.42 | 279.56 | 287.95 | 296.59 |
| 日常养护维修费 | 312.15 | 321.51 | 331.16 | 341.09 | 351.32 |
| 大修理费 | — | — | — | — | — |
| 其他费用 | 119.48 | 123.06 | 126.75 | 130.55 | 134.47 |
| 合计 | 695.15 | 715.99 | 737.47 | 759.59 | 782.38 |
| 年份 | 2021 | 2022 | 2023 | 2024 | 2025 |
| 运营管理费 | 305.48 | 314.65 | 324.09 | 333.81 | 343.82 |
| 日常养护维修费 | (361.87) | 372.72 | 383.91 | 395.42 | 407.28 |
| 大修理费 | 4704.31 | — | — | — | — |
| 其他费用 | 138.51 | 142.65 | 146.92 | 151.32 | 155.86 |
| 合计 | 5148.30 | 830.02 | 854.92 | 880.55 | 906.96 |
| 年份 | 2026 | 2027 | 2028 | 2029 | 2030 |
| 运营管理费 | 354.14 | 364.76 | 375.71 | 386.98 | 398.59 |
| 日常养护维修费 | 419.50 | 432.09 | 445.05 | 458.40 | 472.16 |
| 大修理费 | — | — | — | — | — |
| 其他费用 | 160.53 | 165.34 | 170.31 | 175.42 | 180.68 |
| 合计 | 934.17 | 962.19 | 991.07 | 1020.8 | 1051.43 |
| 年份 | 2031 | 2032 | 2033 | 2034 | 2035 |
| 运营管理费 | 410.54 | 422.86 | 435.55 | 448.61 | 462.07 |
| 日常养护维修费 | (486.32) | 500.91 | 515.93 | 531.42 | 547.36 |

**续表** 4.14

| 年份 | 2031 | 2032 | 2033 | 2034 | 2035 |
|---|---|---|---|---|---|
| 大修理费 | 6322.16 | — | — | — | — |
| 其他费用 | 186.10 | 191.86 | 197.62 | 203.54 | 209.65 |
| 合计 | 6918.80 | 1115.63 | 1149.10 | 1183.57 | 1219.08 |
| 总计 | 28857.17 | | | | |

综上计算，可得该项目受让方在特许经营期 20 年内的运营总成本估算值为 28857.17 万元。

（2）运营期贷款利息、税金的计算

该 TOT 项目运营期贷款利息的计算过程及计算结果在该项目的受让方贷款还本付息表中，如表 4.19 所示。该 TOT 项目运营期税金及附加的计算结果在该项目的受让方自有资金现金流量表中，如表 4.20 所示。

（3）特许经营期内交通量的测算

结合调研收集的数据，利用灰色理论 $GM(1,1)$ 预测模型对特许经营期内的项目进行交通量预测。

1）转让前各年的交通量情况。

以实际工程项目政府经营时的各年日交通量折算数据为预测依据，如表 4.15 所示。

**表 4.15　公路项目通车后转让前各年日交通量情况（单位：小汽车辆/日）**

| 年份 | 2010 | 2011 | 2012 | 2013 | 2014 | 2015 |
|---|---|---|---|---|---|---|
| 各年日交通量 | 2772 | 2997 | 3386 | 4050 | 4589 | 4962 |

2）灰色预测模型的应用。

由 $\boldsymbol{X}^{(0)}=(2772,\ 2997,\ 3386,\ 4050,\ 4589,\ 4962)$，$\boldsymbol{X}^{(1)}=(2772,\ 5769,\ 9155,\ 13205,\ 17794,\ 22756)$，构造的矩阵数列 $\boldsymbol{B}$，$\boldsymbol{Y}$ 分别为

$$\boldsymbol{B}=\begin{bmatrix}-4270.5 & 1\\ -7462 & 1\\ -11180 & 1\\ -15499.5 & 1\\ -20275 & 1\end{bmatrix}$$

$$\boldsymbol{Y}=(2997,\ 3386,\ 4050,\ 4589,\ 4962)^{\mathrm{T}}$$

由 $\boldsymbol{A}=\begin{bmatrix}a\\ u\end{bmatrix}=(\boldsymbol{B}^{\mathrm{T}}\boldsymbol{B})^{-1}\boldsymbol{B}^{\mathrm{T}}\boldsymbol{Y}$，利用软件可计算出参数向量 $\boldsymbol{A}$，即

$$\boldsymbol{A}=(-0.1271,\ 2504.75)^{\mathrm{T}}$$

即

$$a=-0.1271,\ u=2504.75$$

此时，得到的微分方程为

$$\hat{x}^{1}(t+1)=\left[2772+\frac{2504.75}{0.1271}\right]\mathrm{e}^{0.1271t}-\frac{2504.75}{0.1271},\quad t=0,\ 1,\ 2,\ \cdots,\ n-1$$

即

$$\hat{x}^1(t+1)=22478.92\,e^{0.1271t}-19706.923$$

利用还原模型计算 2010—2015 年的预测值，并与实际值对比，然后进行精度检测，所得结果如表 4.16 所示。

**表 4.16　2010—2015 年交通量预测值与实际值比较**

| 序号 | 模型计算值 | 原始交通值 | 残差 | 误差（%） | 残差平均值 |
|---|---|---|---|---|---|
| 0 | 2772 | 2772 | 0 | 0 | 4.17 |
| 1 | 3046 | 2997 | −49 | −1.63 | |
| 2 | 3459 | 3386 | −73 | −2.16 | |
| 3 | 3928 | 4050 | 122 | 3.01 | |
| 4 | 4461 | 4589 | 128 | 2.79 | |
| 5 | 5065 | 4962 | −103 | −2.08 | |

计算所得方差比值：$C=\dfrac{S_2}{S_1}=\dfrac{8250.4722}{651322.33}=0.01267<0.35$。

证明该模型用于甘肃省高等级公路项目交通量预测精度好，受让方可用于对未来 20 年（2016—2035 年）交通量的预测，预测结果如表 4.17 所示。

**表 4.17　该项目在特许经营期内（2016—2035 年）交通量估算表（单位：小型客车辆/日）**

| 年份 | 2016 | 2017 | 2018 | 2019 | 2020 | 2021 | 2022 | 2023 | 2024 | 2025 |
|---|---|---|---|---|---|---|---|---|---|---|
| 交通量 | 5751 | 6531 | 7416 | 8421 | 9563 | 10859 | 12331 | 14000 | 15901 | 18054 |
| 年份 | 2026 | 2027 | 2028 | 2029 | 2030 | 2031 | 2032 | 2033 | 2034 | 2035 |
| 交通量 | 20501 | 23280 | 26435 | 30018 | 34087 | 38706 | 43953 | 49909 | 56674 | 64355 |

（4）特许经营期内的收费标准与运营效益的测算

根据该 TOT 项目的未来 20 年的交通量预测以及政府转让前收费标准为每辆小客车 0.625 元/公里，计算得到受让方 X 公司接手项目后的 20 年特许经营期内的各年收费收入，如表 4.18 所示。

**表 4.18　该项目 20 年特许经营期内的交通量收费收入预测（单位：万元）**

| 年份 | 2016 | 2017 | 2018 | 2019 | 2020 |
|---|---|---|---|---|---|
| 收费收入 | 3148.67 | 3575.72 | 4060.26 | 4610.49 | 5235.74 |
| 年份 | 2021 | 2022 | 2023 | 2024 | 2025 |
| 收费收入 | 5945.30 | 6751.22 | 7655.00 | 8705.79 | 9884.56 |
| 年份 | 2026 | 2027 | 2028 | 2029 | 2030 |
| 收费收入 | 11224.42 | 12745.80 | 14473.16 | 16434.85 | 18662.63 |

续表4.18

| 年份 | 2031 | 2032 | 2033 | 2034 | 2035 |
|---|---|---|---|---|---|
| 收费收入 | 21191.53 | 24064.26 | 27325.17 | 31029.01 | 35234.36 |
| 总计 | 271957.94 | | | | |

综上计算，可得该项目受让方在特许经营期 20 年内的运营总效益估算值为 271957.94 万元。

### 4.3.3 该 TOT 项目相关财务报表的编制

根据本项目核定的财务基准折现率 7.03%，以及各项按新规定计取的税率，编制该项目相关的财务报表，包括项目受让方贷款还本付息表、项目受让方自有资金现金流量表和项目受让方利润表，如表 4.19～表 4.21 所示。

表 4.19 项目受让方贷款还本付息表（单位：万元）

| 序号 | 项目 | 2016 年 | 2017 年 | 2018 年 | 2019 年 | 2020 年 |
|---|---|---|---|---|---|---|
| 1 | 年初借款累计 | 14980 | 14231 | 13482 | 12733 | 11984 |
| 2 | 本年还本 | 749 | 749 | 749 | 749 | 749 |
| 3 | 本年付息 | 862.84 | 819.71 | 776.56 | 733.42 | 690.27 |
| 4 | 还本付息合计 | 1611.84 | 1568.71 | 1525.56 | 1482.42 | 1439.27 |
| 序号 | 项目 | 2021 年 | 2022 年 | 2023 年 | 2024 年 | 2025 年 |
| 1 | 年初借款累计 | 11235 | 10486 | 9737 | 8988 | 8239 |
| 2 | 本年还本 | 749 | 749 | 749 | 749 | 749 |
| 3 | 本年付息 | 647.13 | 603.99 | 560.85 | 517.70 | 474.56 |
| 4 | 还本付息合计 | 1396.13 | 1352.99 | 1309.85 | 1266.70 | 1223.56 |
| 序号 | 项目 | 2026 年 | 2027 年 | 2028 年 | 2029 年 | 2030 年 |
| 1 | 年初借款累计 | 7490 | 6741 | 5992 | 5243 | 4494 |
| 2 | 本年还本 | 749 | 749 | 749 | 749 | 749 |
| 3 | 本年付息 | 431.42 | 388.28 | 345.13 | 301.99 | 258.85 |
| 4 | 还本付息合计 | 1180.42 | 1137.28 | 1094.13 | 1050.99 | 1007.85 |
| 序号 | 项目 | 2031 年 | 2032 年 | 2033 年 | 2034 年 | 2035 年 |
| 1 | 年初借款累计 | 3745 | 2996 | 2247 | 1498 | 749 |
| 2 | 本年还本 | 749 | 749 | 749 | 749 | 749 |
| 3 | 本年付息 | 215.71 | 172.56 | 129.42 | 86.28 | 43.14 |
| 4 | 还本付息合计 | 964.71 | 921.56 | 878.42 | 835.28 | 792.14 |

**表 4.20　项目受让方自有资金现金流量表（单位：万元）**

| 序号 | 项目 | 0<br>(2016 年) | 1<br>(2017 年) | 2<br>(2018 年) | 3<br>(2019 年) | 4<br>(2020 年) |
|---|---|---|---|---|---|---|
| 1 | 现金流入 | 3148.67 | 3575.72 | 4060.26 | 4610.49 | 5235.74 |
| 2 | 现金流出 | | | | | |
| 2.1 | 支付初始投资额 | 6420 | — | — | — | — |
| 2.2 | 还本付息 | 1611.84 | 1568.71 | 1525.56 | 1482.42 | 1439.27 |
| 2.3 | 运营成本 | 695.15 | 715.99 | 737.47 | 759.59 | 782.38 |
| 2.4 | 税金及附加 | 103.91 | 117.99 | 133.98 | 152.15 | 172.78 |
| 2.5 | 所得税 | 371.69 | 480.50 | 603.05 | 741.33 | 897.57 |
| 3 | 净现金流量 | −6053.92 | 692.51 | 1060.17 | 1474.99 | 1943.72 |
| 4 | 累计净现金流量 | −6053.92 | −5361.41 | −4301.24 | −2826.25 | −882.53 |
| 序号 | 项目 | 5<br>(2021 年) | 6<br>(2022 年) | 7<br>(2023 年) | 8<br>(2024 年) | 9<br>(2025 年) |
| 1 | 现金流入 | 5945.30 | 6751.22 | 7655.00 | 8705.79 | 9884.56 |
| 2 | 现金流出 | | | | | |
| 2.1 | 支付初始投资额 | — | — | — | — | — |
| 2.2 | 还本付息 | 1396.13 | 1352.99 | 1309.85 | 1266.70 | 1223.56 |
| 2.3 | 运营成本 | 5148.3 | 830.02 | 854.92 | 880.55 | 906.96 |
| 2.4 | 税金及附加 | 196.19 | 222.79 | 252.61 | 287.29 | 326.19 |
| 2.5 | 所得税 | 0 | 1273.60 | 1496.65 | 1755.06 | 2044.21 |
| 3 | 净现金流量 | −795.33 | 3071.81 | 3740.96 | 4516.18 | 5383.63 |
| 4 | 累计净现金流量 | −1677.86 | 1393.95 | 5134.91 | 9651.09 | 15034.72 |
| 序号 | 项目 | 10<br>(2026 年) | 11<br>(2027 年) | 12<br>(2028 年) | 13<br>(2029 年) | 14<br>(2030 年) |
| 1 | 现金流入 | 11224.42 | 12745.80 | 14473.16 | 16434.85 | 18662.63 |
| 2 | 现金流出 | | | | | |
| 2.1 | 支付初始投资额 | — | — | — | — | — |
| 2.2 | 还本付息 | 1180.42 | 1137.28 | 1094.13 | 1050.99 | 1007.85 |
| 2.3 | 运营成本 | 934.17 | 962.19 | 991.07 | 1020.8 | 1051.43 |
| 2.4 | 税金及附加 | 370.41 | 420.61 | 477.61 | 542.35 | 615.87 |
| 2.5 | 所得税 | 2372.10 | 2743.67 | 3164.83 | 3642.42 | 4184.11 |

**续表** 4.20

| 序号 | 项目 | 10（2026 年） | 11（2027 年） | 12（2028 年） | 13（2029 年） | 14（2030 年） |
|---|---|---|---|---|---|---|
| 3 | 净现金流量 | 6367.32 | 7482.04 | 8745.50 | 10178.27 | 11803.35 |
| 4 | 累计净现金流量 | 21402.04 | 28884.08 | 37629.58 | 47807.85 | 59611.20 |
| 序号 | 项目 | 15（2031 年） | 16（2032 年） | 17（2033 年） | 18（2034 年） | 19（2035 年） |
| 1 | 现金流入 | 21191.53 | 24064.26 | 27325.17 | 31029.01 | 35234.36 |
| 2 | 现金流出 | | | | | |
| 2.1 | 支付初始投资额 | — | — | — | — | — |
| 2.2 | 还本付息 | 964.71 | 921.56 | 878.42 | 835.28 | 792.14 |
| 2.3 | 运营成本 | 6918.8 | 1115.63 | 1149.1 | 1183.57 | 1219.08 |
| 2.4 | 税金及附加 | 699.32 | 794.12 | 901.73 | 1023.95 | 1162.73 |
| 2.5 | 所得税 | 3339.42 | 5495.48 | 6286.22 | 7183.79 | 8202.35 |
| 3 | 净现金流量 | 9269.27 | 15737.45 | 18109.68 | 20802.39 | 23858.05 |
| 4 | 累计净现金流量 | 68880.47 | 84617.92 | 102727.60 | 123529.99 | 147388.04 |

**表 4.21 项目受让方利润表（单位：万元）**

| 序号 | 项目 | 2016 年 | 2017 年 | 2018 年 | 2019 年 | 2020 年 |
|---|---|---|---|---|---|---|
| 1 | 经营总收入 | 3148.67 | 3575.72 | 4060.26 | 4610.49 | 5235.74 |
| 2 | 运营成本 | 695.15 | 715.99 | 737.47 | 759.59 | 782.38 |
| 3 | 运营期利息 | 862.84 | 819.71 | 776.56 | 733.42 | 690.27 |
| 4 | 税金及附加 | 103.91 | 117.99 | 133.98 | 152.15 | 172.78 |
| 5 | 利润总额 | 1486.76 | 1922.02 | 2412.23 | 2965.33 | 3590.30 |
| 6 | 所得税 | 371.69 | 480.50 | 603.05 | 741.33 | 897.57 |
| 7 | 税后利润 | 1115.07 | 1441.51 | 1809.17 | 2223.99 | 2692.72 |
| 序号 | 项目 | 2021 年 | 2022 年 | 2023 年 | 2024 年 | 2025 年 |
| 1 | 经营总收入 | 5945.30 | 6751.22 | 7655.00 | 8705.79 | 9884.56 |
| 2 | 运营成本 | 5148.3 | 830.02 | 854.92 | 880.55 | 906.96 |
| 3 | 运营期利息 | 647.13 | 603.99 | 560.85 | 517.70 | 474.56 |
| 4 | 税金及附加 | 196.19 | 222.79 | 252.61 | 287.29 | 326.19 |
| 5 | 利润总额 | −46.33 | 5094.41 | 5986.61 | 7020.24 | 8176.84 |

**续表** 4.21

| 序号 | 项目 | 2021 年 | 2022 年 | 2023 年 | 2024 年 | 2025 年 |
|---|---|---|---|---|---|---|
| 6 | 所得税 | 0 | 1273.60 | 1496.65 | 1755.06 | 2044.21 |
| 7 | 税后利润 | −46.33 | 3820.81 | 4489.96 | 5265.18 | 6132.63 |
| 序号 | 项目 | 2026 年 | 2027 年 | 2028 年 | 2029 年 | 2030 年 |
| 1 | 经营总收入 | 11224.42 | 12745.80 | 14473.16 | 16434.85 | 18662.63 |
| 2 | 运营成本 | 934.17 | 962.19 | 991.07 | 1020.8 | 1051.43 |
| 3 | 运营期利息 | 431.42 | 388.28 | 345.13 | 301.99 | 258.85 |
| 4 | 税金及附加 | 370.41 | 420.61 | 477.61 | 542.35 | 615.87 |
| 5 | 利润总额 | 9488.42 | 10974.71 | 12659.33 | 14569.70 | 16736.47 |
| 6 | 所得税 | 2372.10 | 2743.67 | 3164.83 | 3642.42 | 4184.11 |
| 7 | 税后利润 | 7116.31 | 8231.03 | 9494.50 | 10927.27 | 12552.35 |
| 序号 | 项目 | 2031 年 | 2032 年 | 2033 年 | 2034 年 | 2035 年 |
| 1 | 经营总收入 | 21191.53 | 24064.26 | 27325.17 | 31029.01 | 35234.36 |
| 2 | 运营成本 | 6918.80 | 1115.63 | 1149.1 | 1183.57 | 1219.08 |
| 3 | 运营期利息 | 215.71 | 172.56 | 129.42 | 86.28 | 43.14 |
| 4 | 税金及附加 | 699.32 | 794.12 | 901.73 | 1023.95 | 1162.73 |
| 5 | 利润总额 | 13357.69 | 21981.93 | 25144.91 | 28735.19 | 32809.40 |
| 6 | 所得税 | 3339.42 | 5495.48 | 6286.22 | 7183.79 | 8202.35 |
| 7 | 税后利润 | 10018.27 | 16486.45 | 18858.68 | 21551.39 | 24607.05 |

### 4.3.4　该 TOT 项目财务决策影响因素权重的确定与评价

根据该项目所在地区和工程特点，一共发放调查问卷 40 份，调查问卷的内容及形式见附录 1（案例 TOT 高等级公路受让方财务决策影响因素重要性调查问卷）。因 3 位专家未在规定的时间内返回问卷，实际收回 37 份问卷。首先运用 AHP 法对这 37 份问卷进行一致性检验计算，结果显示有 5 份问卷的 *CR* 值大于 0.1，不满足要求，故应视为无效问卷；另外有 2 份问卷出现了明显的数据错误，权重计算之和远大于 1，也被认为是无效问卷。因此，可作为参考依据的有效问卷共 30 份。

1. 财务决策影响因素权重的确定

(1) 一级影响因素（准则层因素）权重 **A** 的计算

选取其中一份有效问卷，利用 Excel 表格计算准则层因素的权重，如图 4.8 所示。

| | A | B | C | D | E | F | G | H | I | J |
|---|---|---|---|---|---|---|---|---|---|---|
| 1 | 财务决策影响因素的权重计算表 | | | | | | | | | |
| 2 | 计算权重 | | | | | | | | | |
| 3 | 目标 | 因素1 | 因素2 | 因素3 | 因素4 | 几何平均值 | 权重 | 加权和 | 近似λmax | λmax |
| 4 | 因素1 | 1 | 1/2 | 3 | 5 | 1.654875 | 0.324504 | 1.325945 | 4.086062 | 4.16214 |
| 5 | 因素2 | 2 | 1 | 4 | 4 | 2.378414 | 0.466383 | 1.951842 | 4.185061 | |
| 6 | 因素3 | 1/3 | 1/4 | 1 | 3 | 0.707107 | 0.138657 | 0.574788 | 4.14541 | |
| 7 | 因素4 | 1/5 | 1/4 | 1/3 | 1 | 0.359304 | 0.070456 | 0.298171 | 4.232028 | |

**图 4.8　准则层因素的权重计算**

图 4.8 中，因素 1、因素 2、因素 3 和因素 4 分别对应的是准则层中的 $\boldsymbol{B}_1$，$\boldsymbol{B}_2$，$\boldsymbol{B}_3$，$\boldsymbol{B}_4$，计算得到这一份问卷的一级影响因素权重结果为

$$\boldsymbol{A}'=(0.324505,\ 0.466383,\ 0.138657,\ 0.070456)$$

一致性检验可得：

$$\lambda_{\max}=4.16214,\ CI=\frac{4.16214-4}{3}=0.054,\ CR=\frac{0.054}{0.9}=0.06$$

其中 0.06<0.1，因此可知判断矩阵的相容性较好。

同理，计算其余 29 份有效问卷的权重。求 30 份问卷权重的平均值，可得一级影响因素的权重为

$$\boldsymbol{A}=(0.351574,\ 0.437592,\ 0.139798,\ 0.071036)$$

（2）各二级影响因素（指标层因素）的权重 $\boldsymbol{W}_i$ 计算

对同一准则层下的各指标层二级影响因素进行专家打分，先选取其中一份有效问卷，得到判断矩阵，并计算得到这一份问卷对应的权重，然后计算其余 29 份问卷的权重，取平均值得出最终各二级影响因素的权重。

1）$\boldsymbol{B}_1$ 指标层的权重计算，如图 4.9 所示。

| | A | B | C | D | E | F | G | H | I | J |
|---|---|---|---|---|---|---|---|---|---|---|
| 1 | B1指标层影响因素的权重计算表 | | | | | | | | | |
| 2 | 计算权重 | | | | | | | | | |
| 3 | 目标 | 因素b11 | 因素b12 | 因素b13 | 因素b14 | 几何平均值 | 权重 | 加权和 | 近似λmax | λmax |
| 4 | 因素b11 | 1 | 4 | 2 | 1/2 | 1.414214 | 0.299423 | 1.219295 | 4.072145 | 4.153237 |
| 5 | 因素b12 | 1/4 | 1 | 1/3 | 1/3 | 0.408248 | 0.086436 | 0.366005 | 4.234407 | |
| 6 | 因素b13 | 1/2 | 3 | 1 | 1/3 | 0.840896 | 0.178038 | 0.732425 | 4.113868 | |
| 7 | 因素b14 | 2 | 3 | 3 | 1 | 2.059767 | 0.436103 | 1.828372 | 4.192527 | |

**图 4.9　$\boldsymbol{B}_1$ 指标层的权重计算**

$\boldsymbol{B}_1$ 指标层计算的权重结果为

$$\boldsymbol{W}_1'=(0.299423,\ 0.086436,\ 0.178038,\ 0.436103)$$

一致性检验可得：

$$CI=\frac{4.153237-4}{3}=0.051,\ CR=\frac{0.051}{0.9}=0.056$$

其中 0.056<0.1，因此可知判断矩阵的相容性较好。

2）$\boldsymbol{B}_2$ 指标层的权重计算，如图 4.10 所示。

| | A | B | C | D | E | F | G | H | I | J |
|---|---|---|---|---|---|---|---|---|---|---|
| 1 | B2指标层影响因素的权重计算表 | | | | | | | | | |
| 2 | 计算权重 | | | | | | | | | |
| 3 | 目标 | 因素 b21 | 因素 b22 | 因素 b23 | 因素 b24 | 几何平均值 | 权重 | 加权和 | 近似 $\lambda_{max}$ | $\lambda_{max}$ |
| 4 | 因素 b21 | 1 | 1/4 | 1/2 | 1/3 | 0.451801 | 0.089746 | 0.374946 | 4.177881 | 4.157239 |
| 5 | 因素 b22 | 4 | 1 | 4 | 2 | 2.378414 | 0.472447 | 1.960883 | 4.15048 | |
| 6 | 因素 b23 | 2 | 1/4 | 1 | 1/3 | 0.638943 | 0.126919 | 0.528152 | 4.161315 | |
| 7 | 因素 b24 | 4 | 1/2 | 3 | 1 | 1.565085 | 0.310888 | 1.286852 | 4.139281 | |

**图 4.10　$\boldsymbol{B}_2$ 指标层的权重计算**

$\boldsymbol{B}_2$ 指标层计算的权重结果为：

$$\boldsymbol{W}_2'=(0.089746,\ 0.472447,\ 0.126919,\ 0.310888)$$

一致性检验可得

$$CI=\frac{4.157239-4}{3}=0.0524,\ CR=\frac{0.0524}{0.9}=0.058$$

其中 0.058<0.1，因此可知判断矩阵的相容性较好。

3）$\boldsymbol{B}_3$ 指标层的权重计算，如图 4.11 所示。

| | A | B | C | D | E | F | G | H |
|---|---|---|---|---|---|---|---|---|
| 1 | B3指标层影响因素的权重计算表 | | | | | | | |
| 2 | 计算权重 | | | | | | | |
| 3 | 目标 | 因素 b31 | 因素 b32 | 几何平均值 | 权重 | 加权和 | 近似 $\lambda_{max}$ | $\lambda_{max}$ |
| 4 | 因素 b31 | 1 | 1/3 | 0.57735 | 0.25 | 0.5 | 2 | 2 |
| 5 | 因素 b32 | 3 | 1 | 1.732051 | 0.75 | 1.5 | 2 | |

**图 4.11　$\boldsymbol{B}_3$ 指标层的权重计算**

$\boldsymbol{B}_3$ 指标层计算的权重结果为

$$\boldsymbol{W}_3'=(0.25,\ 0.75)$$

一致性检验可得

$$CI=0,\ CR=0<0.1$$

因此，可知判断矩阵的相容性较好。

4）$\boldsymbol{B}_4$ 指标层的权重计算，如图 4.12 所示。

| | A | B | C | D | E | F | G | H | I | J | K |
|---|---|---|---|---|---|---|---|---|---|---|---|
| 1 | B4财务决策影响因素的权重计算表 | | | | | | | | | | |
| 2 | 计算权重 | | | | | | | | | | |
| 3 | 目标 | 因素b41 | 因素b42 | 因素b43 | 因素b44 | 因素b45 | 几何平均值 | 权重 | 加权和 | 近似λmax | λmax |
| 4 | 因素b41 | 1 | 3 | 1/3 | 2 | 4 | 1.515717 | 0.234411 | 1.205754 | 5.143761 | |
| 5 | 因素b42 | 1/3 | 1 | 1/4 | 1/2 | 3 | 0.659754 | 0.102033 | 0.533096 | 5.224727 | 5.202527 |
| 6 | 因素b43 | 3 | 4 | 1 | 4 | 5 | 2.992556 | 0.462809 | 2.431901 | 5.254651 | |
| 7 | 因素b44 | 1/2 | 2 | 1/4 | 1 | 3 | 0.944088 | 0.146006 | 0.747201 | 5.117589 | |
| 8 | 因素b45 | 1/4 | 1/3 | 1/5 | 1/3 | 1 | 0.353953 | 0.05474 | 0.288585 | 5.271907 | |

**图 4.12　$\boldsymbol{B}_4$ 指标层的权重计算**

$\boldsymbol{B}_4$ 指标层计算的权重结果为

$$\boldsymbol{W}_4' = (0.234411,\ 0.102033,\ 0.462809,\ 0.146006,\ 0.05474)$$

一致性检验可得

$$CI = \frac{5.20527 - 5}{4} = 0.0531,\ CR = \frac{0.0531}{1.12} = 0.0474$$

其中，$0.0474 < 0.1$，因此可知判断矩阵的相容性较好。

5）同理，计算其他 29 份有效问卷的各准则层下的二级影响因素权重。求 30 份有效调查问卷的平均值，计算得到二级影响因素的最终权重如下：

$$\boldsymbol{W}_1 = (0.284793,\ 0.105058,\ 0.164425,\ 0.445724)$$

$$\boldsymbol{W}_2 = (0.079856,\ 0.432952,\ 0.189932,\ 0.297260)$$

$$\boldsymbol{W}_3 = (0.333333,\ 0.666667)$$

$$\boldsymbol{W}_4 = (0.215828,\ 0.111643,\ 0.407519,\ 0.173253,\ 0.091757)$$

## 2. 各级因素影响程度的模糊评价

### （1）构建影响因素模糊关系评价矩阵

1）各影响因素模糊综合评价打分表。通过对 30 份有效问卷中各位专家评分的有效统计，得到指标层下各二级影响因素打分情况，据此编制各二级影响因素模糊综合评价表，如表 4.22 所示。

**表 4.22　各二级影响因素模糊综合评价表**

| 目标层 | 准则层 | 指标层 | 评语集 | | | | |
|---|---|---|---|---|---|---|---|
| | 一级因素 | 二级影响因素 | 高 | 较高 | 一般 | 较低 | 低 |
| 项目受让方财务决策影响程度 | 政府（$\boldsymbol{B}_1$） | 特许经营期的确定（$b_{11}$） | 12 | 8 | 5 | 4 | 1 |
| | | 可行性研究报告的评审（$b_{12}$） | 6 | 8 | 9 | 5 | 2 |
| | | 同地区同类项目的限制（$b_{13}$） | 10 | 4 | 5 | 6 | 5 |
| | | 项目资产的运营现状（$b_{14}$） | 10 | 7 | 8 | 4 | 1 |

续表 4.22

| 目标层 | 准则层 | 指标层 | 评语集 | | | | |
|---|---|---|---|---|---|---|---|
| | 一级因素 | 二级影响因素 | 高 | 较高 | 一般 | 较低 | 低 |
| 项目受让方财务决策影响程度 | 项目公司（$\boldsymbol{B}_2$） | 技术设备的先进性（$b_{21}$） | 3 | 5 | 6 | 9 | 7 |
| | | 一次性支付资金来源（$b_{22}$） | 6 | 14 | 5 | 4 | 1 |
| | | 收费标准的确定（$b_{23}$） | 7 | 8 | 8 | 3 | 4 |
| | | 运营管理能力（$b_{24}$） | 9 | 7 | 8 | 4 | 2 |
| | 项目使用方（$\boldsymbol{B}_3$） | 对收费定价的接受程度（$b_{31}$） | 9 | 11 | 5 | 4 | 1 |
| | | 对公路项目的使用率（$b_{32}$） | 13 | 8 | 6 | 2 | 1 |
| | 大环境条件（$\boldsymbol{B}_4$） | 金融和法律政策环境（$b_{41}$） | 8 | 8 | 9 | 3 | 2 |
| | | 社会和文化差别（$b_{42}$） | 4 | 2 | 5 | 10 | 9 |
| | | 项目所在地区发展规划与相关行业的配套服务（$b_{43}$） | 7 | 10 | 6 | 5 | 2 |
| | | 项目所在地区社会稳定性（$b_{44}$） | 7 | 6 | 11 | 5 | 1 |
| | | 自然环境（$b_{45}$） | 3 | 4 | 5 | 11 | 7 |

2）由表 4.22 可得各准则层影响因素的模糊关系评价矩阵如下：

$$\boldsymbol{R}_1 = \begin{bmatrix} 0.4000 & 0.2667 & 0.1667 & 0.1333 & 0.0333 \\ 0.2000 & 0.2667 & 0.3000 & 0.1667 & 0.0667 \\ 0.3333 & 0.1333 & 0.1667 & 0.2000 & 0.1667 \\ 0.3333 & 0.2333 & 0.2667 & 0.1333 & 0.0333 \end{bmatrix}$$

$$\boldsymbol{R}_2 = \begin{bmatrix} 0.1000 & 0.1667 & 0.2000 & 0.3000 & 0.2333 \\ 0.2000 & 0.4667 & 0.1667 & 0.1333 & 0.0333 \\ 0.2333 & 0.2667 & 0.2667 & 0.1000 & 0.1333 \\ 0.3000 & 0.2333 & 0.2667 & 0.1333 & 0.0667 \end{bmatrix}$$

$$\boldsymbol{R}_3 = \begin{bmatrix} 0.3000 & 0.3667 & 0.1667 & 0.1333 & 0.0333 \\ 0.4333 & 0.2667 & 0.2000 & 0.0667 & 0.0333 \end{bmatrix}$$

$$\boldsymbol{R}_4 = \begin{bmatrix} 0.2667 & 0.2667 & 0.3000 & 0.1000 & 0.0667 \\ 0.1333 & 0.0667 & 0.1667 & 0.3333 & 0.3000 \\ 0.2333 & 0.3333 & 0.2000 & 0.1667 & 0.0667 \\ 0.2333 & 0.2000 & 0.3667 & 0.1667 & 0.0333 \\ 0.1000 & 0.1333 & 0.1667 & 0.3667 & 0.2333 \end{bmatrix}$$

（2）构建目标层对评语集 **V** 的隶属度矩阵

根据模糊综合评价模型，得到 $\boldsymbol{B}_1$，$\boldsymbol{B}_2$，$\boldsymbol{B}_3$，$\boldsymbol{B}_4$ 四个模糊矩阵，即

$$\boldsymbol{B}_1 = \boldsymbol{W}_1 \times \boldsymbol{R}_1 = (0.3383,\ 0.2299,\ 0.2253,\ 0.1478,\ 0.0587)$$

$$\boldsymbol{B}_2 = \boldsymbol{W}_2 \times \boldsymbol{R}_2 = (0.2281,\ 0.3354,\ 0.2181,\ 0.1402,\ 0.0782)$$

$$\boldsymbol{B}_3 = \boldsymbol{W}_3 \times \boldsymbol{R}_3 = (0.3889,\ 0.3000,\ 0.1889,\ 0.0889,\ 0.0333)$$

$$\boldsymbol{B}_4=\boldsymbol{W}_4\times\boldsymbol{R}_4=(0.2171,\ 0.2477,\ 0.2437,\ 0.1893,\ 0.1022)$$

综上，可得目标层对评语集 **V** 的隶属度矩阵为

$$\boldsymbol{R}=\begin{bmatrix}0.3383 & 0.2299 & 0.2253 & 0.1478 & 0.0587\\ 0.2281 & 0.3354 & 0.2181 & 0.1402 & 0.0782\\ 0.3889 & 0.3000 & 0.1889 & 0.0889 & 0.0333\\ 0.2171 & 0.2477 & 0.2437 & 0.1893 & 0.1022\end{bmatrix}$$

（3）各层级因素对目标层影响程度的模糊综合评价

1）对目标层综合评价，计算可得

$$\boldsymbol{D}=\boldsymbol{A}\times\boldsymbol{R}=(0.2885,\ 0.2871,\ 0.2186,\ 0.1392,\ 0.0666)$$

2）目标层的最终总体评价结果为

$$\begin{aligned}\boldsymbol{Z}&=\boldsymbol{D}\times\boldsymbol{V}^{\mathrm{T}}\\&=(0.2885,\ 0.2871,\ 0.2186,\ 0.1392,\ 0.0666)\times(100,\ 80,\ 60,\ 40,\ 20)^{\mathrm{T}}\\&=71.834\end{aligned}$$

（4）评价结果分析

该TOT项目受让方X公司财务决策影响因素体系最终的计算结果为 $\boldsymbol{Z}=71.834$，证明本研究总结的影响因素体系对于该项目受让方的财务决策影响程度较大，具有实际意义。

### 4.3.5 受让方X公司的财务决策及主要影响因素对策分析

#### 1. 受让方X公司财务决策主要影响因素的确定

（1）主要影响因子的确定

1）在准则层各一级影响因素的权重为 $\boldsymbol{A}=(0.351574,\ 0.437592,\ 0.139798,\ 0.071036)$ 的情况下，各层级下的因素对受让方财务决策的影响权重如表4.23所示。

**表4.23 各层级下的因素对受让方财务决策的影响权重**

| 目标层 | 准则层 | 指标层 | |
|---|---|---|---|
| | 一级影响因素及权重 | 二级影响因素 | 权重 |
| 项目受让方财务决策影响程度 | 政府（$\boldsymbol{B}_1$）0.351574 | 特许经营期的确定（$b_{11}$） | 0.100125 |
| | | 可行性研究报告的评审（$b_{12}$） | 0.036935 |
| | | 同地区同类项目的限制（$b_{13}$） | 0.058194 |
| | | 项目资产的运营现状（$b_{14}$） | 0.156704 |
| | 项目公司（$\boldsymbol{B}_2$）0.437592 | 技术设备的先进性（$b_{21}$） | 0.034944 |
| | | 一次性支付资金来源（$b_{22}$） | 0.189456 |
| | | 收费标准的确定（$b_{23}$） | 0.083112 |
| | | 运营管理能力（$b_{24}$） | 0.130078 |
| | 项目使用方（$\boldsymbol{B}_3$）0.139798 | 对收费定价的接受程度（$b_{31}$） | 0.046599 |
| | | 对公路项目的使用率（$b_{32}$） | 0.093198 |

续表 4.23

| 目标层 | 准则层 | 指标层 | |
|---|---|---|---|
| | 一级影响因素及权重 | 二级影响因素 | 权重 |
| 项目受让方财务决策影响程度 | 大环境条件（$\boldsymbol{B}_4$）0.071036 | 金融和法律政策环境（$b_{41}$） | 0.015331 |
| | | 社会和文化差别（$b_{42}$） | 0.007931 |
| | | 项目所在地区发展规划与相关行业的配套服务（$b_{43}$） | 0.028948 |
| | | 项目所在地区社会稳定性（$b_{44}$） | 0.012307 |
| | | 自然环境（$b_{45}$） | 0.006518 |

2）从计算出的准则层和各指标层的权重可以看出，一级影响因素权重大小及主要二级影响因素 $q$ 为

$$\boldsymbol{B}_2 > \boldsymbol{B}_1 > \boldsymbol{B}_3 > \boldsymbol{B}_4, \quad q = \{b_{14}, b_{22}, b_{24}\}$$

3）受让方财务决策主要影响因素对应的成本—效益影响因子如表 4.24 所示。

**表 4.24　受让方财务决策主要影响因素对应的成本—效益影响因子**

| 主要二级影响因素 | 对应的成本—效益影响因子 |
|---|---|
| $b_{14}$ | $t_2$，$t_4$，$t_7$ |
| $b_{22}$ | $t_5$ |
| $b_{24}$ | $t_3$ |

（2）利用层次分析法对主要影响因素进行权重计算

1）令 $U=\{U_1, U_2, U_3, U_4, U_5\}$，分别对应｛日常养护维修费 $t_2$、大修理费 $t_3$、运营管理费 $t_4$、贷款利息 $t_5$、交通量 $t_7$｝。

2）重复上述步骤，利用专家打分法，求得各成本—效益影响因子的权重结果为

$$\boldsymbol{W}_5 = (0.142170, 0.059516, 0.035365, 0.210996, 0.551953)$$

（3）主要影响因素评价结果分析

根据表 4.23 所得的计算结果，可得出以下两点结论：

1）由一级影响因素（即准则层）$\boldsymbol{W}_1=0.351574$，$\boldsymbol{W}_2=0.437592$ 可以看出，对受让方 X 公司财务决策影响程度中，由其组建的项目公司对其财务决策影响最大，政府次之。

2）由二级影响因素（即指标层）$w_{14}=0.156704$，$w_{22}=0.189456$，$w_{24}=0.130078$ 可以看出，一次性支付政府资金来源、运营管理能力以及政府在转让前项目资产的运营现状三个因素影响较大，受让方 X 公司应予以重视。

## 2. 受让方 X 公司的财务决策与敏感性分析

（1）盈利能力指标的计算与决策

根据项目受让方自有资金现金流量表以及财务决策中盈利能力指标的相关计算公式，可计算得出该公路项目的财务净现值、财务内部收益率和投资回收期三项指标，结果如表 4.25 所示。

**表 4.25　该项目受让方财务决策盈利能力指标**

| 盈利能力指标 | 计算值 | 比较值 | 评价结果 |
| --- | --- | --- | --- |
| *FIRR* | 23.48% | 7.03% | 受让方可以接手该项目 |
| *FNPV* | 50454.95 | 0 | 受让方可以接手该项目 |
| 投资回收期 | 5.54 | 20 | 受让方可以接手该项目 |

依据表 4.25 的计算结果可知：转让的该段高等级公路从受让方接手项目的第 6 年起，累计净现金流量就开始出现正值；计算所得的 *FIRR* 达到 23.48%，*FNPV* 的值是 50454.95 万元，*FIRR* 高于基准收益率 7.03%，*FNPV* 远大于 0，表明该项目在特许经营期内具有较好的盈利能力。

(2) 偿债能力指标的计算与决策

本项目采用的是在特许经营的 20 年内对借款金额采用等额本金还款的方式，所以对于借款偿还期指标，只要项目的收益能在 20 年内偿还所有借款和利息支付即可，偿债能力指标的计算结果如表 4.26 所示。

**表 4.26　该项目受让方财务决策偿债能力指标**

| 偿债能力指标 | 接手项目年份 | 计算值 | 结　　果 |
| --- | --- | --- | --- |
| *ICR* | 第 1 年 (2016) | 2.72 | 在受让方接手项目第 6 年，即 2021 年大修年限时，*ICR*<1，该年的债务风险较大 |
| | 第 2 年 (2017) | 3.34 | |
| | 第 6 年 (2021) | 0.93 | |
| | 第 16 年 (2031) | 62.92 | |
| *DSCR* | 第 1 年 (2016) | 1.23 | 在受让方接手项目第 6 年，即 2021 年大修年限时，*DSCR* <1，用于还本付息的资金保证度不好 |
| | 第 2 年 (2017) | 1.44 | |
| | 第 3 年 (2018) | 0.43 | |
| | 第 6 年 (2021) | 10.60 | |

依据表 4.26 的计算结果可知：*ICR*（财务利息备付率）和 *DSCR*（偿债备付率）从项目开始偿还贷款的第 1 年起都满足要求，即 *ICR*>2，*DSCR*>1，这表明该项目受让方在特许经营期内具有足够资金还款付息，具有较强的偿债付息能力。但需引起受让方 X 公司关注的是，该项目受让方需要进行两次大修，大修年限成本会大幅度提高。从表 4.26中可以看出，项目接手后的第 6 年（2021 年）和第 16 年（2031 年）均为受让方对项目的大修年，但在第 6 年（即第一次大修年限 2021 年）时 *ICR* 和 *DSCR* 的结果均未达到要求。

(3) 项目受让方 X 公司财务决策的敏感性分析

结合受让方 X 公司财务决策影响因子权重计算，由 $\boldsymbol{W}_{t2}=0.210996$，$\boldsymbol{W}_{t7}=0.551953$ 可以看出，贷款利息和交通量这两个成本—效益影响因子的影响程度较大，应被考虑为敏感性分析的主要因素。

本项目选择权重较大的贷款利息（投资借款额）和交通量两个因子作为敏感性分析对

象，计算决策指标，得到财务决策敏感性分析结果，如表 4.27 所示。

**表 4.27 该项目受让方财务决策敏感性分析结果**

| 敏感性因素 | 变化率 | *FNPV* | *FIRR* |
|---|---|---|---|
| 贷款利息（投资借款额） | 5% | 50571.48 | 25.78% |
| | −5% | 50338.42 | 21.64% |
| 交通量 | 5% | 54467.41 | 25.71% |
| | −5% | 46442.49 | 21.32% |

依据表 4.27 的计算结果可知：通过权重计算选择的两个敏感性因素在减少 5%的情况下，*FIRR* 分别为 21.32%和 21.64%，*FNPV* 分别达到 46442.49 万元和 50338.42 万元；在增加 5%的情况下，*FIRR* 分别为 25.71%和 25.78%，*FNPV* 分别达到 54467.41 万元和 50571.48 万元，均能满足要求，表明项目抗风险能力较强，受让方接手该项目能够获得理想的收益。

### 3. 受让方 X 公司财务决策主要影响因素的对策分析

受让方 X 公司明确财务决策的主要影响因素后，在接手该 TOT 高等级公路项目时，为了更好地保证经济利益，应从以下两个方面采取措施。

（1）项目公司

项目公司一次性支付政府的资金来源对受让方财务决策影响程度最大，运营管理能力次之。通过定量的财务评价证明了该项目的偿债能力较好，说明此筹资方式及资金构成比例可以接受。受让方 X 公司只需要在组建项目公司时，尽可能选择管理能力强、协作能力好的人员组建各部门，保证部门间的协作，做好成本控制工作，提高运营效率即可。

通过实际计算结果可以看出，受让方 X 公司在接手转让的 TOT 高等级公路项目时，尤其要注意对特许经营期内是否需要对项目进行大修的考虑。由项目受让方自有资金现金流量表可以看出，在大修年份时，需要耗费的成本费用很高，甚至会高出该年的运营收入，受让方 X 公司应该采取有效措施加强防范或通过其他借款方式支付到期债务，合理控制成本，避免出现亏损状态。

（2）政府

项目转让前的运营现状对受让方 X 公司财务决策影响较大。因此，受让方 X 公司在分析了该项目财务可行后，在无法改变资产现状的情况下，与政府谈判签署协议时应适当地要求政府给予一定的优惠保障，或者对项目维护所需的原材料、设备等尽可能地从运输时间、运输距离上予以减少，从而降低运营维护成本。

同时，在谈判时，可适当要求政府对该地区的同类项目建设限制的保证程度加强；与政府协商转让该公路经营权周边的服务区和加油站工程，并提供相应的优惠政策，从而保证项目拥有足够的交通量，实现盈利的目标。

# 第 5 章　西部地区 TOT 高等级公路效益后评价研究

【本章概要】

本章主要包括西部地区 TOT 高等级公路效益后评价指标体系的构建、西部地区 TOT 高等级公路效益后评价模型的建立和西部地区 TOT 高等级公路效益后评价模型应用实例三部分。首先，明确了西部地区 TOT 高等级公路效益后评价的主要内容包括企业效益后评价、社会经济效益后评价、效益可持续性后评价三部分，进而针对西部地区 TOT 高等级公路项目进行了效益后评价要素分析，初选西部地区 TOT 高等级公路效益后评价指标，并通过因子分析筛选优化指标，构建西部地区 TOT 高等级公路效益后评价指标体系。其次，运用灰色预测法计算了定量指标实测值，通过专家调查法计算了定性指标实测值，并应用层次分析法计算权重，将属性理论作为指标等级判定方法，建立了西部地区 TOT 高等级公路效益后评价模型。最后，将该效益后评价模型应用于四川省某 TOT 高等级公路，通过相关基础数据测算，计算得到该 TOT 项目的评价等级，并对评价结果进行了对比分析，根据效益后评价结果，提出了针对性的建议。

【本章知识总览】

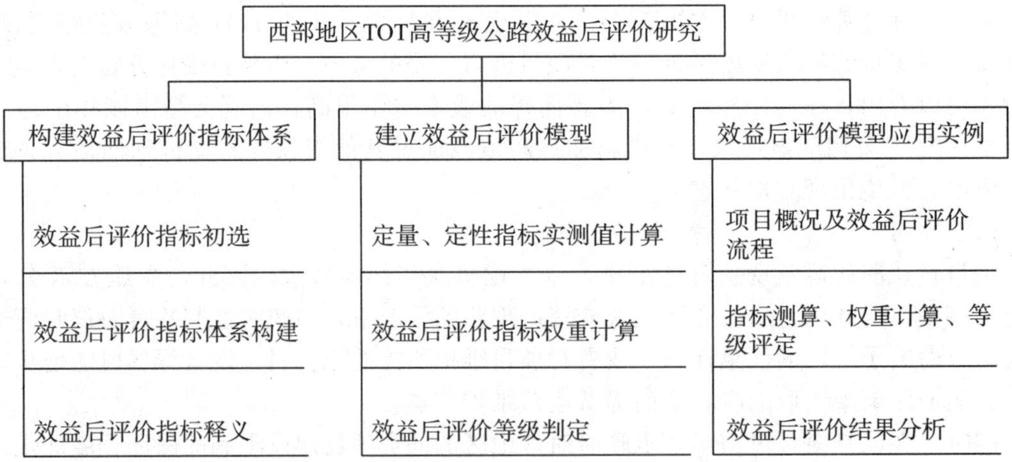


## 5.1　西部地区 TOT 高等级公路效益后评价概述

为了盘活已有的高等级公路项目，获得新项目的建设资金，减少政府债务压力，政府将 TOT 融资模式大量应用于西部地区高等级公路项目，如安潼高速、高海高速、渝涪高速等。通过前期的案例研究发现，TOT 融资模式在西部地区高等级公路项目中的应用有效地缓解了政府债务压力，拓宽了西部地区高等级公路项目融资渠道，促进了西部地区高等级公路可持续性发展。但是，部分西部地区 TOT 高等级公路项目在运营过程中，由于一些不确定因素的影响，出现了 TOT 融资模式被迫中止的现象。例如，云南省某 TOT 高等级公路项目，在项目运营过程中，由于外部和内部因素的影响，出现了通行量减少、运营成本增加、通行质量差等问题，使得项目达不到预期的收益，不得已而中途变更经营方式，终止了 TOT 融资模式的实施，此事件也引发了对于西部地区 TOT 高等级公路项目能否通过收费经营获得预期的财务收益，以及在 TOT 模式下，西部地区高等级公路项目能否继续完成环境保护任务，持续满足人们交通需求等一系列问题的思考。为了科学、合理地对已有项目的效益及效益可持续性进行分析判断，总结项目经验教训，提高 TOT 模式下的西部地区高等级公路效益管理水平，有必要进行西部地区 TOT 高等级公路效益后评价研究。

### 5.1.1　西部地区 TOT 高等级公路效益后评价的内容

#### 1. 高等级公路项目后评价的内容

高等级公路项目后评价是指高等级公路正式运营 5 年后，用科学、系统的评价方法，通过对项目立项、可行性研究、设计、施工和运营各阶段工作的跟踪、调查和分析，全面评价项目的作用与影响、投资与效益、目标实现程度及持续能力等，总结项目的经验与教训。《公路建设项目后评价报告编制办法》（交规划发〔2011〕695 号）中明确规定，“公路建设大中型、重点项目（含独立桥梁、隧道）应当按照规定进行项目后评价”。高等级公路作为重要的基础性、服务性公路项目，建设规模大、建设运营周期长、风险因素多、影响范围广，一直以来都是公路建设项目后评价的重点。高等级公路建设项目后评价的内容包括过程后评价、效益后评价、影响后评价、目标持续性后评价四个方面。

（1）高等级公路项目过程后评价

高等级公路项目过程后评价是指收集、整理项目建设过程中的数据，将其与政府颁布的相关制度、法律法规中的标准进行比较，判断是否有前期规划依据标准、具体建设项目成本和建设标准，项目运行后管理等具体措施是否符合科学决策等，并通过评价分析得出结论。

（2）高等级公路项目效益后评价

高等级公路项目效益后评价是指对项目投产后的实际数据进行索引统计，并与后评价时点国家颁布的参数标准进行比较，以了解项目效益是否达到规划预期，从而分析偏差因素的差异及原因，调整财务决策思路，提高投资决策水平。

（3）高等级公路项目影响后评价

高等级公路项目影响后评价是指对于项目产生的社会影响和自然环境影响，以及对周边城市空间结构的影响进行的有无对比评价分析。建设项目影响后评价主要是运用系统工程和社会学知识，并利用计算机仿真技术对大量数据进行演绎，以期随着整个人类文明的进步，得出有效准确的结论，增强评估项目影响的能力。

(4) 高等级公路项目目标持续性后评价

高等级公路项目目标持续性后评价是指对建设项目的基础设施建设、公路网布局、政策实施、项目管理体制模式、自然条件变化、资金流分布、养护手段实施等情况进行分析和评价，并根据结果提出改进建议。

完整的高等级公路建设项目后评价包括以上四个方面。这四个方面属于不同的学科评价内容，评价体系是交叉实施的，技术手段的运用是不同的，不同的评价标准制定了不同的评价方案，它们相互独立、密切相关，从而构成了高等级公路建设项目后评价的基本框架。

### 2. 西部地区 TOT 高等级公路效益后评价的内容

高等级公路效益后评价是高等级公路项目后评价中重要的一部分，一般是指高等级公路项目正式运营 5 年后，收集高等级公路运营的实际数据，并结合后评价时点国家颁布的参数标准，对项目效益是否达到规划预期进行评价。对于西部地区 TOT 高等级公路项目，考虑到项目的特许经营权期限一般为 20～30 年，特许权期限内兼具收费获取利润和服务社会的双重任务，故将其效益后评价的时点定在项目经营权转让后的 10～15 年，根据实际交通量、运营收入、运营成本等，对 TOT 高等级公路项目在特许经营权期限内的效益进行全面、系统、客观的分析，确定项目效益是否偏离预期规划，并对项目效益能否持续性实现做出评价。

不同于普通公路建设项目，西部地区 TOT 高等级公路项目参与者众多，各方的利益诉求各不相同。TOT 高等级公路的特许经营企业，作为项目的受让方，更关注项目接手后能否盈利以及如何争取利益最大化；而政府作为高等级公路项目的出让方，项目转让后能否继续发挥促进地区经济社会发展的作用是其关注的重点。同时，TOT 融资模式作为一种特殊的融资方式，项目的效益能否持续性实现一直备受社会各界关注。因此，西部地区 TOT 高等级公路效益后评价包括三个核心内容，即企业效益后评价、社会经济效益后评价和效益可持续性后评价。

(1) 企业效益后评价

企业效益后评价是指项目运营一段时期后，通过考察项目的收支、盈利能力和还贷能力，并分析项目对企业投资结构、人才培养、技术能力的影响，对项目运营企业的直接效益和间接效益进行分析评价。

(2) 社会经济效益后评价

社会经济效益后评价是指从宏观经济发展、环境影响、国防安全、社会进步、自然资源利用、自然生态环境等方面对项目及经济社会环境的影响进行系统分析、总结。

(3) 效益可持续性后评价

效益可持续性后评价是指项目运营稳定后，从项目管理、服务能力、技术能力等内部因素，以及政府、经济、社会等外部环境方面，对项目效益能否持续性地实现进行分析和评价。

### 5.1.2 西部地区 TOT 高等级公路的经营特点和效益分类

#### 1. 西部地区 TOT 高等级公路的经营特点

西部地区 TOT 高等级公路是指采用 TOT 融资模式转让项目一定期限内的经营权的西部地区高等级公路项目，其直接参与方主要是特许经营企业（受让方）和政府，而二者的经营目的和预期效益不同，因此，西部地区 TOT 高等级公路具有以下经营特点。

（1）项目兼具获取利润和服务社会的双重经营目的

作为项目的受让方，西部地区 TOT 高等级公路项目的特许经营企业的主要目的是通过运营管理高等级公路项目，获得长期稳定的收益来偿还债务并获取利润，这种收益只能通过收取费用来实现。而项目 TOT 融资模式下，政府只是将一定期限内的项目经营权转让给了特许经营企业，一般最长经营期限不超过 30 年，也就是说，在西部地区高等级公路进行 TOT 融资过程中，只发生了项目经营权的转让，没有改变项目的准公共物品的性质，这就决定了西部地区 TOT 高等级公路具有较强的社会公益性。例如，作为项目的出让方，政府会要求特许经营企业在运营管理西部地区 TOT 高等级公路的过程中，充分发挥项目服务社会的作用，除了出现恶劣天气、地质灾害等影响行车安全的因素，必须保证项目的全年畅通无阻，不得擅自关闭通行等。因此，西部地区 TOT 高等级公路兼具获取利润和服务社会的双重经营目的。

（2）项目主要参与方对项目经营效益影响复杂

作为项目的受让方，特许经营企业在西部地区 TOT 高等级公路项目的运营管理过程中，可能会因为自身管理体制、技术能力、人员编制等因素，对项目运营成本、通行费收入等产生影响，从而增加项目经营效益的不确定性。而政府作为项目的主要参与方，同样会对项目的效益产生巨大影响，表现在：政府在西部地区 TOT 高等级公路运营管理过程中，需要对特许经营企业予以政策上的扶持、资金上的投资补贴和行政上的有效干预。同时，为了保证项目的社会公益性，政府还必须对西部地区 TOT 高等级公路的车辆通行费收取标准做出规定，限制特许经营企业可获取的利润。因此，相较于普通高等级公路项目，西部地区 TOT 高等级公路项目的经营效益影响因素更多，且各参与方对项目效益的影响因素与影响程度也不同。

#### 2. 西部地区 TOT 高等级公路的效益分类

TOT 融资模式下，先由政府通过特许权协议将项目转让给特许经营企业（项目受让方，即投资方），特许经营企业接手项目后负责项目的运营管理，待特许权期限到期后，再由特许经营企业将项目重新转让给政府。在“转让—运营—转让”过程中，政府用未来的项目收入，一次性从特许经营企业筹得资金用于新项目的建设。而特许经营企业则根据特许协议，在一定期限内经营项目并获取利润。因此，项目为双方带来的效益是不同的，具体表现如下。

（1）西部地区 TOT 高等级公路给特许经营企业带来的效益

特许经营企业负责西部地区 TOT 高等级公路的运营管理工作，通过收取车辆通行费等获得利润。企业在运营管理过程中可以通过引进先进技术、设备、管理经验等提高企业的投资效益。西部地区 TOT 高等级公路给特许经营企业带来的效益可以分为直接效益和间接效益两类。

1）直接效益。主要指特许经营企业通过运营管理 TOT 高等级公路，收取通行费和开发公路沿线资源所获得的收入或利润，包括高等级公路的车辆通行费收入、服务区收入、其他综合经营开发收入等，一般可用货币计量，易于定量分析。

2）间接效益。主要指特许经营企业通过经营 TOT 高等级公路项目，在企业完善自身投资结构、提升人才培养质量和技术能力等方面获得的效益，一般无法用货币计量，多采用定性方法分析。

（2）西部地区 TOT 高等级公路给政府带来的效益

作为基础设施类公共项目，西部地区 TOT 高等级公路给政府带来的效益主要分为经济效益和社会效益两类。

1）经济效益。西部地区矿产、旅游资源丰富，但是由于交通条件较差，资源得不到有效开发利用，经济发展相对滞后。而西部地区 TOT 高等级公路的运营有利于提高运输效率、降低运输成本，从而推动区域产业的发展，促进西部地区的经济增长。

2）社会效益。西部地区 TOT 高等级公路项目对沿线区域的社会发展具有很大的推动作用，主要体现在改善交通环境、促进文化交流、保障政治稳定等方面。但与此同时，车辆的通行会产生大量的废气、固体颗粒废料以及噪声污染，也可能对周边景观造成一定的影响，产生负效应。

### 5.1.3 西部地区 TOT 高等级公路效益后评价要素分析

根据西部地区 TOT 高等级公路项目的运营特点和效益分类，在运用目标法对其进行要素分析时，企业效益后评价要素可以从直接效益评价和间接效益评价两个方面分析；社会经济效益后评价要素可以从经济效益评价、社会效益评价两个方面分析；效益可持续性后评价要素分析应该包括内部条件和外部条件两部分。西部地区 TOT 高等级公路效益后评价要素分析结构如图 5.1 所示。

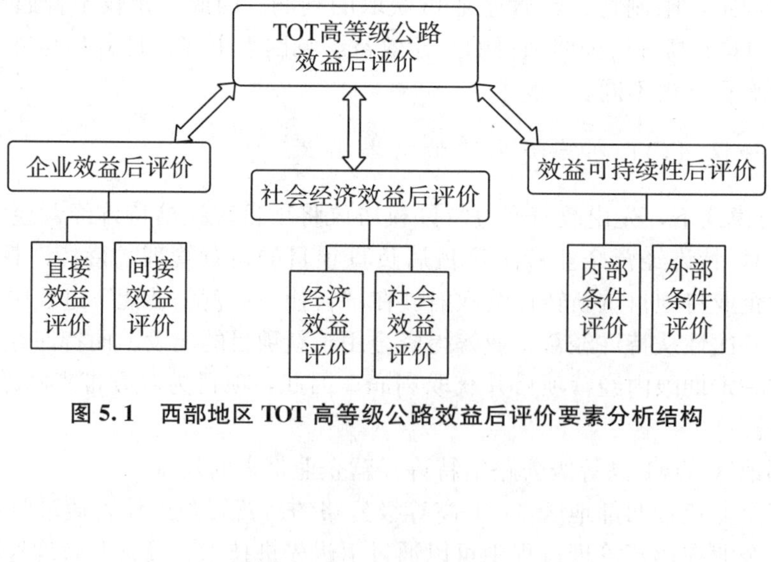


**图 5.1 西部地区 TOT 高等级公路效益后评价要素分析结构**

1. 企业效益后评价要素分析

（1）直接效益评价

直接效益评价主要考察的是西部地区TOT高等级公路项目运营阶段基于国内财税制度和现行价格等相关规定情况下项目的盈利能力和偿还贷款能力。项目直接效益评价的要素主要包括运营收入、运营成本、运营费用等。

1）运营收入。主要是指西部地区TOT高等级公路运营管理过程中收取的车辆通行费。高等级公路作为重要的交通基础设施项目，项目具有准公共物品的性质。西部地区TOT高等级公路运营中，政府为了保证项目的社会公益性，往往会对车辆通行费收取标准做出规定，限制特许经营企业的利润。同时，由于受区域经济、社会发展的限制，西部地区TOT高等级公路的车辆通行量较少，项目通行费收入较低。

2）运营成本。主要是指特许经营企业维持西部地区TOT高等级公路项目在特许经营期内正常运营所必须支付的费用，主要包括养护维修费、大修理费、运营管理费。"三原四盆"是西部地区的基本地势特征，青藏高原、黄土高原和云贵高原占据西部的大部分地区，柴达木、塔里木、准噶尔和四川盆地位居其中，地貌复杂。"一高一干一季"构成了西部地区的三类自然气候区，即青藏高原区、西北干旱区和局部地区的季风区。同时，西部地区是多民族聚居的地区，包括藏族、蒙古族、回族等少数民族，宗教信仰复杂。复杂的地貌、气候和宗教环境使得西部地区TOT高等级公路项目的运营成本较高。

3）运营费用。主要包括贷款利息和税费。TOT融资模式中，特许经营企业通过特许权协议获得项目一定期限的经营权，而项目自身的债务也由特许经营企业继续偿还。相比中、东部地区，西部地区高等级公路建设资金债务比例较高，特许经营企业在运营管理西部地区TOT高等级公路的过程中需要支付的债务利息也较高。另外，西部地区交通发展相对滞后，潜在的交通量较少，西部地区TOT高等级公路只靠特许经营企业的运营管理往往难以达到预期的利润。因此，政府往往通过税收优惠政策对西部地区TOT高等级公路运营企业进行支持鼓励，因此，运营企业项目税费支出较少。

（2）间接效益评价

间接效益评价主要考察的是特许经营企业通过经营高等级公路项目，对企业自身投资结构、管理体制、技术能力和企业知名度等方面带来的效益。

1）投资结构。特许经营期限内，企业通过运营西部地区TOT高等级公路，获得车辆通行费收入。在国家"西部大开发"战略和"一带一路"倡议的支持下，项目车辆通行费收入稳定，为特许经营企业提供了稳定的现金收入，优化了企业投资结构。

2）管理体制。西部地区TOT高等级公路在采取TOT融资模式之前，大部分由政府组建的国有企业负责项目的运营管理工作。特许经营企业接手项目后，往往需要引进先进的管理技术、经验，推动项目管理体制的优化，从而获得更大的收益。

3）技术能力。特许经营企业在高等级公路项目的运营管理过程中，可以通过引进先进技术、设备等方式，提高项目的通行效率，吸引消费者，同时促进企业自身的技术能力提升。西部地区TOT高等级公路的运营管理为特许经营企业提供了大量的岗位，为企业的人才培养提供了良好的实践环境。

4）企业知名度。西部地区TOT高等级公路的运营加强了特许经营企业和政府之间的交流合作，提高了企业的社会知名度，增加了特许经营企业与政府继续合作的可能性。

2. 社会经济效益后评价要素分析

（1）经济效益评价

经济效益评价主要考察西部地区TOT高等级公路项目对区域产业结构、资源开发、投资环境等带来的效益。

1）产业结构。西部地区TOT高等级公路的运营提高了区域内资源的流动速率，刺激了区域产业活动，为区域内劳动力就业提供了大量岗位，一定程度上提高了区域内第二、三产业的比重，推动了产业结构的优化。

2）资源开发。西部地区地域辽阔，矿产资源丰富。目前，经地质勘查探明有储量的矿产达161种，其中45种主要矿产潜在价值占全国总值的50.8%。西部是中国的资源富集区，也是中国工业化发展的能源基地，中国已探明的天然气储量居世界第16位，而西部地区的储量占全国总储量的64.5%。中国的水力资源蕴藏量居世界第1位，而西部地区的蕴藏量占全国的82.5%。西部地区TOT高等级公路项目的运营有效改善了区域交通条件，降低了资源开采和运输的成本，推动了项目沿线区域资源的开发利用。

3）投资环境。西部地区高等级公路项目TOT融资调动了大量民间资本进入国家基础设施领域，促使投资体制逐渐转变为民间资本为主，使国有资本存量增加，从而增加了投资环境的稳定性。同时，西部地区TOT高等级公路项目运营后，改善了区域交通环境，带动了区域内产业发展，也使得投资需求量增加。

（2）社会效益评价

社会效益评价主要考察西部地区TOT高等级公路运营对区域交通、政治稳定、区域环境等的影响。

1）区域交通。西部地区深居内陆，远离出海口，公路交通在区域交通中占比较大。高等级公路作为公路交通系统的骨干，对改善区域交通环境、提高区域运输效率意义重大。西部地区TOT高等级公路项目运营后，项目通行速度快、安全性高，有效地缓解了区域交通闭塞的现状。同时，由于项目采用封闭通行的运营方式，一定程度上也阻碍了区域其他道路的交通运输。

2）政治稳定。西部地区TOT高等级公路项目的运营加强了区域与外界的联系程度，促进了经济、文化交流，对维持政治稳定、促进民族融合具有重要意义。同时，西部地区TOT高等级公路的运营能够保障救灾过程中的物资、人员运输通畅，提高了区域防灾减灾能力，促进了区域的政治稳定。

3）区域环境。西部地区TOT高等级公路运营过程中，会有大量的车辆通行，产生的汽车尾气中含有的有害物质会对沿线地区大气环境造成污染。同时，在车辆通行时，发动机的运转及轮胎的摩擦会产生噪声，对声环境造成破坏，影响沿线居民的生活质量。

3. 效益可持续性后评价要素分析

（1）内部条件

内部条件主要指影响西部地区TOT高等级公路效益可持续性的养护管理、设施配置、交通管理等内部因素。

1）养护管理。西部地区 TOT 高等级公路运营过程中，为了获得稳定的通行费收入，需要定期对公路设施进行养护维修、大修理等工作。为了保证项目养护管理质量，需要配置足够的养护管理人员并建立完善的管理体制。

2）设施配置。西部地区 TOT 高等级公路运营过程中，为了满足客户需求，保障道路通行质量，需要配备相应的监测、防护栏等设备，同时还应配备服务区、加油站等设施。同时，特许经营企业可以通过引进先进的技术、设备等方式提高道路通行质量，吸引交通量。

3）交通管理。西部地区 TOT 高等级公路运营过程中，首要的任务是保障项目的通行效率，不仅要保障通行的速度，而且要通过监测等手段降低行车事故率，保障行车安全。

（2）外部条件

外部条件主要指影响西部地区 TOT 高等级公路效益可持续性的经济社会、政府、环境等外部因素。

1）经济社会。西部地区在“一带一路”倡议和“西部大开发”战略的支持下，区域经济快速发展，区域人民生活质量显著提高，汽车保有量不断增加，为项目带来了稳定增长的交通量。同时，由于地区经济社会的发展，高等级公路等基础设施的建设速度加快，新项目的建成和运营会对原项目的交通量形成分流效果。

2）政府。西部地区高等级公路项目采取 TOT 融资模式时，政府转让高等级公路特许经营权的期限一般为 20～30 年。为了保证项目的社会公益性，充分发挥项目缩短运输里程、节约运输时间、降低运输成本的作用，政府会对项目通行费的收取标准做出规定。同时，由于西部地区潜在交通量较少，为了使特许经营企业能够通过运营管理项目获取利润，政府往往采用税收优惠的政策对企业进行扶持。

3）环境。西部地区地貌复杂，地震、泥石流等地质灾害易发。地质灾害的发生往往会对高等级公路的路面、路基等结构造成损害，增加了项目的养护维修费用。同时，受季风气候的影响，西部地区沙尘暴、暴雪等恶劣天气时有发生。而恶劣天气的发生往往会影响高等级公路的通行效率和通行安全，甚至造成封闭通行的后果。复杂的地质和气候环境对西部地区 TOT 高等级公路项目的路政管理、交通安全管理等工作带来了巨大挑战。

## 5.2　西部地区 TOT 高等级公路效益后评价指标体系的构建

### 5.2.1　西部地区 TOT 高等级公路效益后评价指标的初选

1. 效益后评价指标体系的构建思路

（1）效益后评价指标的选取原则

在西部地区 TOT 高等级公路后评价指标的选取过程中，评价指标应客观、合理、真实地反映项目对评价对象的影响，反映项目对区域经济、环境和社会的整体影响和作用。同时，评价指标应相互独立，内涵明确，可计量性强，简单实用，易于操作。

(2) 效益后评价指标体系的构建思路

西部 TOT 高等级公路效益后评价指标体系的构建思路包括确定初选指标、筛选与优化评价指标两个步骤。

1) 确定初选指标。通过对西部地区 TOT 高等级公路项目评价对象进行系统、深入、全面的分析，确定评价对象的特点和作用，选择科学的分析方法，对评价对象进行效益后评价要素分析，确定初步评价指标。

2) 筛选与优化评价指标。由于初选确定的评价指标体系可能存在部分内容的缺失或重复问题，为了解决这一问题，通过发放调查问卷收集专家意见，并运用因子分析理论对指标体系进行筛选与优化，从而确定最终的西部地区 TOT 高等级公路项目的后评价指标体系。

### 2. 初选西部地区 TOT 高等级公路效益后评价指标

根据图 5.1 及西部地区 TOT 高等级公路效益后评价影响要素分析结果，参照相关规范，初选西部地区 TOT 高等级公路效益后评价指标，形成的初始指标体系如表 5.1 所示。

**表 5.1 西部地区 TOT 高等级公路效益后评价初始指标体系**

| 总目标 | 一级指标 | 二级指标 | 三级指标 | |
|---|---|---|---|---|
| | | | 指标名称 | 指标属性 |
| 西部地区 *TOT* 高等级公路效益后评价（$X$） | 企业效益后评价（$Q$） | 直接效益评价（$Q_1$） | 财务净现值率（$Q_{11}$） | 定量 |
| | | | 财务内部收益率（$Q_{12}$） | 定量 |
| | | | 动态投资回收期（$Q_{13}$） | 定量 |
| | | | 财务投资收益率（$Q_{14}$） | 定量 |
| | | | 资产负债率（$Q_{15}$） | 定量 |
| | | | 利息备付率（$Q_{16}$） | 定量 |
| | | | 流动比率（$Q_{17}$） | 定量 |
| | | | 偿债备付率（$Q_{18}$） | 定量 |
| | | 间接效益评价（$Q_2$） | 投资结构优化效果（$Q_{21}$） | 定性 |
| | | | 管理体制优化效果（$Q_{22}$） | 定性 |
| | | | 技术能力提升效果（$Q_{23}$） | 定性 |
| | | | 人才培养促进效果（$Q_{24}$） | 定性 |
| | | | 企业知名度提升效果（$Q_{25}$） | 定性 |

续表 5.1

| 总目标 | 一级指标 | 二级指标 | 三级指标 | |
|---|---|---|---|---|
| | | | 指标名称 | 指标属性 |
| 西部地区 TOT 高等级公路效益后评价（$X$） | 社会经济效益后评价（$S$） | 经济效益评价（$S_1$） | 产业结构优化效果（$S_{11}$） | 定性 |
| | | | 劳动力就业提高程度（$S_{12}$） | 定性 |
| | | | 旅游资源开发效果（$S_{13}$） | 定性 |
| | | | 矿产资源开发效果（$S_{14}$） | 定性 |
| | | | 对外贸易增加效果（$S_{15}$） | 定性 |
| | | | 投资环境改善效果（$S_{16}$） | 定性 |
| | | | 推进城镇化效果（$S_{17}$） | 定性 |
| | | | 人们生活水平提高程度（$S_{18}$） | 定性 |
| | | 社会效益评价（$S_2$） | 区域交通变化情况（$S_{21}$） | 定性 |
| | | | 精准扶贫效果（$S_{22}$） | 定性 |
| | | | 人们思想观念改变程度（$S_{23}$） | 定性 |
| | | | 文化、卫生、体育发展变化情况（$S_{24}$） | 定性 |
| | | | 防灾减灾效果（$S_{25}$） | 定性 |
| | | | 政治稳定效果（$S_{26}$） | 定性 |
| | | | 对大气环境的影响（$S_{27}$） | 定性 |
| | | | 对声环境的影响（$S_{28}$） | 定性 |
| | 效益可持续性后评价（$K$） | 内部条件可持续性评价（$K_1$） | 管理体系完整性（$K_{11}$） | 定性 |
| | | | 人员编制符合率（$K_{12}$） | 定性 |
| | | | 设施配置完备性（$K_{13}$） | 定性 |
| | | | 技术设备先进性（$K_{14}$） | 定性 |
| | | | 行车事故率控制水平（$K_{15}$） | 定性 |
| | | | 区间平均车速达标程度（$K_{16}$） | 定性 |
| | | | 平均收费时间影响（$K_{17}$） | 定性 |
| | | | 对外投资影响（$K_{18}$） | 定性 |
| | | 外部条件可持续性评价（$K_2$） | 交通量增长稳定性（$K_{21}$） | 定性 |
| | | | 信托资金稳定性（$K_{22}$） | 定性 |
| | | | 特许权期限合理性（$K_{23}$） | 定性 |
| | | | 收费标准合理性（$K_{24}$） | 定性 |
| | | | 政府税收优惠政策影响（$K_{25}$） | 定性 |
| | | | 同类项目竞争影响（$K_{26}$） | 定性 |
| | | | 气候环境影响（$K_{27}$） | 定性 |
| | | | 地质环境影响（$K_{28}$） | 定性 |

初选的指标体系是以西部地区TOT高等级公路效益后评价（$X$）为总目标，以企业效益后评价（$Q$）、社会经济效益后评价（$S$）、效益可持续性后评价（$K$）3个指标为一级指标，以直接效益评价（$Q_1$）、间接效益评价（$Q_2$）、经济效益评价（$S_1$）、社会效益评价（$S_2$）、内部条件可持续性评价（$K_1$）、外部条件可持续性评价（$K_2$）6个指标为二级指标，涵盖了财务净现值率（$Q_{11}$）、财务内部收益率（$Q_{12}$）、动态投资回收期（$Q_{13}$）等45个三级指标的初始指标体系。

## 5.2.2 构建西部地区TOT高等级公路效益后评价指标体系

### 1. 西部地区TOT高等级公路效益后评价初始指标的筛选与优化

（1）设计并发放指标重要性调查问卷

根据初选的西部地区TOT高等级公路效益后评价初始指标体系表，按照指标层次设计问卷，调查问卷的内容及形式见附录2（西部地区TOT高等级公路效益后评价指标重要性调查问卷），采用李克特量表对效益后评价的评价指标重要性进行调查。西部地区TOT高等级公路项目涉及多个专业和单位，为了避免因专家组成单一而造成调查的主观性与片面性，问卷调查的范围设定为参与西部地区TOT高等级公路项目的建设单位、运营单位、咨询单位、学校及科研机构等相关部门和机构的专家，共发放和收集问卷112份。在回收的问卷中，有12份未答率超过10%，为无效问卷，问卷有效率为89.3%。在100份有效问卷中，专家学历、工作单位、工作年限分布如图5.2～图5.4所示。

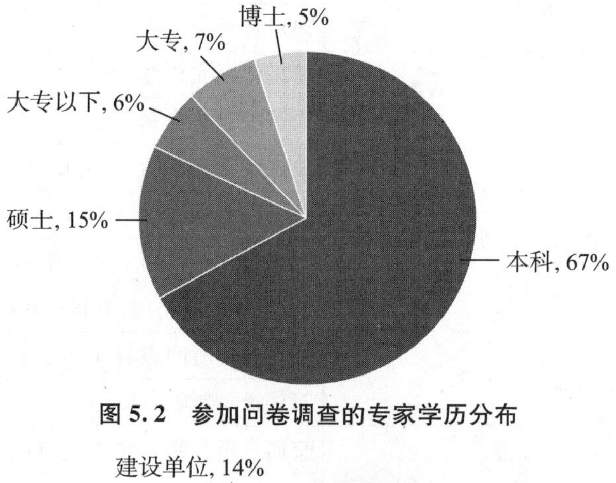


**图5.2 参加问卷调查的专家学历分布**

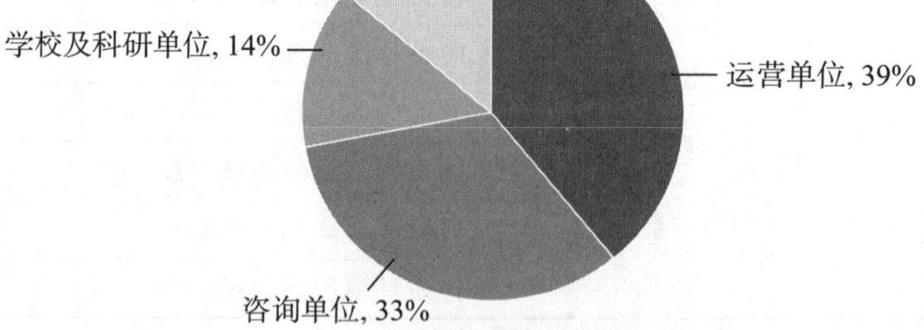


**图5.3 参加问卷调查的专家工作单位分布**

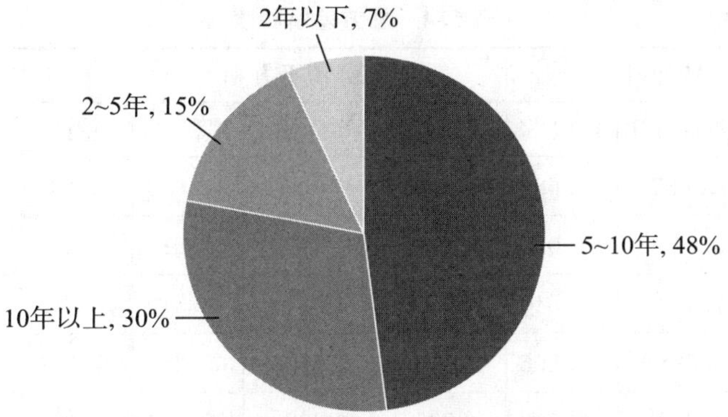


**图 5.4　参加问卷调查的专家工作年限分布**

(2) 调查问卷的信度、效度检验

在收集调查问卷的基础上，运用 SPSS 23.0 分析调查问卷的信度、效度，满足信度、效度检验。对调查问卷的信度、效度检验结果如表 5.2、表 5.3 所示。

**表 5.2　调查问卷的信度检验**

| 可靠性统计 | | |
|---|---|---|
| 克隆巴赫系数 | 基于标准化项的克隆巴赫系数 | 项数 |
| 0.962 | 0.965 | 45 |

由表 5.2 可知，问卷量表的克隆巴赫系数为 0.962，基于标准化项的克隆巴赫系数为 0.965，说明问卷调查结果具有很好的内部一致性，可以进行因子分析。

**表 5.3　调查问卷的效度检验**

| KMO 和巴特利特检验 | | |
|---|---|---|
| KMO 取样适切性量数 | 0.763 | |
| 巴特利特球形度检验 | 近似卡方 | 6687.886 |
| | 自由度 | 990 |
| | 显著性 | 0.000 |

从表 5.3 可知，问卷调查结果的 KMO 值为 0.763，巴特利特球形检验的显著性概率为 0.000，问卷通过效度检验。

(3) 初选效益后评价指标的筛选优化

在问卷信度、效度检验的基础上，对问卷调查结果进行因子分析，按照特征根大于 1 为标准提取了 8 个公因子，累计方差解释度为 79.455%，可以接受。公因子提取后总方差解释表如表 5.4 所示。

**表5.4　总方差解释表**

| 成分 | 初始特征值 | | | 提取载荷平方和 | | | 旋转载荷平方和 | | |
|---|---|---|---|---|---|---|---|---|---|
| | 总计 | 方差百分比 | 累积 % | 总计 | 方差百分比 | 累积 % | 总计 | 方差百分比 | 累积 % |
| 1 | 18.757 | 41.682 | 41.682 | 18.757 | 41.682 | 41.682 | 7.070 | 15.711 | 15.711 |
| 2 | 4.204 | 9.342 | 51.023 | 4.204 | 9.342 | 51.023 | 6.412 | 14.249 | 29.961 |
| 3 | 3.369 | 7.487 | 58.510 | 3.369 | 7.487 | 58.510 | 5.652 | 12.560 | 42.521 |
| 4 | 3.013 | 6.696 | 65.206 | 3.013 | 6.696 | 65.206 | 5.345 | 11.877 | 54.398 |
| 5 | 2.206 | 4.902 | 70.109 | 2.206 | 4.902 | 70.109 | 4.805 | 10.677 | 65.075 |
| 6 | 1.849 | 4.109 | 74.218 | 1.849 | 4.109 | 74.218 | 3.537 | 7.859 | 72.934 |
| 7 | 1.278 | 2.839 | 77.057 | 1.278 | 2.839 | 77.057 | 1.742 | 3.872 | 76.806 |
| 8 | 1.079 | 2.398 | 79.455 | 1.079 | 2.398 | 79.455 | 1.192 | 2.649 | 79.455 |

按照提取的公因子，对调查结果进行旋转，旋转后各指标在8个公因子上的分布如表5.5所示。

**表5.5　旋转成分表**

| 初选的三级指标 | 成分 | | | | | | | |
|---|---|---|---|---|---|---|---|---|
| | 1 | 2 | 3 | 4 | 5 | 6 | 7 | 8 |
| 财务净现值率（$Q_{11}$） | 0.136 | 0.138 | 0.208 | 0.058 | 0.870 | 0.109 | 0.078 | 0.042 |
| 财务内部收益率（$Q_{12}$） | 0.068 | 0.038 | 0.084 | 0.125 | 0.569 | 0.092 | 0.741 | 0.027 |
| 动态投资回收期（$Q_{13}$） | 0.071 | 0.072 | −0.008 | 0.131 | 0.893 | 0.141 | 0.065 | −0.040 |
| 财务投资收益率（$Q_{14}$） | 0.392 | 0.365 | 0.248 | 0.378 | 0.224 | 0.017 | −0.039 | 0.108 |
| 资产负债率（$Q_{15}$） | 0.408 | 0.062 | 0.161 | 0.308 | 0.300 | −0.002 | 0.235 | 0.422 |
| 利息备付率（$Q_{16}$） | 0.017 | 0.019 | 0.005 | 0.036 | 0.878 | 0.130 | 0.085 | −0.111 |
| 流动比率（$Q_{17}$） | 0.087 | 0.117 | 0.195 | −0.019 | 0.881 | 0.070 | 0.075 | 0.008 |
| 偿债备付率（$Q_{18}$） | 0.023 | −0.011 | 0.066 | 0.077 | 0.576 | 0.026 | 0.754 | −0.038 |
| 投资结构优化效果（$Q_{21}$） | 0.336 | 0.244 | 0.269 | 0.274 | 0.166 | 0.709 | 0.076 | 0.151 |
| 管理体制优化效果（$Q_{22}$） | 0.363 | 0.255 | 0.282 | 0.255 | 0.179 | 0.688 | 0.118 | 0.153 |
| 技术能力提升效果（$Q_{23}$） | 0.200 | 0.312 | 0.217 | 0.258 | 0.266 | 0.638 | 0.105 | 0.040 |
| 人才培养促进效果（$Q_{24}$） | 0.318 | 0.234 | 0.273 | 0.196 | 0.145 | 0.714 | 0.108 | 0.308 |
| 企业知名度提升效果（$Q_{25}$） | −0.109 | −0.032 | 0.003 | −0.131 | −0.143 | 0.183 | −0.080 | 0.748 |
| 产业结构优化效果（$S_{11}$） | 0.103 | 0.257 | 0.734 | 0.372 | 0.240 | 0.104 | −0.033 | 0.068 |
| 劳动力就业提高程度（$S_{12}$） | 0.148 | 0.115 | 0.768 | 0.270 | 0.131 | 0.223 | 0.069 | 0.060 |
| 旅游资源开发效果（$S_{13}$） | 0.336 | 0.135 | 0.791 | 0.177 | 0.052 | 0.078 | 0.066 | −0.037 |

续表5.5

| 初选的三级指标 | 成分 | | | | | | | |
|---|---|---|---|---|---|---|---|---|
| | 1 | 2 | 3 | 4 | 5 | 6 | 7 | 8 |
| 矿产资源开发效果（$S_{14}$） | 0.233 | 0.222 | 0.850 | 0.205 | 0.063 | 0.118 | 0.037 | 0.046 |
| 对外贸易增加效果（$S_{15}$） | 0.113 | 0.139 | 0.764 | 0.281 | 0.243 | 0.261 | −0.019 | 0.088 |
| 投资环境改善效果（$S_{16}$） | 0.183 | 0.205 | 0.849 | 0.186 | −0.039 | 0.057 | 0.181 | −0.062 |
| 推进城镇化效果（$S_{17}$） | 0.396 | 0.319 | 0.443 | 0.192 | 0.292 | 0.326 | −0.027 | −0.102 |
| 人们生活水平提高程度（$S_{18}$） | 0.287 | −0.064 | 0.366 | −0.115 | −0.149 | 0.307 | 0.483 | −0.096 |
| 区域交通变化情况（$S_{21}$） | 0.164 | 0.883 | 0.189 | 0.176 | 0.031 | 0.106 | 0.075 | −0.019 |
| 精准扶贫效果（$S_{22}$） | 0.229 | 0.819 | 0.043 | 0.162 | 0.124 | 0.221 | −0.012 | 0.047 |
| 人们思想观念改变程度（$S_{23}$） | 0.396 | 0.470 | 0.366 | 0.003 | 0.153 | 0.161 | 0.024 | −0.018 |
| 文化、卫生、体育发展变化情况（$S_{24}$） | 0.398 | 0.386 | 0.146 | 0.315 | 0.051 | 0.388 | −0.101 | 0.030 |
| 防灾减灾效果（$S_{25}$） | 0.166 | 0.883 | 0.203 | 0.197 | 0.066 | 0.095 | −0.043 | −0.019 |
| 政治稳定效果（$S_{26}$） | 0.158 | 0.887 | 0.146 | 0.217 | 0.040 | 0.136 | 0.058 | −0.018 |
| 对大气环境的影响（$S_{27}$） | 0.179 | 0.890 | 0.141 | 0.184 | 0.014 | 0.171 | 0.027 | 0.006 |
| 对声环境的影响（$S_{28}$） | 0.150 | 0.889 | 0.167 | 0.219 | 0.136 | 0.046 | −0.056 | −0.001 |
| 管理体系完整性（$K_{11}$） | 0.221 | 0.107 | 0.113 | 0.863 | 0.076 | 0.284 | 0.035 | −0.018 |
| 人员编制符合率（$K_{12}$） | 0.094 | 0.174 | 0.348 | 0.730 | −0.077 | 0.123 | 0.215 | −0.086 |
| 设施配置完备性（$K_{13}$） | 0.151 | 0.304 | 0.376 | 0.723 | 0.093 | −0.099 | −0.129 | −0.029 |
| 技术设备先进性（$K_{14}$） | 0.156 | 0.217 | 0.138 | 0.751 | 0.042 | 0.261 | 0.073 | 0.048 |
| 行车事故率控制水平（$K_{15}$） | 0.214 | 0.245 | 0.297 | 0.748 | 0.116 | 0.007 | −0.086 | −0.002 |
| 区间平均车速达标程度（$K_{16}$） | 0.063 | 0.283 | 0.241 | 0.809 | 0.039 | 0.191 | 0.016 | −0.031 |
| 平均收费时间影响（$K_{17}$） | 0.429 | 0.310 | 0.054 | 0.190 | 0.180 | 0.526 | −0.031 | −0.271 |
| 对外投资影响（$K_{18}$） | 0.395 | 0.123 | 0.035 | 0.414 | 0.220 | 0.239 | 0.105 | −0.171 |
| 交通量增长稳定性（$K_{21}$） | 0.860 | 0.179 | 0.119 | 0.172 | 0.108 | 0.304 | −0.053 | 0.004 |
| 信托资金稳定性（$K_{22}$） | 0.497 | 0.142 | 0.372 | 0.114 | 0.408 | −0.226 | −0.001 | 0.169 |
| 特许权期限合理性（$K_{23}$） | 0.856 | 0.192 | 0.125 | 0.171 | 0.136 | 0.283 | −0.058 | 0.027 |
| 收费标准合理性（$K_{24}$） | 0.777 | 0.174 | 0.205 | 0.146 | −0.075 | 0.001 | 0.159 | −0.101 |
| 政府税收优惠政策影响（$K_{25}$） | 0.875 | 0.175 | 0.152 | 0.150 | 0.077 | 0.303 | −0.028 | −0.009 |
| 同类项目竞争影响（$K_{26}$） | 0.862 | 0.229 | 0.211 | 0.084 | 0.057 | 0.162 | 0.017 | 0.005 |
| 气候环境影响（$K_{27}$） | 0.856 | 0.160 | 0.212 | 0.076 | −0.028 | 0.108 | 0.145 | −0.065 |
| 地质环境影响（$K_{28}$） | 0.519 | 0.110 | 0.124 | 0.336 | 0.301 | −0.035 | 0.225 | 0.275 |

删除表5.5中在8个公因子上都不显著，即在8个公因子上旋转载荷都小于0.5的10个指标：财务投资收益率（$Q_{14}$），资产负债率（$Q_{15}$），推进城镇化效果（$S_{17}$），人们生活水平提高程度（$S_{18}$），人们思想观念改变程度（$S_{23}$），文化、卫生、体育发展变化情况（$S_{24}$），平均收费时间影响（$K_{17}$），对外投资影响（$K_{18}$），信托资金稳定性（$K_{22}$），地质环境影响（$K_{28}$），将剩下的35个指标重新按照特征根大于1为标准提取了7个公因子，累计方差解释度为84.826%。公因子提取即删除10个指标后总方差解释表如表5.6所示。

**表5.6　指标删除后总方差解释表**

| 成分 | 初始特征值 | | | 提取载荷平方和 | | | 旋转载荷平方和 | | |
|---|---|---|---|---|---|---|---|---|---|
| | 总计 | 方差百分比 | 累积 % | 总计 | 方差百分比 | 累积 % | 总计 | 方差百分比 | 累积 % |
| 1 | 14.991 | 42.833 | 42.833 | 14.991 | 42.833 | 42.833 | 5.761 | 16.459 | 16.459 |
| 2 | 4.018 | 11.481 | 54.313 | 4.018 | 11.481 | 54.313 | 5.689 | 16.254 | 32.713 |
| 3 | 3.154 | 9.010 | 63.324 | 3.154 | 9.010 | 63.324 | 5.055 | 14.444 | 47.157 |
| 4 | 2.862 | 8.178 | 71.501 | 2.862 | 8.178 | 71.501 | 4.828 | 13.794 | 60.951 |
| 5 | 1.928 | 5.510 | 77.011 | 1.928 | 5.510 | 77.011 | 4.191 | 11.975 | 72.926 |
| 6 | 1.638 | 4.679 | 81.689 | 1.638 | 4.679 | 81.689 | 2.482 | 7.091 | 80.017 |
| 7 | 1.098 | 3.136 | 84.826 | 1.098 | 3.136 | 84.826 | 1.683 | 4.809 | 84.826 |

根据提取的7个公因子，指标删除后的旋转成分表如表5.7所示。

**表5.7　指标删除后旋转成分表**

| 筛选优化后的三级指标 | 成　分 | | | | | | |
|---|---|---|---|---|---|---|---|
| | 1 | 2 | 3 | 4 | 5 | 6 | 7 |
| 财务净现值率（$Q_{11}$） | 0.121 | 0.136 | 0.213 | 0.053 | 0.850 | 0.090 | 0.165 |
| 财务内部收益率（$Q_{12}$） | 0.079 | 0.027 | 0.112 | 0.098 | 0.514 | 0.083 | 0.795 |
| 动态投资回收期（$Q_{13}$） | 0.077 | 0.075 | 0.000 | 0.146 | 0.909 | 0.045 | 0.108 |
| 利息备付率（$Q_{16}$） | 0.029 | 0.029 | 0.013 | 0.050 | 0.909 | 0.006 | 0.098 |
| 流动比率（$Q_{17}$） | 0.067 | 0.115 | 0.195 | −0.019 | 0.870 | 0.044 | 0.145 |
| 偿债备付率（$Q_{18}$） | 0.031 | −0.022 | 0.089 | 0.053 | 0.522 | −0.001 | 0.804 |
| 投资结构优化效果（$Q_{21}$） | 0.401 | 0.257 | 0.245 | 0.321 | 0.184 | 0.679 | 0.109 |
| 管理体制优化效果（$Q_{22}$） | 0.426 | 0.267 | 0.265 | 0.292 | 0.194 | 0.664 | 0.148 |
| 技术能力提升效果（$Q_{23}$） | 0.267 | 0.318 | 0.200 | 0.302 | 0.259 | 0.561 | 0.209 |
| 人才培养促进效果（$Q_{24}$） | 0.374 | 0.240 | 0.259 | 0.227 | 0.162 | 0.762 | 0.116 |
| 企业知名度提升效果（$Q_{25}$） | −0.145 | −0.061 | 0.018 | −0.155 | −0.141 | 0.515 | −0.151 |
| 产业结构优化效果（$S_{11}$） | 0.099 | 0.254 | 0.757 | 0.348 | 0.239 | 0.112 | −0.025 |

续表5.7

| 筛选优化后的三级指标 | 成分 | | | | | | |
|---|---|---|---|---|---|---|---|
| | 1 | 2 | 3 | 4 | 5 | 6 | 7 |
| 劳动力就业提高程度（$S_{12}$） | 0.165 | 0.111 | 0.776 | 0.270 | 0.157 | 0.199 | 0.019 |
| 旅游资源开发效果（$S_{13}$） | 0.335 | 0.128 | 0.797 | 0.175 | 0.042 | 0.033 | 0.074 |
| 矿产资源开发效果（$S_{14}$） | 0.238 | 0.220 | 0.862 | 0.190 | 0.050 | 0.127 | 0.048 |
| 对外贸易增加效果（$S_{15}$） | 0.134 | 0.138 | 0.774 | 0.273 | 0.263 | 0.252 | −0.028 |
| 投资环境改善效果（$S_{16}$） | 0.190 | 0.199 | 0.858 | 0.181 | −0.043 | 0.014 | 0.154 |
| 区域交通变化情况（$S_{21}$） | 0.175 | 0.892 | 0.215 | 0.152 | 0.022 | 0.068 | 0.095 |
| 精准扶贫效果（$S_{22}$） | 0.243 | 0.824 | 0.042 | 0.183 | 0.149 | 0.179 | −0.035 |
| 防灾减灾效果（$S_{25}$） | 0.169 | 0.879 | 0.202 | 0.213 | 0.080 | 0.046 | −0.047 |
| 政治稳定效果（$S_{26}$） | 0.166 | 0.888 | 0.161 | 0.218 | 0.038 | 0.085 | 0.075 |
| 对大气环境的影响（$S_{27}$） | 0.197 | 0.898 | 0.156 | 0.180 | 0.027 | 0.125 | 0.014 |
| 对声环境的影响（$S_{28}$） | 0.168 | 0.897 | 0.182 | 0.215 | 0.149 | 0.000 | −0.043 |
| 管理体系完整性（$K_{11}$） | 0.240 | 0.116 | 0.120 | 0.882 | 0.106 | 0.177 | 0.032 |
| 人员编制符合率（$K_{12}$） | 0.101 | 0.170 | 0.367 | 0.725 | −0.088 | 0.032 | 0.241 |
| 设施配置完备性（$K_{13}$） | 0.124 | 0.299 | 0.378 | 0.721 | 0.078 | −0.123 | −0.084 |
| 技术设备先进性（$K_{14}$） | 0.179 | 0.221 | 0.128 | 0.781 | 0.058 | 0.199 | 0.080 |
| 行车事故率控制水平（$K_{15}$） | 0.192 | 0.233 | 0.281 | 0.780 | 0.116 | −0.027 | −0.057 |
| 区间平均车速达标程度（$K_{16}$） | 0.080 | 0.286 | 0.260 | 0.810 | 0.058 | 0.099 | 0.026 |
| 交通量增长稳定性（$K_{21}$） | 0.886 | 0.182 | 0.122 | 0.196 | 0.154 | 0.182 | −0.077 |
| 特许权期限合理性（$K_{23}$） | 0.876 | 0.195 | 0.135 | 0.184 | 0.175 | 0.176 | −0.076 |
| 收费标准合理性（$K_{24}$） | 0.788 | 0.163 | 0.210 | 0.146 | −0.101 | −0.081 | 0.226 |
| 政府税收优惠政策影响（$K_{25}$） | 0.902 | 0.178 | 0.154 | 0.174 | 0.116 | 0.181 | −0.044 |
| 同类项目竞争影响（$K_{26}$） | 0.874 | 0.228 | 0.222 | 0.094 | 0.089 | 0.074 | −0.025 |
| 气候环境影响（$K_{27}$） | 0.882 | 0.154 | 0.222 | 0.080 | −0.028 | 0.011 | 0.168 |

对指标删除后的问卷再次进行信度、效度检验，检验结果如表 5.8、表 5.9 所示。

**表 5.8　指标删除后信度检验**

| 克隆巴赫系数 | 基于标准化项的克隆巴赫系数 | 项数 |
|---|---|---|
| 0.951 | 0.956 | 35 |

由表 5.8 可知，问卷量表的克隆巴赫系数为 0.951，基于标准化项的克隆巴赫系数为 0.956，说明问卷调查结果具有很好的内部一致性，可以进行因子分析。

**表 5.9　指标删除后效度检验**

| | | |
|---|---|---|
| KMO 取样适切性量数 | 0.750 | |
| 巴特利特球形度检验 | 近似卡方 | 5895.013 |
| | 自由度 | 595 |
| | 显著性 | 0.000 |

由表 5.9 可知，问卷调查结果的 KMO 值为 0.750，巴特利特球形检验的显著性概率为 0.000，问卷通过效度检验。

### 2. 构建西部地区 TOT 高等级公路效益后评价指标体系

根据指标筛选结果，即删除财务投资收益率（$Q_{14}$），资产负债率（$Q_{15}$），推进城镇化效果（$S_{17}$），人们生活水平提高程度（$S_{18}$），人们思想观念改变程度（$S_{23}$），文化、卫生、体育发展变化情况（$S_{24}$），平均收费时间影响（$K_{17}$），对外投资影响（$K_{18}$），信托资金稳定性（$K_{22}$），地质环境影响（$K_{28}$）10 个初选三级指标后，可建立西部地区 TOT 高等级公路效益后评价指标体系，如表 5.10 所示。

**表 5.10　西部地区 TOT 高等级公路效益后评价指标体系**

| 总目标 | 一级指标 | 二级指标 | 三级指标 |
|---|---|---|---|
| 西部地区 TOT 高等级公路效益后评价（$X$） | 企业效益后评价（$Q$） | 直接效益评价（$Q_1$） | 财务净现值率（$Q_{11}$），财务内部收益率（$Q_{12}$），动态投资回收期（$Q_{13}$），利息备付率（$Q_{16}$），流动比率（$Q_{17}$），偿债备付率（$Q_{18}$） |
| | | 间接效益评价（$Q_2$） | 投资结构优化效果（$Q_{21}$），管理体制优化效果（$Q_{22}$），技术能力提升效果（$Q_{23}$），人才培养促进效果（$Q_{24}$），企业知名度提升效果（$Q_{25}$） |
| | 社会经济效益后评价（$S$） | 经济效益评价（$S_1$） | 产业结构优化效果（$S_{11}$），劳动力就业提高程度（$S_{12}$），旅游资源开发效果（$S_{13}$），矿产资源开发效果（$S_{14}$），对外贸易增加效果（$S_{15}$），投资环境改善效果（$S_{16}$） |
| | | 社会效益评价（$S_2$） | 区域交通变化情况（$S_{21}$），精准扶贫效果（$S_{22}$），防灾减灾效果（$S_{25}$），政治稳定效果（$S_{26}$），对大气环境的影响（$S_{27}$），对声环境的影响（$S_{28}$） |
| | 效益可持续性后评价（$K$） | 内部条件可持续性评价（$K_1$） | 管理体系完整性（$K_{11}$），人员编制符合率（$K_{12}$），设施配置完备性（$K_{13}$），技术设备先进性（$K_{14}$），行车事故率控制水平（$K_{15}$），区间平均车速达标程度（$K_{16}$） |
| | | 外部条件可持续性评价（$K_2$） | 交通量增长稳定性（$K_{21}$），特许权期限合理性（$K_{23}$），收费标准合理性（$K_{24}$），政府税收优惠政策影响（$K_{25}$），同类项目竞争影响（$K_{26}$），气候环境影响（$K_{27}$） |

由表 5.10 可以看出，最终构建的指标体系是以西部地区 TOT 高等级公路效益后评价（$X$）为总目标，以企业效益后评价（$Q$）、社会经济效益后评价（$S$）、效益可持续性后评价（$K$）3 个指标为一级指标，以直接效益评价（$Q_1$）、间接效益评价（$Q_2$）、经济效益评价（$S_1$）、社会效益评价（$S_2$）、内部条件可持续性评价（$K_1$）、外部条件可持续性评价（$K_2$）6 个指标为二级指标，涵盖了财务净现值率（$Q_{11}$）、财务内部收益率（$Q_{12}$）、动态投资回收期（$Q_{13}$）等 35 个三级指标的指标体系。与初始指标体系相比，二者的总目标、一级指标、二级指标均相同，只是三级指标从 45 个减少到 35 个，指标的针对性更强。

### 5.2.3　西部地区 TOT 高等级公路效益后评价指标释义

1. 企业效益后评价指标（$Q$）

（1）直接效益评价指标（$Q_1$）

1）财务净现值率（$Q_{11}$）。财务净现值率是指西部地区 TOT 高等级公路项目特许经营权期限内每年发生的现金流量按照基准折现率折现后，在建设期初的现值之和与初期投资的比率。计算公式为

$$FNPVR = \frac{FNCF_0 + \sum_{t=1}^{n} FNCF_t (1 + i_c)^{-1}}{FNCF_0} \tag{5.1}$$

式中，$FNPVR$——西部地区 TOT 高等级公路项目的财务净现值率；

$FNCF_t$——西部地区 TOT 高等级公路项目运营第 $t$ 年末产生的净现金流量；

$FNCF_0$——接手 TOT 项目的总投资现值；

$n$——西部地区 TOT 高等级公路项目的特许经营年限；

$i_c$——折现率。

2）财务内部收益率（$Q_{12}$）。财务内部收益率是指西部地区 TOT 高等级公路项目的现金流入和现金流出净现值相等时的折现率。计算公式为

$$\sum_{t=0}^{n} FNCF_t (1 + FIRR)^{-t} = 0 \tag{5.2}$$

式中，$FIRR$——西部地区 TOT 高等级公路项目的内部收益率；

$FNCF_t$——西部地区 TOT 高等级公路项目运营第 $t$ 年末产生的净现金流量；

$n$——西部地区 TOT 高等级公路项目的特许经营年限。

3）动态投资回收期（$Q_{13}$）。动态投资回收期是指西部地区 TOT 高等级公路累计现金流入与现金流出净现值相等时的时间。计算公式为

$$APPI = t - 1 + \frac{FNCF_{t-1}}{FNCF_t} \tag{5.3}$$

式中，$APPI$——西部地区 TOT 高等级公路动态投资回收期；

$t$——西部地区 TOT 高等级公路累计净现金流量首次大于零时的年数

$FNCF_{t-1}$——西部地区 TOT 高等级公路项目运营第 $t-1$ 年的净现金流量；

$FNCF_t$——西部地区 TOT 高等级公路项目运营第 $t$ 年末产生的净现金流量。

4）利息备付率（$Q_{16}$）。利息备付率是指西部地区 TOT 高等级公路在借款偿还期内，可用于支付利息的年息税前利润与当年应付利息费用的比率。计算公式为

$$ICR = \frac{EBIT}{PI} \tag{5.4}$$

式中，$ICR$——西部地区 TOT 高等级公路项目的财务利息备付率；

$EBIT$——西部地区 TOT 高等级公路项目的利润总额与当年应付利息之和；

$PI$——西部地区 TOT 高等级公路项目运营当年应付的利息总额。

5）流动比率（$Q_{17}$）。流动比率是指西部地区 TOT 高等级公路流动资产与流动负债之比。计算公式为

$$CR_t = \frac{LA_t}{CL_t} \times 100\% \tag{5.5}$$

式中，$CR_t$——西部地区 TOT 高等级公路项目运营第 $t$ 年的流动比率；

$LA_t$——西部地区 TOT 高等级公路项目运营第 $t$ 年的流动资产；

$CL_t$——西部地区 TOT 高等级公路项目运营第 $t$ 年的流动负债。

6）偿债备付率（$Q_{18}$）。偿债备付率是指西部地区 TOT 高等级公路项目在借款偿还期内，用于计算还本付息的资金与应还本付息金额的比值。计算公式为

$$DSCR = \frac{EBITDA - T_{AX}}{PD} \tag{5.6}$$

式中，$DSCR$——西部地区 TOT 高等级公路项目的财务偿债备付率；

$EBITDA$——西部地区 TOT 高等级公路项目利润总额与当年应付利息之和；

$T_{AX}$——西部地区 TOT 高等级公路当年缴纳的所得税；

$PD$——西部地区 TOT 高等级公路当年应该还本付息的总金额。

（2）间接效益评价指标（$Q_2$）

1）投资结构优化效果（$Q_{21}$）。考察西部地区 TOT 高等级公路对特许经营企业投资结构的优化效果。特许经营期限内，企业通过运营西部地区 TOT 高等级公路，获得车辆通行费等收入，为特许经营企业提供了稳定的现金流量，优化了企业的投资效果。

2）管理体制优化效果（$Q_{22}$）。考察西部地区 TOT 高等级公路对特许经营企业管理体制的优化效果。特许经营期限内，企业往往通过引进先进管理经验，推动自身管理体制的优化，从而获得更大的收益。

3）技术能力提升效果（$Q_{23}$）。考察西部地区 TOT 高等级公路对特许经营企业技术能力的提升效果。特许经营企业在高等级公路项目的运营管理过程中，可以通过引进先进技术、设备等方式，提高项目的通行效率，吸引消费者，同时也促进了企业自身技术能力的提升。

4）人才培养促进效果（$Q_{24}$）。考察西部地区 TOT 高等级公路对特许经营企业人才培养的促进效果。西部地区 TOT 高等级公路的运营管理为特许经营企业提供了大量的岗位，为企业的人才培养提供了良好的实践环境。

5）企业知名度提升效果（$Q_{25}$）。评价运营西部地区 TOT 高等级公路对特许经营企业社会知名度的提升效果。西部地区 TOT 高等级公路的运营加强了特许经营企业与政府之间的交流合作，提高了企业的社会知名度。

## 2. 社会经济效益后评价指标（$S$）

（1）经济效益评价指标（$S_1$）

1）产业结构优化效果（$S_{11}$）。考察西部地区 TOT 高等级公路对区域产业结构优化的促进效果。西部地区 TOT 高等级公路的运营提高了区域内资源的流动速率，根据经济发展规律，会在一定程度上提高区域内第二、三产业的比重，从而推动产业结构的优化。

2）劳动力就业提高程度（$S_{12}$）。考察西部地区 TOT 高等级公路对区域劳动力就业的促进效果。西部地区 TOT 高等级公路项目的运营给社会提供了一部分就业岗位，同时交通条件的改善刺激了区域内的产业活动，为区域内劳动力就业提供了大量岗位，有助于当地就业率的提高。

3）旅游资源开发效果（$S_{13}$）。评价西部地区 TOT 高等级公路项目运营对区域旅游资源开发利用的促进效果。西部地区具有丰富的旅游资源，过去因为闭塞的交通环境，旅游资源没有得到有效开发；TOT 高等级公路项目运营后，便利的通行条件为沿线地区旅游业带来了大量的客流量，促进了地区旅游资源的开发。

4）矿产资源开发效果（$S_{14}$）。评价西部地区 TOT 高等级公路项目运营对矿产资源开发利用的促进效果。西部地区矿产资源丰富，具有很高的开发价值；TOT 高等级公路项目的运营改善了区域的交通条件，降低了矿产资源的开采和运输成本，促进了矿产资源的开发利用。

5）对外贸易增加效果（$S_{15}$）。考察西部地区 TOT 高等级公路项目特许经营期内，项目运营对外贸易增长的促进程度。西部地区 TOT 高等级公路项目运营后，使得区域之间的运输里程减少、运输时间节约、运输成本降低，从而促进了区域的对外贸易。

6）投资环境改善效果（$S_{16}$）。考察西部地区 TOT 高等级公路项目运营期内，对区域投资环境的改善效果。西部地区 TOT 高等级公路项目运营后，改善了区域交通环境，带动了区域内产业发展，提高了资本的运转效率，改善了区域的投资环境。

（2）社会效益评价指标（$S_2$）

1）区域交通变化情况（$S_{21}$）。考察西部地区 TOT 高等级公路项目运营期内区域交通改善效果。西部地区 TOT 高等级公路项目运营后，由于项目特点，往往采用封闭通行的运营方式，使得车辆的通行速度与安全性均得到了大幅提升，从而改善了区域的交通环境。

2）精准扶贫效果（$S_{22}$）。评价西部地区 TOT 高等级公路项目运营期内对精准扶贫的促进效果。西部地区 TOT 高等级公路项目的运营促进了区域与外界的交流发展，带动了当地产业发展，对于当地实现精准扶贫具有重要意义。

3）防灾减灾效果（$S_{25}$）。评价西部地区 TOT 高等级公路项目的运营对地区防灾减灾能力的提高作用。西部地区 TOT 高等级公路的运营能够保障自然灾害发生后，救灾过程中的物资、人员运输通畅，从而提高区域防灾减灾能力。

4）政治稳定效果（$S_{26}$）。评价西部地区 TOT 高等级公路项目的运营对政治稳定的增强效果。西部地区 TOT 高等级公路项目的运营加强了区域与外界的联系程度，促进了区域间的经济、文化交流，对维持政治稳定、促进民族融合具有重要意义。

5）对大气环境的影响（$S_{27}$）。评价西部地区 TOT 项目运营过程中对人气环境的影响。西部地区 TOT 高等级公路运营过程中，各类车辆通行所产生的包含大量有害物质的废气将会对沿线地区的大气环境造成污染。

6）对声环境的影响（$S_{28}$）。评价西部地区 TOT 项目运营过程中对声环境的影响。各类车辆在行驶过程中，车辆自身的驱动系统如发动机、变速箱、轮轴及其与路面摩擦所产生的交通噪声，均会对声环境造成破坏。

### 3. 效益可持续性后评价指标（$K$）

（1）内部条件可持续性评价指标（$K_1$）

1）管理体系完整性（$K_{11}$）。考察项目管理体系是否完整。西部地区 TOT 高等级公路运营过程中，需要对过往车辆收取通行费并获取利润、对公路设施进行养护管理等，完整的管理体系能够有效提高相关管理效率。

2）人员编制符合率（$K_{12}$）。考察项目运营阶段配置的相关人员能否满足项目运营管理的需求。西部地区高等级公路项目运营过程中，需要维修、养护、管理等人员配合，对项目实施日常的维护与管理。

3）设施配置完备性（$K_{13}$）。考察项目相关设施配置的完备情况。西部地区 TOT 高等级公路项目运营过程中，为了满足客户需求，保障道路通行质量，需要配备相应的监测、防护等设备，同时还应配置服务区、加油站等设施。

4）技术设备先进性（$K_{14}$）。考察项目采用的技术和应用设备的先进性。西部地区 TOT 高等级公路运营过程中，投资方可以通过引进先进的技术、设备等方式提高道路通行质量，吸引交通量，提高通行率。

5）行车事故率控制水平（$K_{15}$）。考察项目行车事故的发生情况及事故率的控制水平。西部地区 TOT 高等级公路运营过程中，不仅要保障车辆的通行速度，而且要通过监测、修缮路面等手段降低行车事故率，保障行车安全。

6）区间平均车速达标程度（$K_{16}$）。考场项目各类车辆的平均车速达标程度。西部地区 TOT 高等级公路运营过程中，可以通过提高道路养护质量和事故处理速度等方式保障区间平均车速。

（2）外部条件可持续性评价指标（$K_2$）

1）交通量增长稳定性（$K_{21}$）。考察西部地区 TOT 高等级公路运营期间交通量增长的稳定性。区域经济社会发展稳定，会提高区域人民生活质量，增加人们的交通需求，给项目带来稳定的交通量增长。

2）特许权期限合理性（$K_{23}$）。考察西部地区 TOT 高等级公路项目特许经营权期限设置是否合理。西部地区 TOT 高等级公路项目特许经营期的起止时间以及持续时间都关系到项目投资方能否从通行费收入中获得预期的财务收益。

3）收费标准合理性（$K_{24}$）。考察西部地区 TOT 高等级公路项目特许经营期内的收费标准设置是否合理。收费标准应该与区域社会经济发展相适应，以保障西部地区 TOT 高等级公路项目稳定的交通量、通行率和车辆通行费收入。

4）政府税收优惠政策影响（$K_{25}$）。考察西部地区 TOT 高等级公路项目运营期内，政府提供的税收优惠政策对项目效益稳定实现的影响。TOT 项目运营期内，政府往往会提供税收等方面的政策优惠，以降低投资方的运营成本，吸引民间资本的加入。

5）同类项目竞争影响（$K_{26}$）。评价西部地区 TOT 高等级公路项目运营期内，投资建设同类项目的竞争影响。西部地区 TOT 高等级公路运营过程中，同类项目的建设及运营往往会分流部分高等级公路项目的交通量，从而影响投资方的收益，因此需要对同类项目的竞争影响进行分析。

6）气候环境影响（$K_{27}$）。考察西部地区的气候环境对 TOT 高等级公路项目效益可持续性的影响。西部地区 TOT 高等级公路项目运营期间，暴风、暴雨、暴雪等恶劣天气条件往往会降低道路通行量，同时增加交通事故的发生率，并导致项目运营管理成本的增加。

## 5.3　西部地区 TOT 高等级公路效益后评价模型的建立

### 5.3.1　定量指标和定性指标的实测值计算

#### 1. 定量指标的实测值计算

西部地区 TOT 高等级公路效益后评价定量指标是指直接效益评价指标，主要是根据项目实际的运行数据，通过灰色预测方法对项目未来的运营收入、运营成本、运营费用等财务基础数据进行预测，形成整个特许经营权期限内的现金流量表，再通过运算得到其实测值。

（1）运营收入测算

高等级公路项目的运营收入主要包括车辆通行费收入、服务区收入和其他综合经营开发收入，对于西部地区 TOT 高等级公路项目，在进行效益后评价时只针对项目的车辆通行费收入进行研究，可通过灰色预测方法，利用现阶段的通行费收入数据，对项目未来的通行费收入进行预测。步骤如下：

1）运用现阶段的通行费收入数据建立原始离散数据 $X^0$：

$$X^0=\{X^0_{(k)}\},\ k=1,\ 2,\ \cdots,\ n \tag{5.7}$$

2）根据原始离散数据建立累加序列：

$$X^1_{(k)}=\sum_{t=1}^{k}X^0_{(k)},\ X^1=\{X^1_{(k)}\},\quad k=1,\ 2,\ \cdots,\ n \tag{5.8}$$

建立的累加序列需满足：

$$\frac{\mathrm{d}X^1_{(k)}}{\mathrm{d}t}+aX^1_{(k)}=u \tag{5.9}$$

其中，发展参数 $a$、协调参数 $u$ 可以通过下式求得：

$$\boldsymbol{A}=\begin{bmatrix}a\\u\end{bmatrix}=(\boldsymbol{B}^{\mathrm{T}}\boldsymbol{B})^{-1}\boldsymbol{B}^{\mathrm{T}} \tag{5.10}$$

$\boldsymbol{B}$，$\boldsymbol{Y}$ 为根据原始数据序列构建的矩阵数列，分别表示如下：

$$\boldsymbol{B}=\begin{bmatrix}-\frac{1}{2}[X_{(1)}^{1}+X_{(2)}^{1}] & 1\\ -\frac{1}{2}[X_{(2)}^{1}+X_{(3)}^{1}] & 1\\ \vdots & \vdots\end{bmatrix} \tag{5.11}$$

$$\boldsymbol{Y}=[X_{(2)}^{0},\ X_{(3)}^{0},\ \cdots,\ X_{(n)}^{0}]^{\mathrm{T}} \tag{5.12}$$

3）将式（5.7）～式（5.12）导入 Excel 软件中，利用软件计算出参数 $a$，$u$，得出预测函数：

$$\hat{X}_{(t+1)}=\left[X_{(1)}^{0}-\frac{u}{a}\right]\mathrm{e}^{-at}+\frac{u}{a},\quad t=0,\ 1,\ 2,\ \cdots,\ n-1 \tag{5.13}$$

4）进行灰色预测精度的检验，若预测精度满足要求，则可以运用灰色预测方法将西部地区 TOT 高等级公路项目在整个特许经营期限内的通行费收入补充完整。

（2）运营成本测算

对效益后评价阶段西部地区 TOT 高等级公路项目在特许经营权期限内的运营成本进行测算时，根据其运营特点，主要考虑对日常养护维修费、大修理费、管理费用和路产折旧费进行测算。

1）日常养护维修费。主要是指为了维持西部地区 TOT 高等级公路项目的正常运营，对项目进行的必要的日常养护及维修管理的费用，主要包括高等级公路路面、路基以及监控设施等的日常养护、修理费用。根据西部地区 TOT 高等级公路的特点，项目未来的日常养护维修成本可以根据现阶段的实际数据，按照每年 3%～5%的幅度进行递增。

2）大修理费。主要是指对西部地区 TOT 高等级公路项目的路面等结构进行大修理的费用。根据西部地区高等级公路的特点，一般为每 8 年进行一次大修，因此，大修理的费用往往按照 8 年受益时间进行摊销并进入项目的运营成本。同时，考虑到随着运营时间的增加，项目路面等结构的破坏程度逐步加剧，效益后评价时，对于未来的大修理费，可以根据现阶段的实际数据每 8 年按照 8%的幅度进行递增。

3）管理费用。主要是指西部地区 TOT 高等级公路项目中为了运营管理项目所产生的员工薪酬以及因工具的使用而产生的费用，可以根据现阶段的实际数据，按每年 3%～5%的幅度进行递增。

4）路产折旧费。主要是指对于西部地区 TOT 高等级公路项目中路产这一固定资产的按期折旧额，通常采用直线法计提折旧。在计提折旧时，TOT 项目路产的资产原值按照相关评估报告计取，路产资产余值按特许经营权期满后为零考虑。

（3）运营费用测算

对于效益后评价阶段西部地区 TOT 高等级公路项目的运营费用测算，主要考虑对其在特许经营权期限内运营阶段的贷款利息、增值税及附加、所得税的测算。

1）运营阶段的贷款利息。西部地区 TOT 高等级公路项目的利息主要涉及项目的运营阶段，是对 TOT 高等级公路项目的负债通过运营期收入进行清偿的费用。根据具体的分期还款方式，可分为等额还本付息还款和等额本金还款两种。

①等额还本付息还款的计算公式为：

$$\text{每年还款额}=\frac{\text{初始借款额}\times\text{银行利率}\times(1+\text{银行利率})^{n}}{(1+\text{银行利率})^{n}-1} \tag{5.14}$$

$$还款利息=剩余本金\times银行利率 \tag{5.15}$$

②等额本金还款的计算公式为

$$每年还款本金=\frac{初始借款额}{年份} \tag{5.16}$$

$$还款利息=(初始借款额-已还本金)\times银行利率 \tag{5.17}$$

2）增值税及附加。对于西部地区 TOT 高等级公路项目，效益后评价阶段增值税税率适用值为 9%，税金附加主要包括城市维护建设税、教育费附加和地方教育附加，是以增值税为计税基础，分别按 7%，3%，2%的税率计取的。具体计算公式同受让方财务决策的相关增值税及附加的计算公式（4.19）和（4.20）。

3）所得税。所得税是对西部地区 TOT 高等级公路项目特许经营权期限内项目利润征收的一种税，所得税的税率因为各地区的政府优惠政策不同而不同。所得税按利润总额乘以所得税率计算，具体计算公式同受让方财务决策的所得税计算公式（4.21），对于在 TOT 高等级公路项目经营年度发生亏损的投资方，当年不征收所得税。

#### 2. 定性指标的实测值计算

西部地区 TOT 高等级公路效益后评价定性指标主要包括间接效益评价指标、社会经济效益后评价指标、效益可持续性后评价指标，这些指标的实测值可以通过问卷调查法收集专家意见获得，将专家评分的平均值作为指标的实测值。

（1）设计并发放调查问卷

根据西部地区 TOT 高等级公路效益后评价指标体系表，采用百分制对各定性指标进行评分，设计的调查问卷内容及形式见附录 4（案例 TOT 高等级公路效益后评价定性指标评分调查问卷），并将问卷发放给参与西部地区 TOT 高等级公路项目的建设单位、运营单位、咨询单位，以及专业权威科研机构和高校研究所等相关部门和机构的专家。

（2）调查问卷信度检验

根据调查目的设计的调查问卷是一种测量工具，其质量高低对调查结果的真实性、适用性等具有决定性的作用。为了保证问卷具有较高的可靠性，需要对问卷的调查结果进行信度分析。

克隆巴赫信度系数是目前最常用的信度系数，信度系数越大，表明测量的可信程度越大。一般认为，0.60～0.65，最好不要；0.65～0.70，最小可接受值；0.70～0.80，相当好；0.80～0.90，很好；0.90 以上，非常好。

### 5.3.2　西部地区 TOT 高等级公路效益后评价指标权重计算

西部地区 TOT 高等级公路效益后评价指标体系中的各指标要素对于后评价结果的影响程度是不同的，因此，在建立指标体系的基础上，还需运用层次分析法计算指标体系中各要素的权重。

#### 1. 构造判断矩阵

根据已建立的效益后评价指标体系，按照一级指标、二级指标、三级指标的指标层级设计问卷。邀请参与西部地区 TOT 高等级公路项目的相关建设单位、运营单位、咨询单位、科研机构以及高校的专家对指标体系中的各指标的重要性进行两两比较，并按照指标相对重要性的标度进行打分。与受让方财务决策中关于因素之间重要性判断标度表（附表1.2）类似，效益后评价指标相对重要性的判断标度如附表3.1（指标重要性9级标度法）所示。

根据专家打分结果构建判断矩阵 **A**（正交矩阵），用 $a_{ij}$ 表示第 $i$ 个因素相对于第 $j$ 个因素的比较结果，即

$$\mathbf{A}=(a_{ij})_{n\times n}=\begin{bmatrix} a_{11} & a_{12} & \cdots & a_{1n} \\ a_{21} & a_{22} & \cdots & a_{2n} \\ \vdots & \vdots & & \vdots \\ a_{n1} & a_{n2} & \cdots & a_{nn} \end{bmatrix} \tag{5.18}$$

2. 层次单排序及其一致性检验

根据构造的判断矩阵，先计算出 $\lambda_{\max}$，然后通过 $\mathbf{A}\boldsymbol{\omega}=\lambda_{\max}$，计算出特征向量 $\boldsymbol{\omega}$。具体计算步骤如下：

1）计算判断矩阵 **A** 的每一行元素之积：

$$b_i=\prod_{j=1}^{n} a_{ij}, \quad i=1, 2, \cdots, n \tag{5.19}$$

2）计算每行的 $n$ 次方根：

$$P_i=\sqrt[n]{b_i}, \quad i=1, 2, \cdots, n \tag{5.20}$$

3）对向量进行归一化处理，$\mathbf{P}=(P_1, P_2, \cdots, P_n)^{\mathrm{T}}$：

$$\omega_i=\frac{P_i}{\sum_{i=1}^{n} P_i}, \quad i=1, 2, \cdots, n \tag{5.21}$$

则 $\mathbf{W}=(\omega_1, \omega_2, \cdots, \omega_n)^{\mathrm{T}}$ 即为所需要求得的权重向量。

4）一致性检验

$$\lambda_{\max}=\frac{1}{n}\sum_{i=1}^{n}\frac{(\mathbf{AW})_i}{\omega_i}, \quad i=1, 2, \cdots, n \tag{5.22}$$

$$CI=\frac{\lambda_{\max}-n}{n-1} \tag{5.23}$$

$$CR=\frac{CI}{RI} \tag{5.24}$$

$CR$ 为一致性比例，$RI$ 为平均一致性比例，$RI$ 的取值如表5.11所示。

**表5.11　*RI* 的取值**

| 矩阵阶数 | 1 | 2 | 3 | 4 | 5 | 6 | 7 | 8 | 9 | 10 |
|---|---|---|---|---|---|---|---|---|---|---|
| *RI* | 0 | 0 | 0.52 | 0.89 | 1.12 | 1.26 | 1.36 | 1.41 | 1.46 | 1.49 |

若 $CR<0.1$，则通过一致性检验。

### 5.3.3　西部地区 TOT 高等级公路效益后评价等级判定

#### 1. 效益后评价等级判定方法的优选

（1）常用的评价方法

高等级公路效益后评价的常用方法有模糊综合评价法、数据包络法、神经网络法和属性理论等。

1）模糊综合评价法。通常是将难以定量描述的因素，通过隶属度进行因素定量化，实现模糊问题的定量评价，主要用于对难以量化的评价主体进行分析评价。

2）数据包络法。这是一种评价多输入与多输出决策单元相对效率的方法，其基本原理是应用线性规划求出决策单元的相对有效性，若决策单元处于相对无效的状态，则会提供具体的改进方向和改善程度，从而达到评价的目的。该方法适用于处理多投入与多产出的有效性综合评价问题。

3）神经网络法。这是通过模仿人体神经网络，形成强大的信息处理系统，对储存的信息进行传递，并进行逻辑推演的方法，主要适用于对大样本数据进行处理的评价主体进行分析。

4）属性理论。这是一种以属性集和属性空间测度为理论基础的针对多属性决策问题的分析方法，其基本原理是通过线性规划，计算出属性集中元素对于属性空间中各元素的属性测度，并结合指标权重进行项目的多指标属性测度分析。该方法适用于对定性问题的定量化评价，同时也适用于定量问题的评价。

（2）效益后评价等级判定方法的确定

1）各种评价方法均有其优缺点，具体情况如表 5.12 所示。

**表 5.12　各评价方法的优缺点**

| 评价方法 | 优　　点 | 缺　　点 |
|---|---|---|
| 模糊综合评价法 | 能够对难以定量描述的因素进行定量化分析，提高了评价结果的精确度 | 指标权重、隶属度的确定主要依靠专家经验，存在一定的主观性；当指标数据过多时，无法区分各指标的隶属度大小 |
| 数据包络法 | 对数据包容性较强，同时能够识别出相对无效的决策单元，并辅助进行下一步的改进 | 评价指标数据不能为负数，否则模型不可用；如果指标数据存在很强的线性关系，则模型评价结果可信度就较低 |
| 神经网络法 | 能够应用于计算机进行大规模的并行处理，且容错率较高 | 将数据的特征及推理转化为数值的同时，可能会造成数据部分信息的丢失；当数据不够充分时，无法开始工作 |
| 属性理论 | 计算灵活方便，易于操作，可用于实现指标的动态评价 | 权重、属性测度的确定都存在一定的主观性；当评价指标过多时，评价结果会受到较大的影响 |

2）综合考虑西部地区 TOT 高等级公路效益后评价指标类型、量纲呈现多样化的特点，选取属性理论作为效益后评价的评价方法用以判定等级。

## 2. 效益后评价指标属性测度分析

（1）建立各级指标的因素集

根据西部地区TOT高等级公路效益后评价指标体系，可建立总目标下各级指标的因素集。

1）划分效益后评价总目标（$X$）为企业效益后评价（$Q$）、社会经济效益后评价（$S$）、效益可持续性后评价（$K$）3个子集，即 $X=\{Q,S,K\}$。

2）企业效益后评价（$Q$）子集为：$Q=\{Q_1,Q_2\}$；对应的二级指标子集为：$Q_1=\{Q_{11},Q_{12},Q_{13},Q_{16},Q_{17},Q_{18}\}$，$Q_2=\{Q_{21},Q_{22},Q_{23},Q_{24},Q_{25}\}$。

3）社会经济效益后评价（$S$）子集为：$S=\{S_1,S_2\}$；对应的二级指标子集为：$S_1=\{S_{11},S_{12},S_{13},S_{14},S_{15},S_{16}\}$，$S_2=\{S_{21},S_{22},S_{25},S_{26},S_{27},S_{28}\}$。

4）效益可持续性后评价（$K$）子集为：$K=\{K_1,K_2\}$；对应的二级指标子集为：$K_1=\{K_{11},K_{12},K_{13},K_{14},K_{15},K_{16}\}$，$K_2=\{K_{21},K_{23},K_{24},K_{25},K_{26},K_{27}\}$。

（2）建立评价集

建立西部地区TOT高等级公路效益后评价的评价集为：$U=\{U_1,U_2,U_3,U_4\}$，为有序集，且 $U_1>U_2>U_3>U_4$。

（3）单指标的属性测度分析

设 $t_{ij}$ 为第 $i$ 个二级指标中第 $j$ 个三级指标的实测值，"$t_{ij}\in U_k$"表示 $t_{ij}$ 属于第 $k$ 类，$\mu_{ijk}=\mu(t_{ij}\in U_k)$ 表示 $t_{ij}$ 属于 $U_k$ 的属性测度，其中 $1\leqslant k\leqslant 4$，满足 $\sum\limits_{k=1}^{4}\mu_{ijk}=1$。设 $a_{ijk}\sim a_{ijk+1}$ 为该特征指标的 $k$ 级分类标准取值区间，若满足 $a_{ij0}>a_{ij1}>a_{ij2}>a_{ij3}>a_{ij4}$ 的指标，则 $t_{ij}$ 属于 $U_k$ 的属性测度 $\mu_{ijk}$ 函数为

$$\mu_{ij1}(t_{ij})=\begin{cases}1, & t_{ij}>a_{ij1}+d_{ij1}\\ \dfrac{|t_{ij}-a_{ij1}+d_{ij1}|}{2d_{ij1}}, & a_{ij1}+d_{ij1}\geqslant t_{ij}\geqslant a_{ij1}-d_{ij1}\\ 0, & t_{ij}<a_{ij1}-d_{ij1}\end{cases} \tag{5.25}$$

$$\mu_{ij2}(t_{ij})=\begin{cases}0, & t_{ij}>a_{ij1}+d_{ij1}\\ \dfrac{|t_{ij}-a_{ij1}-d_{ij1}|}{2d_{ij1}}, & a_{ij1}+d_{ij1}\geqslant t_{ij}\geqslant a_{ij1}-d_{ij1}\\ 1, & a_{ij1}-d_{ij1}>t_{ij}>a_{ij2}+d_{ij2}\\ \dfrac{|t_{ij}-a_{ij2}+d_{ij2}|}{2d_{ij2}}, & a_{ij2}+d_{ij2}\geqslant t_{ij}\geqslant a_{ij2}-d_{ij2}\\ 0, & t_{ij}<a_{ij2}-d_{ij2}\end{cases} \tag{5.26}$$

$$\mu_{ij3}(t_{ij})=\begin{cases}0, & t_{ij}>a_{ij2}+d_{ij2}\\ \dfrac{|t_{ij}-a_{ij2}-d_{ij2}|}{2d_{ij2}}, & a_{ij2}+d_{ij2}\geqslant t_{ij}\geqslant a_{ij2}-d_{ij2}\\ 1, & a_{ij2}-d_{ij2}>t_{ij}>a_{ij3}+d_{ij3}\\ \dfrac{|t_{ij}-a_{ij3}+d_{ij3}|}{2d_{ij3}}, & a_{ij3}+d_{ij3}\geqslant t_{ij}\geqslant a_{ij3}-d_{ij3}\\ 0, & t_{ij}<a_{ij3}+d_{ij3}\end{cases} \tag{5.27}$$

$$\mu_{ij4}(t_{ij})=\begin{cases}0, & t_{ij}>a_{ij3}+d_{ij3}\\ \dfrac{|t_{ij}-a_{ij3}-d_{ij3}|}{2d_{ij3}}, & a_{ij3}+d_{ij3}\geqslant t_{ij}\geqslant a_{ij3}-d_{ij3}\\ 1, & t_{ij}<a_{ij3}-d_{ij3}\end{cases} \tag{5.28}$$

若满足 $a_{ij0}<a_{ij1}<a_{ij2}<a_{ij3}<a_{ij4}$ 的指标，则 $t_{ij}$ 属于 $U_k$ 的属性测度 $\mu_{ijk}$ 函数为

$$\mu_{ij1}(t_{ij})=\begin{cases}1, & t_{ij}<a_{ij1}-d_{ij1}\\ \dfrac{|t_{ij}-a_{ij1}-d_{ij1}|}{2d_{ij1}}, & a_{ij1}-d_{ij1}\leqslant t_{ij}\leqslant a_{ij1}+d_{ij1}\\ 0, & t_{ij}>a_{ij1}+d_{ij1}\end{cases} \tag{5.29}$$

$$\mu_{ij2}(t_{ij})=\begin{cases}0, & t_{ij}<a_{ij1}-d_{ij1}\\ \dfrac{|t_{ij}-a_{ij1}+d_{ij1}|}{2d_{ij1}}, & a_{ij1}-d_{ij1}\leqslant t_{ij}\leqslant a_{ij1}+d_{ij1}\\ 1, & a_{ij1}+d_{ij1}<t_{ij}<a_{ij2}-d_{ij2}\\ \dfrac{|t_{ij}-a_{ij2}-d_{ij2}|}{2d_{ij2}}, & a_{ij2}-d_{ij2}\leqslant t_{ij}\leqslant a_{ij2}+d_{ij2}\\ 0, & t_{ij}>a_{ij2}+d_{ij2}\end{cases} \tag{5.30}$$

$$\mu_{ij3}(t_{ij})=\begin{cases}0, & t_{ij}<a_{ij2}-d_{ij2}\\ \dfrac{|t_{ij}-a_{ij2}+d_{ij2}|}{2d_{ij2}}, & a_{ij2}-d_{ij2}\leqslant t_{ij}\leqslant a_{ij2}+d_{ij2}\\ 1, & a_{ij2}+d_{ij2}<t_{ij}<a_{ij3}-d_{ij3}\\ \dfrac{|t_{ij}-a_{ij3}-d_{ij3}|}{2d_{ij3}}, & a_{ij3}-d_{ij3}\leqslant t_{ij}\leqslant a_{ij3}+d_{ij3}\\ 0, & t_{ij}>a_{ij3}+d_{ij3}\end{cases} \tag{5.31}$$

$$\mu_{ij4}(t_{ij})=\begin{cases}0, & t_{ij}<a_{ij3}-d_{ij3}\\ \dfrac{|t_{ij}-a_{ij3}+d_{ij3}|}{2d_{ij3}}, & a_{ij3}-d_{ij3}\leqslant t_{ij}\leqslant a_{ij3}+d_{ij3}\\ 1, & t_{ij}>a_{ij3}+d_{ij3}\end{cases} \tag{5.32}$$

$$b_{ijk}=\frac{a_{ijk-1}+a_{ijk}}{2},\ k=1,\ 2,\ 3,\ 4 \tag{5.33}$$

$$d_{ijk}=\min(|b_{ijk}-a_{ijk}|,|b_{ijk+1}-a_{ijk}|),\quad k=1,\ 2,\ 3,\ 4 \tag{5.34}$$

(4) 多指标属性测度分析

根据单指标属性测度分析结果，项目的多指标属性测度计算公式为

$$\mu_i=\sum\mu_{ijk}\times w_{ij} \tag{5.35}$$

式中，$w_{ij}$ 表示特征指标。

(5) 属性识别

考虑西部地区 TOT 高等级公路项目效益后评价指标体系的复杂程度和属性理论评价特点，评价模型采用 $\lambda=0.7$ 的置信度，判定评价结果，判断过程如下：

$$k_0=\min\left\{k\,\middle|\,\sum_1^k\mu_k\geqslant\lambda,k=1,\ 2,\ 3,\ 4\right\} \tag{5.36}$$

则认为项目属于 $U_{k0}$ 级别或者 $U_{k0}$ 类。

## 5.4 西部地区 TOT 高等级公路效益后评价模型应用实例

### 5.4.1 项目概况及效益后评价流程

1. 项目概况

四川省某高等级公路项目，路线长度为 121 千米，双向四车道，设计行车速度为 80 千米/小时，设计通行能力 7.2 万辆/天。建设期 3 年，于 2000 年 12 月开工建设，2003 年 12 月完工并全线通车。

2005 年，政府为了筹措新项目建设资金，采用 TOT 模式转让该项目 30 年的经营权。项目经营权转让价格为 61.3 亿元，经营权权益包括该项目收费权及沿线服务设施的经营权，特许权期限为 2005 年 10 月 30 日至 2035 年 10 月 29 日。

2. 该 TOT 项目效益后评价时点及流程

(1) 该 TOT 高等级公路项目效益后评价时点

根据西部地区高等级公路后评价时点的合理设置期（宜设置为 10～15 年）的要求，以及该 TOT 项目的特许经营权期限，将该 TOT 项目效益后评价的时点定为 2020 年。

(2) 该 TOT 高等级公路项目效益后评价流程

根据该 TOT 项目的特点，其效益后评价应包括四个部分：定量指标实测值及其评价等级、定性指标实测值及其评价等级、指标的权重计算、等级判定和结果分析。该 TOT 高等级公路项目效益后评价流程如图 5.5 所示。

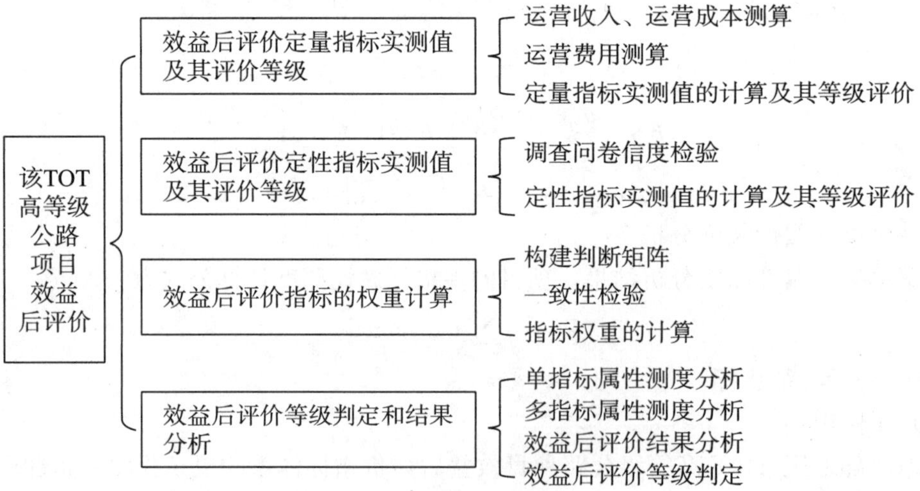


**图 5.5 该 TOT 高等级公路项目效益后评价流程**

### 5.4.2 该 TOT 项目效益后评价定量指标实测值及其评价等级

在对该 TOT 项目效益后评价定量指标实测值进行计算时，可分为现阶段和效益后评价时点之后的未来阶段，两个部分的费用分别计取后求和。其中，现阶段是指特许经营期限内的 2006—2020 年，为实际值；未来阶段是指特许经营期限内效益后评价时点之后的 2021—2035 年，为预测值。

1. 该 TOT 项目运营收入测算

该 TOT 项目的特许经营权期限内的运营收入主要包括现阶段的通行费收入和未来阶段的通行费收入，其中，现阶段的通行费收入可通过各年统计数据得到实际值，而未来阶段的通行费收入是项目特许经营权期限内自效益后评价时点后的通行费收入，可根据该项目现阶段的通行费收入情况，运用灰色预测模型对其进行测算。

（1）现阶段的通行费收入情况

该 TOT 项目 2006—2020 年各年通行费收入统计如表 5.13 所示。

**表 5.13 该 TOT 项目 2006—2020 年各年通行费收入统计（单位：万元）**

| 年份 | 2006 | 2007 | 2008 | 2009 | 2010 | 2011 |
|---|---|---|---|---|---|---|
| 通行费收入 | 44235 | 52541 | 57247 | 62326 | 67915 | 75153 |
| 年份 | 2012 | 2013 | 2014 | 2015 | 2016 | 2017 |
| 通行费收入 | 86492 | 92762 | 80499 | 80617 | 81687 | 79988 |
| 年份 | 2018 | 2019 | 2020 | 合计 | | |
| 通行费收入 | 75454 | 80351 | 59567 | 1076834 | | |

（2）未来阶段的通行费收入预测

取现阶段通行费收入较为稳定的年份，即 2014—2019 年的数据，对效益后评价时点后特许经营权期限内该 TOT 项目的未来通行费收入进行预测。

$$X^{(0)}=(80499, 80617, 81687, 79988, 75454, 80351)$$

$$X^{(1)}=(80499, 16116, 242803, 322791, 398245, 478596)$$

构造的矩阵数列 $\boldsymbol{B}$，$\boldsymbol{Y}$ 分别为

$$\boldsymbol{B}=\begin{bmatrix}-120807.5 & 1\\ -201959.5 & 1\\ -282797 & 1\\ -360518 & 1\\ -438420.5 & 1\end{bmatrix}$$

$$\boldsymbol{Y}=(80617 \quad 81687 \quad 79988 \quad 75454 \quad 80351)^{\mathrm{T}}$$

$$\boldsymbol{A}=(0.008 \quad 82020)^{\mathrm{T}}$$

即 $a=0.008$，$u=82020$，得到微分方程：

$$\hat{X}(t+1)=\left(80499-\frac{82020}{0.008}\right)\mathrm{e}^{-0.008t}+\frac{82020}{0.008}$$

$$= -10172001e^{-0.008t} + 10252500, \quad t = 0, 1, 2, \cdots, n-1$$

利用还原模型计算 2014—2019 年的预测值，并与实际值对比，然后进行精度检测，所得结果如表 5.14 所示。

**表 5.14　该 TOT 项目 2014—2019 年通行费收入预测值与实际值的比较**

| 序号 | 年份 | 预测值 | 实际值 | 残值 | 误差（%） | 残差平均值 |
|---|---|---|---|---|---|---|
| 0 | 2014 | 80499 | 80499 | 0 | 0 | −0.45 |
| 1 | 2015 | 80986 | 80617 | −369 | −0.45 | |
| 2 | 2016 | 80296 | 81687 | 1390 | 1.7 | |
| 3 | 2017 | 79613 | 79988 | 374 | 0.46 | |
| 4 | 2018 | 78935 | 75454 | −3481 | −4.6 | |
| 5 | 2019 | 78263 | 80351 | 2087 | 2.6 | |

根据表 5.14 的精度计算结果，可知将还原模型用于该 TOT 项目车辆通行费的预测精度良好，因此，可应用此灰色预测模型对该 TOT 项目在未来特许权期限内的通行费收入进行预测。预测结果如表 5.15 所示。

**表 5.15　该 TOT 项目 2021—2035 年通行费收入预测（单位：万元）**

| 年份 | 2021 | 2022 | 2023 | 2024 | 2025 | 2026 |
|---|---|---|---|---|---|---|
| 通行费收入 | 76782 | 76133 | 75489 | 74851 | 74218 | 73590 |
| 年份 | 2027 | 2028 | 2029 | 2030 | 2031 | 2032 |
| 通行费收入 | 72968 | 72352 | 71740 | 70534 | 70533 | 69936 |
| 年份 | 2033 | 2034 | 2035 | 合计 | | |
| 通行费收入 | 69936 | 69345 | 68759 | 1087166 | | |

根据表 5.13 和表 5.15，可知该 TOT 项目现阶段（2006—2020 年）实际运营的通行费收入数据为 1076834 万元，效益后评价时点后的未来阶段（2021—2035 年）预测数据为 1087166 万元，故该项目在特许经营权期限内的通行费收入为二者之和，即 216.40 亿元。

## 2. 该 TOT 项目运营成本测算

该 TOT 项目的特许经营权期限内的运营成本主要包括现阶段和效益后评价时点后的未来阶段的日常养护维修费、大修理费、管理费用、路产折旧。

（1）日常养护维修费

1）现阶段日常养护维修费。该 TOT 项目 2006—2020 年日常养护维修费如表 5.16 所示。

表 5.16　该 TOT 项目 2006—2020 年日常养护维修费（单位：万元）

| 年份 | 2006 | 2007 | 2008 | 2009 | 2010 | 2011 |
|---|---|---|---|---|---|---|
| 日常养护维修费 | 2127.15 | 2190.96 | 2256.69 | 2324.39 | 2394.13 | 2465.95 |
| 年份 | 2012 | 2013 | 2014 | 2015 | 2016 | 2017 |
| 日常养护维修费 | 2539.93 | 2616.13 | 2694.61 | 2775.45 | 2858.71 | 2944.47 |
| 年份 | 2018 | 2019 | 2020 | 合计 | | |
| 日常养护维修费 | 3032.81 | 3123.79 | 3217.51 | 39562.68 | | |

2）未来阶段日常养护维修费预测。该 TOT 项目 2021—2035 年日常养护维修费按照每年 3%的比例递增，如表 5.17 所示。

表 5.17　该 TOT 项目 2021—2035 年日常养护维修费预测（单位：万元）

| 年份 | 2021 | 2022 | 2023 | 2024 | 2025 | 2026 |
|---|---|---|---|---|---|---|
| 日常养护维修费 | 3314.03 | 3413.45 | 3515.85 | 3621.33 | 3729.97 | 3841.87 |
| 年份 | 2027 | 2028 | 2029 | 2030 | 2031 | 2032 |
| 日常养护维修费 | 3957.13 | 4075.84 | 4198.11 | 4324.06 | 4453.78 | 4587.39 |
| 年份 | 2033 | 2034 | 2035 | 合计 | | |
| 日常养护维修费 | 4725.01 | 4866.77 | 5012.77 | 61637.36 | | |

根据表 5.16 和表 5.17，可知该 TOT 项目现阶段（2006—2020 年）的日常养护维修费用为 39562.68 万元，未来阶段（2021—2035 年）预测数据为 61637.36 万元，故该项目在特许经营权期限内日常养护维修费用为二者之和，即 10.12 亿元。

（2）大修理费

1）现阶段大修理费。该 TOT 项目 2006—2020 年大修理费及其摊销如表 5.18 所示。

表 5.18　该 TOT 项目 2006—2020 年大修理费及其摊销（单位：万元）

| 年份 | 2006 | 2007 | 2008 | 2009 | 2010 | 2011 |
|---|---|---|---|---|---|---|
| 大修理费用 | — | — | — | — | — | — |
| 摊销 | — | — | — | — | — | — |
| 年份 | 2012 | 2013 | 2014 | 2015 | 2016 | 2017 |
| 大修理费用 | 16520 | — | — | — | — | — |
| 摊销 | 2065 | 2065 | 2065 | 2065 | 2065 | 2065 |
| 年份 | 2018 | 2019 | 2020 | 合计 | | |
| 大修理费用 | — | — | 17841.6 | 34361.6 | | |
| 摊销 | 2065 | 2065 | 2230.2 | 18750.2 | | |

2）未来阶段大修理费预测。按照每 8 年进行一次大修，并且每次大修费用按照 8%递增进行预测，该 TOT 项目未来阶段的大修理费用如表 5.19 所示。

**表 5.19　该 TOT 项目 2021—2035 年大修理费预测（单位：万元）**

| 年份 | 2021 | 2022 | 2023 | 2024 | 2025 | 2026 |
|---|---|---|---|---|---|---|
| 大修理费用 | — | — | — | — | — | — |
| 摊销 | 2230.2 | 2230.2 | 2230.2 | 2230.2 | 2230.2 | 2230.2 |
| 年份 | 2027 | 2028 | 2029 | 2030 | 2031 | 2032 |
| 大修理费用 | — | 19268.92 | — | — | — | — |
| 摊销 | 2230.2 | 2408.6 | 2408.6 | 2408.6 | 2408.6 | 2408.6 |
| 年份 | 2033 | 2034 | 2035 | 合计 | | |
| 大修理费用 | — | — | — | 19268.92 | | |
| 摊销 | 2408.6 | 2408.6 | 2408.6 | 34880.2 | | |

根据表 5.18 和表 5.19，可知该 TOT 项目现阶段（2006—2020 年）的大修理费为 34361.6 万元，未来阶段（2021—2035 年）预测数据为 19268.92 万元，故该项目在特许经营权期限内大修理费用为二者之和，即 5.36 亿元。

（3）管理费用

1）现阶段管理费用。该 TOT 项目 2006—2020 年管理费用如表 5.20 所示。

**表 5.20　该 TOT 项目 2006—2020 年管理费用（单位：万元）**

| 年份 | 2006 | 2007 | 20068 | 20079 | 2010 | 2011 |
|---|---|---|---|---|---|---|
| 管理费用 | 192.99 | 202.65 | 212.78 | 223.42 | 234.59 | 246.32 |
| 年份 | 2012 | 2013 | 2014 | 2015 | 2016 | 2017 |
| 管理费用 | 258.64 | 271.57 | 285.15 | 299.40 | 314.37 | 330.09 |
| 年份 | 2018 | 2019 | 2020 | 合计 | | |
| 管理费用 | 346.60 | 363.93 | 382.12 | 4164.62 | | |

2）未来阶段管理费用预测。未来阶段该 TOT 项目管理费用按照每年 5%递增，预测结果如表 5.21 所示。

**表 5.21　该 TOT 项目 2021—2035 年管理费用预测（单位：万元）**

| 年份 | 2021 | 2022 | 2023 | 2024 | 2025 | 2026 |
|---|---|---|---|---|---|---|
| 管理费用 | 401.23 | 421.29 | 442.35 | 464.47 | 487.69 | 512.08 |
| 年份 | 2027 | 2028 | 2029 | 2030 | 2031 | 2032 |
| 管理费用 | 537.68 | 564.57 | 592.79 | 622.43 | 653.56 | 686.23 |
| 年份 | 2033 | 2034 | 2035 | 合计 | | |
| 管理费用 | 720.55 | 756.57 | 794.40 | 8657.89 | | |

根据表 5.20 和表 5.21，可知该 TOT 项目现阶段（2006—2020 年）的管理费用为 4164.62 万元，未来阶段（2021—2035 年）预测管理费用为 8657.89 万元，故该项目在特许经营权期限内管理费用为二者之和，即 1.28 亿元。

（4）路产折旧

1）现阶段公路项目路产折旧。该 TOT 项目按照直线法计提折旧，该 TOT 项目 2006—2020 年路产折旧如表 5.22 所示。

**表 5.22　该 TOT 项目 2006—2020 年路产折旧（单位：万元）**

| 年份 | 2006 | 2007 | 2008 | 2009 | 2010 | 2011 |
|---|---|---|---|---|---|---|
| 路产折旧 | 20433.3 | 20433.3 | 20433.3 | 20433.3 | 20433.3 | 20433.3 |
| 年份 | 2012 | 2013 | 2014 | 2015 | 2016 | 2017 |
| 路产折旧 | 20433.3 | 20433.3 | 20433.3 | 20433.3 | 20433.3 | 20433.3 |
| 年份 | 2018 | 2019 | 2020 | 合计 | | |
| 路产折旧 | 20433.3 | 20433.3 | 20433.3 | 306500 | | |

2）未来阶段公路项目路产折旧预测。该 TOT 项目 2021—2035 年路产折旧预测如表 5.23 所示。

**表 5.23　该 TOT 项目 2021—2035 年路产折旧预测（单位：万元）**

| 年份 | 2021 | 2022 | 2023 | 2024 | 2025 | 2026 |
|---|---|---|---|---|---|---|
| 路产折旧 | 20433.3 | 20433.3 | 20433.3 | 20433.3 | 20433.3 | 20433.3 |
| 年份 | 2027 | 2028 | 2029 | 2030 | 2031 | 2032 |
| 路产折旧 | 20433.3 | 20433.3 | 20433.3 | 20433.3 | 20433.3 | 20433.3 |
| 年份 | 2033 | 2034 | 2035 | 合计 | | |
| 路产折旧 | 20433.3 | 20433.3 | 20433.3 | 306500 | | |

根据表 5.22 和表 5.23，可知该 TOT 项目现阶段（2006—2020 年）与未来阶段（2021—2035 年）的路产折旧均为 306500 万元，故该项目在特许经营权期限内路产折旧为二者之和，即 61.3 亿元。根据 TOT 融资模式的特点，特许经营权期满后，项目路产的余值为零。

### 3. 该 TOT 项目运营费用测算

该 TOT 高等级公路项目的特许经营权期限内的运营费用主要包括运营阶段贷款利息、增值税及附加、所得税。

（1）运营阶段贷款利息

该高等级公路项目进行 TOT 模式转让时，项目的资产与负债也一并进行了转让。转让的负债总额为 41.3 亿元，采用等额本金还款的方式进行还款，银行利率为 5.76%。该 TOT 项目 2006—2035 年贷款还本付息情况如表 5.24 所示。

**表 5.24　该 TOT 项目 2006—2035 年贷款还本付息情况（单位：万元）**

| 年份 | 2006 | 2007 | 2008 | 2009 | 2010 | 2011 |
|---|---|---|---|---|---|---|
| 年初借款合计 | 413000 | 39233.33 | 385466.67 | 371700 | 357933.33 | 344166.67 |
| 本年还本 | 13766.67 | 13766.67 | 13766.67 | 13766.67 | 13766.67 | 13766.67 |
| 本年还息 | 23788.8 | 22995.84 | 22202.88 | 21409.92 | 20616.96 | 19824 |
| 年份 | 2012 | 2013 | 2014 | 2015 | 2016 | 2017 |
| 年初借款合计 | 330400 | 316633.33 | 302866.67 | 289100 | 275333.33 | 261566.67 |
| 本年还本 | 13766.67 | 13766.67 | 13766.67 | 13766.67 | 13766.67 | 13766.67 |
| 本年还息 | 19031.04 | 18238.08 | 17445.12 | 16652.16 | 15859.2 | 15066.24 |
| 年份 | 2018 | 2019 | 2020 | 2021 | 2022 | 2023 |
| 年初借款合计 | 247800 | 234033.33 | 220266.67 | 206500 | 192733.33 | 178966.67 |
| 本年还本 | 13766.67 | 13766.67 | 13766.67 | 13766.67 | 13766.67 | 13766.67 |
| 本年还息 | 14273.28 | 13480.32 | 12687.36 | 11894.4 | 11101.44 | 10308.48 |
| 年份 | 2024 | 2025 | 2026 | 2027 | 2028 | 2029 |
| 年初借款合计 | 165200 | 151433.33 | 137666.67 | 123900 | 110133.33 | 96366.67 |
| 本年还本 | 13766.67 | 13766.67 | 13766.67 | 13766.67 | 13766.67 | 13766.67 |
| 本年还息 | 9515.52 | 8722.56 | 7929.6 | 7136.64 | 6343.68 | 5550.72 |
| 年份 | 2030 | 2031 | 2032 | 2033 | 2034 | 2035 |
| 年初借款合计 | 82600 | 68833.33 | 55066.67 | 41300 | 27533.33 | 13766.67 |
| 本年还本 | 13766.67 | 13766.67 | 13766.67 | 13766.67 | 13766.67 | 13766.67 |
| 本年还息 | 4757.76 | 3964.8 | 3171.84 | 2378.88 | 1585.92 | 792.96 |

（2）增值税及附加

该 TOT 项目增值税税率取 9%，城市维护建设税、教育费附加和地方教育附加税率分别为 7%，3%，2%，根据该 TOT 项目 2006—2020 年各年通行费收入统计，该 TOT 项目 2006—2020 年增值税及附加如表 5.25 所示。

**表 5.25　该 TOT 项目 2006—2020 年增值税及附加（单位：万元）**

| 年份 | 2006 | 2007 | 2008 | 2009 | 2010 | 2011 | 2012 | 2013 |
|---|---|---|---|---|---|---|---|---|
| 增值税及附加 | 1486.3 | 1765.4 | 1923.5 | 2094.2 | 2281.9 | 2525.1 | 2906.1 | 3116.8 |
| 年份 | 2014 | 2015 | 2016 | 2017 | 2018 | 2019 | 2020 | 合计 |
| 增值税及附加 | 2704.8 | 2708.8 | 2744.7 | 2687.6 | 2535.3 | 2699.8 | 2001.5 | 36181.6 |

根据该 TOT 项目 2021—2035 年各年通行费收入统计，可得该 TOT 项目 2021—2035 年增值税及附加预测，如表 5.26 所示。

**表 5.26　该 TOT 项目 2021—2035 年增值税及附加预测（单位：万元）**

| 年份 | 2021 | 2022 | 2023 | 2024 | 2025 | 2026 | 2027 | 2028 |
|---|---|---|---|---|---|---|---|---|
| 增值税及附加 | 2585.1 | 2563.1 | 2541.3 | 2519.6 | 2498.2 | 2476.9 | 2455.8 | 2434.9 |
| 年份 | 2029 | 2030 | 2031 | 2032 | 2033 | 2034 | 2035 | 合计 |
| 增值税及附加 | 2414.2 | 2393.7 | 2353.1 | 2353.1 | 2333.1 | 2313.2 | 2293.5 | 36528.8 |

根据表 5.25 和表 5.26，可得该 TOT 项目特许经营权期限内增值税及附加总计 7.27 亿元。

（3）所得税

该 TOT 项目享受地方性政策优惠，所得税税率为 15%，项目 2006—2020 年利润及所得税如表 5.27 所示。

**表 5.27　该 TOT 项目 2006—2020 年利润及所得税（单位：万元）**

| 年份 | 2006 | 2007 | 2008 | 2009 | 2010 | 2011 |
|---|---|---|---|---|---|---|
| 利润 | −17561.73 | −8815.36 | −3550.43 | 2072.48 | 8185.70 | 15889.86 |
| 所得税 | 0 | 0 | 0 | 310.87 | 1227.85 | 2383.47 |
| 年份 | 2012 | 2013 | 2014 | 2015 | 2016 | 2017 |
| 利润 | 25489.48 | 32252.58 | 21102.46 | 21914.31 | 23643.02 | 22692.53 |
| 所得税 | 3823.42 | 4837.88 | 3165.37 | 3287.14 | 3546.45 | 3403.88 |
| 年份 | 2018 | 2019 | 2020 | 合计 | | |
| 利润 | 18998.53 | 24415.97 | 4846.10 | 191575.5 | | |
| 所得税 | 2849.84 | 3662.39 | 726.91 | 33225.47 | | |

该 TOT 项目 2021—2035 年利润及所得税预测如表 5.28 所示。

**表 5.28　该 TOT 项目 2021—2035 年利润及所得税预测（单位：万元）**

| 年份 | 2021 | 2022 | 2023 | 2024 | 2025 | 2026 |
|---|---|---|---|---|---|---|
| 利润 | 22309.73 | 22350.15 | 22392.37 | 22435.30 | 22479.76 | 22524.63 |
| 所得税 | 3346.46 | 3352.52 | 3358.85 | 3365.29 | 3371.96 | 3378.69 |
| 年份 | 2027 | 2028 | 2029 | 2030 | 2031 | 2032 |
| 利润 | 22569.75 | 22437.51 | 22484.58 | 22530.43 | 21996.98 | 22622.58 |
| 所得税 | 3385.46 | 3365.62 | 3372.68 | 3379.56 | 3299.54 | 3393.38 |
| 年份 | 2033 | 2034 | 2035 | 合计 | | |
| 利润 | 22667.54 | 22711.48 | 22754.20 | 337266.99 | | |
| 所得税 | 3400.13 | 3406.72 | 3413.13 | 50589.99 | | |

根据表 5.27 和表 5.28，可得该 TOT 项目特许经营权期限内所得税总计 8.38 亿元。

4. 该 TOT 项目定量指标实测值及其评价等级

根据该 TOT 项目测算数据编制的现金流量表如附录 5（案例 TOT 高等级公路项目特许经营权期限内现金流量表）所示，可计算得出该 TOT 项目效益后评价定量指标的实测值。根据规范，可将各定量指标按照不同的评价分类标准分为优（$U_1$）、良（$U_2$）、中（$U_3$）、差（$U_4$）4 个评价等级。该 TOT 项目定量指标评价等级分类标准、定量指标的实测值及其评价等级如表 5.29 所示。

**表 5.29　该 TOT 项目效益后评价定量指标实测值及其评价等级**

| 定量指标 | | 定量指标评价等级分类标准 | | | | 定量指标 | |
|---|---|---|---|---|---|---|---|
| 名称 | 单位 | $U_1$ | $U_2$ | $U_3$ | $U_4$ | 实测值 | 评价等级 |
| 财务净现值率（$Q_{11}$） | % | >25 | 25～15 | 15～5 | <5 | 23 | $U_2$ |
| 财务内部收益率（$Q_{12}$） | % | >15 | 15～10 | 10～7 | <7 | 15 | $U_2$ |
| 动态投资回收期（$Q_{13}$） | 年 | <12 | 12～20 | 20～30 | >30 | 14.96 | $U_2$ |
| 利息备付率（$Q_{16}$） | % | >2 | 2～1.5 | 1.5～1.0 | <1.0 | 3.74 | $U_1$ |
| 流动比率（$Q_{17}$） | % | >2.5 | 2.5～2.0 | 2.0～1.5 | <1.5 | 2.1 | $U_2$ |
| 偿债备付率（$Q_{18}$） | % | >1.3 | 1.3～1.15 | 1.15～1.0 | <1.0 | 1.54 | $U_1$ |

### 5.4.3 该 TOT 项目效益后评价定性指标实测值及其评价等级

1. 调查问卷信度检验

采用问卷调查的方式，向相关运营单位、建设单位、咨询单位等部门机构的 40 位相关专家发放问卷，调查问卷的内容及形式见附录 4（案例 TOT 高等级公路效益后评价定性指标评分调查问卷）。在规定时间内收回 33 份问卷，有效率为 82.5%。收回的调查问卷中，受访者的学历、所在单位、工作年限等的分布情况如表 5.30 所示。

**表 5.30　受访者的分布情况**

| | | | | |
|---|---|---|---|---|
| 受访者学历分布 | 大专以下 | 本科及大专 | 硕士 | 博士及以上 |
| | 3 | 25 | 3 | 2 |
| 受访者所在单位 | 建设单位 | 运营单位 | 咨询单位 | 学校及科研机构 |
| | 9 | 11 | 10 | 3 |
| 受访者工作年限 | 2 年 | 2～5 年 | 5～10 年 | 10 年以上 |
| | 6 | 11 | 13 | 3 |

运用 SPSS 23.0 对定性指标评分调查问卷进行信度检验，问卷的信度检验结果如表 5.31 所示。

**表 5.31　定性指标评分调查问卷信度检验**

| 克隆巴赫系数 | 基于标准化项的克隆巴赫系数 | 项数 |
|---|---|---|
| 0.839 | 0.858 | 29 |

根据表 5.31，该 TOT 项目效益后评价定性指标评分调查问卷的克隆巴赫系数为 0.839，基于标准化项的克隆巴赫系数为 0.858，问卷通过信度检验。

## 2. 该 TOT 项目定性指标实测值及其评价等级

通过收回的问卷调查结果，可计算得到该 TOT 项目效益后评价定性指标的实测值。根据定性指标评价等级分类标准，可将各定性指标分为优（$U_1$）、良（$U_2$）、中（$U_3$）、差（$U_4$）4 个评价等级。该 TOT 项目定性指标评价等级分类标准、定性指标的实测值及其评价等级如表 5.32 所示。

**表 5.32　该 TOT 项目效益后评价定性指标实测值及其评价等级**

| 定性指标名称 | 定性指标评价等级分类标准 | | | | 定性指标 | |
|---|---|---|---|---|---|---|
| | $U_1$ | $U_2$ | $U_3$ | $U_4$ | 实测值 | 评价等级 |
| 投资结构优化效果（$Q_{21}$） | >85 | 85～75 | 75～60 | <60 | 85 | $U_2$ |
| 管理体制优化效果（$Q_{22}$） | >85 | 85～75 | 75～60 | <60 | 82 | $U_2$ |
| 技术能力提升效果（$Q_{23}$） | >85 | 85～75 | 75～60 | <60 | 79 | $U_2$ |
| 人才培养促进效果（$Q_{24}$） | >85 | 85～75 | 75～60 | <60 | 85 | $U_2$ |
| 企业知名度提升效果（$Q_{25}$） | >85 | 85～75 | 75～60 | <60 | 84 | $U_2$ |
| 产业结构优化效果（$S_{11}$） | >85 | 85～75 | 75～60 | <60 | 79 | $U_2$ |
| 劳动力就业提高程度（$S_{12}$） | >85 | 85～75 | 75～60 | <60 | 82 | $U_2$ |
| 旅游资源开发效果（$S_{13}$） | >85 | 85～75 | 75～60 | <60 | 83 | $U_2$ |
| 矿产资源开发效果（$S_{14}$） | >85 | 85～75 | 75～60 | <60 | 78 | $U_2$ |
| 对外贸易增加效果（$S_{15}$） | >85 | 85～75 | 75～60 | <60 | 76 | $U_2$ |
| 投资环境改善效果（$S_{16}$） | >85 | 85～75 | 75～60 | <60 | 81 | $U_2$ |
| 区域交通变化情况（$S_{21}$） | >85 | 85～75 | 75～60 | <60 | 82 | $U_2$ |
| 精准扶贫效果（$S_{22}$） | >85 | 85～75 | 75～60 | <60 | 77 | $U_2$ |
| 防灾减灾效果（$S_{25}$） | >85 | 85～75 | 75～60 | <60 | 78 | $U_2$ |
| 政治稳定效果（$S_{26}$） | >85 | 85～75 | 75～60 | <60 | 83 | $U_2$ |
| 对大气环境的影响（$S_{27}$） | <60 | 60～75 | 75～85 | >85 | 65 | $U_2$ |
| 对声环境的影响（$S_{28}$） | <60 | 60～75 | 75～85 | >85 | 62 | $U_2$ |
| 管理体系完整性（$K_{11}$） | >85 | 85～75 | 75～60 | <60 | 82 | $U_2$ |

续表5.32

| 定性指标名称 | 定性指标评价等级分类标准 | | | | 定性指标 | |
|---|---|---|---|---|---|---|
| | $U_1$ | $U_2$ | $U_3$ | $U_4$ | 实测值 | 评价等级 |
| 人员编制符合率（$K_{12}$） | >85 | 85～75 | 75～60 | <60 | 81 | $U_2$ |
| 设施配置完备性（$K_{13}$） | >85 | 85～75 | 75～60 | <60 | 79 | $U_2$ |
| 技术设备先进性（$K_{14}$） | >85 | 85～75 | 75～60 | <60 | 82 | $U_2$ |
| 行车事故率控制水平（$K_{15}$） | >85 | 85～75 | 75～60 | <60 | 81 | $U_2$ |
| 区间平均车速达标程度（$K_{16}$） | >85 | 85～75 | 75～60 | <60 | 80 | $U_2$ |
| 交通量增长稳定性（$K_{21}$） | >85 | 85～75 | 75～60 | <60 | 78 | $U_2$ |
| 特许权期限合理性（$K_{23}$） | >85 | 85～75 | 75～60 | <60 | 79 | $U_2$ |
| 收费标准合理性（$K_{24}$） | >85 | 85～75 | 75～60 | <60 | 83 | $U_2$ |
| 政府税收优惠政策影响（$K_{25}$） | >85 | 85～75 | 75～60 | <60 | 81 | $U_2$ |
| 同类项目竞争影响（$K_{26}$） | <60 | 60～75 | 75～85 | >85 | 67 | $U_2$ |
| 气候环境影响（$K_{27}$） | <60 | 60～75 | 75～85 | >85 | 65 | $U_2$ |

### 5.4.4 该 TOT 项目效益后评价指标的权重计算

1. 构建判断矩阵及计算

采用问卷调查的方式，向相关运营单位、建设单位、咨询单位等部门机构的 40 位相关专家，发放了该 TOT 项目效益后评价指标权重调查问卷，调查问卷的形式和内容见附录 3（案例 TOT 高等级公路效益后评价指标权重调查问卷）。规定时间内收回 33 份，其中 2 份未通过一致性检验，为无效问卷，问卷有效率为 77.5%。收回的有效调查问卷中，受访者的学历、所在单位、工作年限等的分布情况如表 5.33 所示。

表 5.33 受访者的分布情况

| 受访者学历分布 | 大专及以下 | 本科 | 硕士 | 博士及以上 |
|---|---|---|---|---|
| | 7 | 17 | 4 | 3 |
| 受访者所在单位 | 建设单位 | 运营单位 | 咨询单位 | 学校及科研机构 |
| | 8 | 10 | 9 | 4 |
| 受访者工作年限 | 2 年 | 2～5 年 | 5～10 年 | 10 年以上 |
| | 5 | 10 | 12 | 4 |

根据问卷调查结果构建判断矩阵，以其中一份问卷调查结果为例，构建的判断矩阵及权重计算如表 5.34～表 5.40 所示。

**表 5.34　二级指标的判断矩阵及计算**

| 指标 | $Q_1$ | $Q_2$ | $S_1$ | $S_2$ | $K_1$ | $K_2$ | 权重 |
|---|---|---|---|---|---|---|---|
| $Q_1$ | 1 | 2 | 1/4 | 1/3 | 3 | 4 | 0.15 |
| $Q_2$ | 1/2 | 1 | 1/5 | 1/4 | 2 | 3 | 0.10 |
| $S_1$ | 4 | 5 | 1 | 1 | 3 | 4 | 0.33 |
| $S_2$ | 3 | 4 | 1 | 1 | 2 | 3 | 0.27 |
| $K_1$ | 1/3 | 1/2 | 1/3 | 1/2 | 1 | 1 | 0.08 |
| $K_2$ | 1/4 | 1/3 | 1/4 | 1/3 | 1 | 1 | 0.07 |
| $\lambda_{max}=6.4697$，$CR=0.074<0.1$ | | | | | | | |

**表 5.35　直接效益评价（$Q_1$）的判断矩阵及计算**

| 指标 | $Q_{11}$ | $Q_{12}$ | $Q_{13}$ | $Q_{16}$ | $Q_{17}$ | $Q_{18}$ | 权重 |
|---|---|---|---|---|---|---|---|
| $Q_{11}$ | 1 | 1/3 | 1 | 3 | 2 | 3 | 0.18 |
| $Q_{12}$ | 3 | 1 | 4 | 4 | 3 | 5 | 0.40 |
| $Q_{13}$ | 1 | 1/4 | 1 | 3 | 1 | 3 | 0.14 |
| $Q_{16}$ | 1/3 | 1/4 | 1/3 | 1 | 1/3 | 3 | 0.07 |
| $Q_{17}$ | 1/2 | 1/3 | 1 | 3 | 1 | 2 | 0.14 |
| $Q_{18}$ | 1/3 | 1/5 | 1/2 | 1/3 | 1/2 | 1 | 0.07 |
| $\lambda_{max}=6.3279$，$CR=0.052<0.1$ | | | | | | | |

**表 5.36　间接效益评价（$Q_2$）的判断矩阵及计算**

| 指标 | $Q_{21}$ | $Q_{22}$ | $Q_{23}$ | $Q_{24}$ | $Q_{25}$ | 权重 |
|---|---|---|---|---|---|---|
| $Q_{21}$ | 1 | 4 | 3 | 3 | 4 | 0.43 |
| $Q_{22}$ | 1/4 | 1 | 1/3 | 1/4 | 1/3 | 0.06 |
| $Q_{23}$ | 1/3 | 3 | 1 | 1 | 3 | 0.20 |
| $Q_{24}$ | 1/3 | 4 | 1 | 1 | 3 | 0.21 |
| $Q_{25}$ | 1/4 | 3 | 1/3 | 1/3 | 1 | 0.10 |
| $\lambda_{max}=5.2588$，$CR=0.057<0.1$ | | | | | | |

**表 5.37　经济效益评价（$S_1$）的判断矩阵及计算**

| 指标 | $S_{11}$ | $S_{12}$ | $S_{13}$ | $S_{14}$ | $S_{15}$ | $S_{16}$ | 权重 |
|---|---|---|---|---|---|---|---|
| $S_{11}$ | 1 | 1/3 | 1 | 1/3 | 1 | 2 | 0.11 |
| $S_{12}$ | 3 | 1 | 1/2 | 1/2 | 2 | 3 | 0.20 |
| $S_{13}$ | 1 | 2 | 1 | 1/2 | 2 | 1 | 0.18 |
| $S_{14}$ | 3 | 2 | 2 | 1 | 3 | 3 | 0.31 |

续表5.37

| 指标 | $S_{11}$ | $S_{12}$ | $S_{13}$ | $S_{14}$ | $S_{15}$ | $S_{16}$ | 权重 |
|---|---|---|---|---|---|---|---|
| $S_{15}$ | 1 | 1/2 | 1/2 | 1/3 | 1 | 1 | 0.09 |
| $S_{16}$ | 1/2 | 1/3 | 1 | 1/3 | 1 | 1 | 0.11 |
| $\lambda_{max}=6.3541$，$CR=0.0562<0.1$ | | | | | | | |

**表 5.38　社会效益评价（$S_2$）的判断矩阵及计算**

| 指标 | $S_{21}$ | $S_{22}$ | $S_{25}$ | $S_{26}$ | $S_{27}$ | $S_{28}$ | 权重 |
|---|---|---|---|---|---|---|---|
| $S_{21}$ | 1 | 1/2 | 1 | 2 | 1/2 | 1/2 | 0.14 |
| $S_{22}$ | 2 | 1 | 1 | 2 | 1 | 3 | 0.23 |
| $S_{25}$ | 1 | 1 | 1 | 1 | 2 | 2 | 0.20 |
| $S_{26}$ | 1/2 | 1/2 | 1 | 1 | 2 | 1 | 0.15 |
| $S_{27}$ | 2 | 1 | 1/2 | 1/2 | 1 | 1 | 0.15 |
| $S_{28}$ | 2 | 1/3 | 1/2 | 1 | 1 | 1 | 0.13 |
| $\lambda_{max}=6.5284$，$CR=0.0839<0.1$ | | | | | | | |

**表 5.39　内部条件持续性评价（$K_1$）的判断矩阵及计算**

| 指标 | $K_{11}$ | $K_{12}$ | $K_{13}$ | $K_{14}$ | $K_{15}$ | $K_{16}$ | 权重 |
|---|---|---|---|---|---|---|---|
| $K_{11}$ | 1 | 1 | 1/3 | 1/2 | 1/3 | 1/2 | 0.09 |
| $K_{12}$ | 1 | 1 | 1/2 | 1/2 | 1/3 | 1/2 | 0.11 |
| $K_{13}$ | 3 | 2 | 1 | 2 | 1 | 1 | 0.22 |
| $K_{14}$ | 2 | 2 | 1/2 | 1 | 1 | 1/2 | 0.15 |
| $K_{15}$ | 3 | 3 | 1 | 1 | 1 | 1/2 | 0.19 |
| $K_{16}$ | 2 | 2 | 1 | 2 | 2 | 1 | 0.24 |
| $\lambda_{max}=6.1611$，$CR=0.0256<0.1$ | | | | | | | |

**表 5.40　外部条件持续性评价（$K_2$）的判断矩阵及计算**

| 指标 | $K_{21}$ | $K_{23}$ | $K_{24}$ | $K_{25}$ | $K_{26}$ | $K_{27}$ | 权重 |
|---|---|---|---|---|---|---|---|
| $K_{21}$ | 1 | 1 | 2 | 3 | 1 | 2 | 0.24 |
| $K_{23}$ | 1 | 1 | 1/2 | 2 | 1/2 | 1 | 0.14 |
| $K_{24}$ | 1/2 | 2 | 1 | 2 | 1 | 2 | 0.19 |
| $K_{25}$ | 1/3 | 1/2 | 1/2 | 1 | 1/2 | 1 | 0.11 |
| $K_{26}$ | 1 | 2 | 1 | 2 | 1 | 2 | 0.20 |
| $K_{27}$ | 1/2 | 1 | 1/2 | 1 | 1/2 | 1 | 0.12 |
| $\lambda_{max}=6.1669$，$CR=0.0265<0.1$ | | | | | | | |

## 2. 该 TOT 项目效益后评价指标的权重

根据表 5.34～表 5.40 各判断矩阵的计算结果，可知得到的指标权重向量均通过一致性检验，应用几何平均法可计算得出该 TOT 项目效益后评价的各指标的权重，如表 5.41 所示。

**表 5.41　该 TOT 项目效益后评价指标权重**

| 一级指标 | | 二级指标 | | 三级指标 | |
|---|---|---|---|---|---|
| 名称 | 权重 | 名称 | 权重 | 名称 | 权重 |
| $Q$ | 0.42 | $Q_1$ | 0.25 | $Q_{11}$ | 0.043 |
| | | | | $Q_{12}$ | 0.045 |
| | | | | $Q_{13}$ | 0.043 |
| | | | | $Q_{16}$ | 0.042 |
| | | | | $Q_{17}$ | 0.043 |
| | | | | $Q_{18}$ | 0.044 |
| | | $Q_2$ | 0.17 | $Q_{21}$ | 0.036 |
| | | | | $Q_{22}$ | 0.033 |
| | | | | $Q_{23}$ | 0.034 |
| | | | | $Q_{24}$ | 0.034 |
| | | | | $Q_{25}$ | 0.033 |
| $S$ | 0.35 | $S_1$ | 0.19 | $S_{11}$ | 0.031 |
| | | | | $S_{12}$ | 0.031 |
| | | | | $S_{13}$ | 0.032 |
| | | | | $S_{14}$ | 0.033 |
| | | | | $S_{15}$ | 0.031 |
| | | | | $S_{16}$ | 0.028 |
| | | $S_2$ | 0.16 | $S_{21}$ | 0.027 |
| | | | | $S_{22}$ | 0.029 |
| | | | | $S_{25}$ | 0.027 |
| | | | | $S_{26}$ | 0.026 |
| | | | | $S_{27}$ | 0.027 |
| | | | | $S_{28}$ | 0.027 |

续表5.41

| 一级指标 | | 二级指标 | | 三级指标 | |
|---|---|---|---|---|---|
| 名称 | 权重 | 名称 | 权重 | 名称 | 权重 |
| $K$ | 0.23 | $K_1$ | 0.12 | $K_{11}$ | 0.020 |
| | | | | $K_{12}$ | 0.021 |
| | | | | $K_{13}$ | 0.020 |
| | | | | $K_{14}$ | 0.020 |
| | | | | $K_{15}$ | 0.020 |
| | | | | $K_{16}$ | 0.022 |
| | | $K_2$ | 0.11 | $K_{21}$ | 0.018 |
| | | | | $K_{23}$ | 0.016 |
| | | | | $K_{24}$ | 0.016 |
| | | | | $K_{25}$ | 0.015 |
| | | | | $K_{26}$ | 0.016 |
| | | | | $K_{27}$ | 0.017 |

### 5.4.5 该 TOT 项目效益后评价等级判定

#### 1. 单指标属性测度分析

根据该 TOT 项目效益后评价定量指标实测值和定性指标实测值计算及评价结果，对该 TOT 项目进行效益后评价指标的属性测度分析。该 TOT 项目效益后评价的单指标属性测度分析如表 5.42、表 5.43、表 5.44 所示。

**表 5.42 企业效益后评价（$Q$）单指标属性测度分析**

| 指标 | 指标实测值 | $u_1$ | $u_2$ | $u_3$ | $u_4$ |
|---|---|---|---|---|---|
| $Q_{11}$ | 21 | 0 | 1 | 0 | 0 |
| $Q_{12}$ | 13 | 0.5 | 0.5 | 0 | 0 |
| $Q_{13}$ | 19.05 | 0 | 0.62 | 0.38 | 0 |
| $Q_{16}$ | 5.12 | 1 | 0 | 0 | 0 |
| $Q_{17}$ | 2.1 | 0 | 0.7 | 0.3 | 0 |
| $Q_{18}$ | 2.18 | 1 | 0 | 0 | 0 |
| $Q_{21}$ | 85 | 0.5 | 0.5 | 0 | 0 |
| $Q_{22}$ | 82 | 0.3 | 0.7 | 0 | 0 |
| $Q_{23}$ | 79 | 0.1 | 0.9 | 0 | 0 |
| $Q_{24}$ | 85 | 0.5 | 0.5 | 0 | 0 |
| $Q_{25}$ | 84 | 0.43 | 0.57 | 0 | 0 |

**表 5.43　社会经济效益后评价（S）单指标属性测度分析**

| 指标 | 指标实测值 | $u_1$ | $u_2$ | $u_3$ | $u_4$ |
|---|---|---|---|---|---|
| $S_{11}$ | 79 | 0.1 | 0.9 | 0 | 0 |
| $S_{12}$ | 82 | 0.3 | 0.7 | 0 | 0 |
| $S_{13}$ | 83 | 0.37 | 0.63 | 0 | 0 |
| $S_{14}$ | 78 | 0.03 | 0.97 | 0 | 0 |
| $S_{15}$ | 76 | 0 | 1 | 0 | 0 |
| $S_{16}$ | 81 | 0.23 | 0.77 | 0 | 0 |
| $S_{21}$ | 82 | 0.3 | 0.7 | 0 | 0 |
| $S_{22}$ | 77 | 0 | 1 | 0 | 0 |
| $S_{25}$ | 78 | 0.03 | 0.97 | 0 | 0 |
| $S_{26}$ | 83 | 0.37 | 0.63 | 0 | 0 |
| $S_{27}$ | 65 | 0 | 1 | 0 | 0 |
| $S_{28}$ | 62 | 0.3 | 0.7 | 0 | 0 |

**表 5.44　效益可持续性后评价（K）单指标属性测度分析**

| 指标 | 指标实测值 | $u_1$ | $u_2$ | $u_3$ | $u_4$ |
|---|---|---|---|---|---|
| $K_{11}$ | 82 | 0.3 | 0.7 | 0 | 0 |
| $K_{12}$ | 81 | 0.23 | 0.77 | 0 | 0 |
| $K_{13}$ | 79 | 0.1 | 0.9 | 0 | 0 |
| $K_{14}$ | 82 | 0.3 | 0.7 | 0 | 0 |
| $K_{15}$ | 81 | 0.23 | 0.77 | 0 | 0 |
| $K_{16}$ | 80 | 0.17 | 0.83 | 0 | 0 |
| $K_{21}$ | 78 | 0.03 | 0.97 | 0 | 0 |
| $K_{23}$ | 79 | 0.1 | 0.9 | 0 | 0 |
| $K_{24}$ | 83 | 0.37 | 0.63 | 0 | 0 |
| $K_{25}$ | 81 | 0.23 | 0.77 | 0 | 0 |
| $K_{26}$ | 67 | 0 | 0.8 | 0.2 | 0 |
| $K_{27}$ | 65 | 0 | 1 | 0 | 0 |

### 2. 多指标属性测度分析

根据单指标属性测度结果，结合指标权重，得到企业效益后评价（$Q$）、社会经济效益后评价（$S$）、效益可持续性后评价（$K$）的多指标属性测度分析，如表 5.45、表 5.46、表 5.47 所示。

**表 5.45　企业效益后评价（$Q$）多指标属性测度分析**

| 指标 | $u_1$ | $u_2$ | $u_3$ | $u_4$ |
|---|---|---|---|---|
| $Q_{11}$ | 0 | 0.1 | 0 | 0 |
| $Q_{12}$ | 0.05 | 0.05 | 0 | 0 |
| $Q_{13}$ | 0 | 0.06 | 0.04 | 0 |
| $Q_{16}$ | 0.1 | 0 | 0 | 0 |
| $Q_{17}$ | 0 | 0.07 | 0.03 | 0 |
| $Q_{18}$ | 0.1 | 0 | 0 | 0 |
| $Q_{21}$ | 0.04 | 0.04 | 0 | 0 |
| $Q_{22}$ | 0.02 | 0.05 | 0 | 0 |
| $Q_{23}$ | 0.01 | 0.07 | 0 | 0 |
| $Q_{24}$ | 0.04 | 0.04 | 0 | 0 |
| $Q_{25}$ | 0.03 | 0.04 | 0 | 0 |

**表 5.46　社会经济效益后评价（$S$）多指标属性测度分析**

| 指标 | $u_1$ | $u_2$ | $u_3$ | $u_4$ |
|---|---|---|---|---|
| $S_{11}$ | 0.05 | 0.04 | 0 | 0 |
| $S_{12}$ | 0.03 | 0.06 | 0 | 0 |
| $S_{13}$ | 0.03 | 0.06 | 0 | 0 |
| $S_{14}$ | 0.01 | 0.09 | 0 | 0 |
| $S_{15}$ | 0 | 0.08 | 0 | 0 |
| $S_{16}$ | 0.02 | 0.06 | 0 | 0 |
| $S_{21}$ | 0.02 | 0.05 | 0 | 0 |
| $S_{22}$ | 0 | 0.08 | 0 | 0 |
| $S_{25}$ | 0 | 0.07 | 0 | 0 |
| $S_{26}$ | 0.02 | 0.05 | 0 | 0 |
| $S_{27}$ | 0 | 0.08 | 0 | 0 |
| $S_{28}$ | 0.02 | 0.05 | 0 | 0 |

**表 5.47　效益可持续性后评价（$K$）多指标属性测度分析**

| 指标 | $u_1$ | $u_2$ | $u_3$ | $u_4$ |
|---|---|---|---|---|
| $K_{11}$ | 0.03 | 0.06 | 0 | 0 |
| $K_{12}$ | 0.02 | 0.07 | 0 | 0 |
| $K_{13}$ | 0.01 | 0.08 | 0 | 0 |
| $K_{14}$ | 0.03 | 0.06 | 0 | 0 |
| $K_{15}$ | 0.02 | 0.07 | 0 | 0 |
| $K_{16}$ | 0.02 | 0.08 | 0 | 0 |
| $K_{21}$ | 0 | 0.08 | 0 | 0 |
| $K_{23}$ | 0.01 | 0.07 | 0 | 0 |
| $K_{24}$ | 0.03 | 0.05 | 0 | 0 |
| $K_{25}$ | 0.02 | 0.05 | 0 | 0 |
| $K_{26}$ | 0 | 0.06 | 0.02 | 0 |
| $K_{27}$ | 0 | 0.08 | 0 | 0 |

### 3. 该 TOT 项目效益后评价等级判定

该 TOT 项目各一级指标属性测度计算结果如表 5.48 所示。

**表 5.48　该 TOT 项目各一级指标属性测度计算结果**

| 指标 | $u_1$ | $u_2$ | $u_3$ | $u_4$ |
|---|---|---|---|---|
| $Q$ | 0.39 | 0.52 | 0.09 | 0 |
| $S$ | 0.21 | 0.79 | 0 | 0 |
| $K$ | 0.17 | 0.81 | 0.02 | 0 |

对该 TOT 项目企业效益后评价（$Q$）、社会经济效益后评价（$S$）、效益可持续性后评价（$K$）结果进行属性识别，可得 $k_0=\min\left\{k\left|\sum_{1}^{k}\mu_k\geqslant\lambda,k=1,2,3,4\right.\right\}=2$，因此该 TOT 项目效益后评价结果为良。

## 5.4.6　该 TOT 项目效益后评价结果分析与建议

### 1. 企业效益后评价结果分析

（1）直接效益评价结果分析

该 TOT 项目效益后评价与 TOT 融资评估的直接效益评价指标对比如表 5.49 所示。

**表 5.49　该 TOT 项目效益后评价与 TOT 融资评估的直接效益评价指标对比**

| 评价指标 | 效益后评价值 | 融资评估值 |
|---|---|---|
| 财务净现值率 | 23% | 25% |
| 财务内部收益率 | 15% | 15% |
| 动态投资回收期 | 14.96 年 | 15 年 |
| 利息备付率 | 3.74% | 4% |
| 流动比率 | 2.1% | 2.5% |
| 偿债备付率 | 1.54% | 1.65% |

由表 5.49 可知，该 TOT 项目效益后评价时点的直接效益评价指标虽然没有达到项目 TOT 融资评估时的预测值，但是项目的财务净现值率、财务内部收益率、动态投资回收期等指标实测值均已达到行业基准水平，因此，该 TOT 项目的直接效益良好。

另外，通过对该 TOT 项目的研究发现，项目直接效益指标出现偏差的主要原因是运营成本的增加。而导致运营成本增加的主要原因有两个方面：一是该 TOT 项目所在地区复杂的地质、气候、社会环境给项目的运营管理带来了巨大的挑战；二是该 TOT 项目运营管理过程中标准化程度不高，也使得项目运营成本增加。

（2）间接效益评价结果分析

根据表 5.42 可知，该 TOT 项目间接效益评价的指标属性测度分析结果均为良好，说明该 TOT 项目给特许经营企业带来的投资结构优化、管理体制优化、技术能力提升等间接效益均良好，略低于 TOT 融资评估时的预期。

另外，通过对该 TOT 项目的研究发现，该 TOT 项目在 TOT 融资前，由政府组建的国有企业负责项目的运营管理工作。特许经营企业在通过 TOT 融资获得该 TOT 项目的经营权后，在原有的国有企业的基础上组建了项目的运营管理机构，并没有充分发挥该 TOT 项目在促进人才培养、提升技术能力等方面的作用。

### 2. 社会经济效益后评价结果分析

（1）经济效益评价结果分析

根据表 5.43 可知，该 TOT 项目经济效益评价的指标属性测度结果为良好，项目的运营对沿线区域产业结构优化、促进资源开发利用等效果较为显著，但未达到 TOT 融资评估时的预期。

效益后评价与 TOT 融资评估经济效益评价出现偏差的原因主要有两点：一是该地区经济发展较为滞后，经济基础较为薄弱，产业结构尚不完善；二是该 TOT 高等级公路项目采用封闭通行的方式，一定程度上降低了沿线区域的路网连通程度。

（2）社会效益评价结果分析

根据表 5.43 可知，该 TOT 项目社会效益评价指标的属性测度结果为良好，项目的运营对区域社会发展的影响为良好，但未完全达到 TOT 融资评估时的预期。

该 TOT 高等级公路项目运营过程中，随着车辆的大量通行，产生的废气中包含的氮氧化合物、颗粒物等有害物质对周边环境造成了污染，而该 TOT 项目的质量检测和污染控制措施尚不完善，使得该项目对大气环境的不利影响高于预期，社会效益评价结果没有达到预期。

### 3. 效益可持续性后评价结果分析

（1）内部条件可持续性评价结果分析

根据表 5.44 可知，该 TOT 项目内部条件可持续性评价结果为良好，与项目 TOT 融资评估相比，项目内部条件可持续性未达到预期。

通过对该 TOT 项目内部条件可持续性评价指标属性测度结果进行分析可知，指标“基础设施完备性”得分较低。造成这一结果的主要原因是该 TOT 项目沿线经济社会快速发展，汽车保有量快速增长，项目交通量剧增，而现有的收费站、路线互通等基础设施未能适应交通量增长的形势。

（2）外部条件可持续性评价结果分析

根据表 5.44 可知，该 TOT 项目外部条件可持续性评价结果为良好，但没有完全达到 TOT 融资评估预期。

通过该 TOT 项目外部条件可持续性评价指标属性测度分析可知，指标“同类项目竞争影响”指标属性测度得分较低。主要是因为另有新的高等级公路项目建成并通车，使得该 TOT 项目部分交通量分流到新的高等级公路项目中，影响了项目效益的可持续性。

### 4. 对西部地区 TOT 高等级公路项目的建议

根据案例的公路效益后评价结果，针对西部地区 TOT 高等级公路发展有以下几点建议。

（1）推行标准化管理

通过标准化管理，可对项目养护及维修所涉及的各个方面的内容和问题制定统一的规则和执行标准，从而使各项标准落实到各节点、各部位、各阶段，形成“实施有规范、操作有程序、过程有控制、结果有考核”的标准化管理体系。因此，建议在西部地区 TOT 高等级公路运营管理过程中，通过推行标准化管理，降低项目运营成本。

（2）积极进行预测分析

西部地区 TOT 高等级公路特许经营期限一般为 20～30 年，时间跨度较长。特许经营期限内，项目所在的经济社会环境往往会产生显著的变化，对项目的效益可持续性产生巨大影响。例如，随着经济社会的快速发展，在区域汽车保有量大幅增加、项目交通量迅速增长、通行费收入日益剧增的同时，也给项目的运营管理工作带来了新的挑战。因此，在西部地区 TOT 高等级公路运营管理过程中，要积极进行预测分析，采取针对性措施适应经济社会的发展形势。

（3）与公路网及其他交通体系协调发展

西部地区 TOT 高等级公路作为重要的交通运输主干线，与公路网及其他交通体系是紧密联系的，并不是孤立存在的。因此，在西部地区 TOT 高等级公路项目运营管理过程中，应该积极做好道路互通、涵洞等设施的管理维护工作，与公路网及其他交通体系协调发展。

（4）注重生态环境保护，实现可持续发展

西部地区 TOT 高等级公路项目运营过程中，车辆产生的大量废气和噪声会对沿线区域环境产生不利影响。而西部地区地形复杂，气候类型多样，又为不同的植物生长和野生动物栖息创造了良好条件。因此，为了保护西部地区丰富的生物资源，在西部地区 TOT 高等级公路运营过程中，必须注重生态环境保护，采取积极措施降低污染物的排放，减少通车干扰，实现项目与西部地区自然环境的协调可持续发展。

# 参考文献


［1］冯辉红．工程经济学［M］．北京：化学工业出版社，2021.

［2］国家发展和改革委员会．发展改革委发布企业投资项目核准和备案管理办法．2017.

［3］国家发展和改革委员会，中华人民共和国建设部．建设项目经济评价方法与参数［M］．3 版．北京：中国计划出版社，2006.

［4］中华人民共和国财政部，国家税务总局．关于做好全面推开营业税改征增值税试点准备工作的通知（财税〔2016〕32 号）．2016.

［5］冯辉红．工程造价管理［M］．北京：化学工业出版社，2017.

［6］Malini E. Build operate transfer municipal bridge projects in India［J］. Journal of Management in Engineering，1999，15（4）：51－58.

［7］Khanzadi M，Nasirzadeh F，Alipour M. Integrating system dynamics and fuzzy logic modeling to determine concession period in BOT projects［J］. Automation in Construction，2012，22：368－376.

［8］Robert Tiong. Evaluation of Proposals for BOT projects［J］. International Journal of Project Management，1995（15）：67－72.

［9］杨帆．工程项目建设投融资模式与管理模式［J］．公路，2015（8）：185－190.

［10］Wang F，Xiong M，Niu B，et al. Impact of government subsidy on BOT contract design：price，demand，and concession period［J］. Transportation Research Part B：Methodological，2018，110：137－159.

［11］Lam K C，Chow W S. The significance of financial risks in BOT procurement［J］. Building Research & Information，1999，27（2）：84－95.

［12］Thomas A V，Kalidindi S N，Ganesh L S. Modelling and assessment of critical risks in BOT road projects［J］. Construction Management and Economics，2006，24（4）：407－424.

［13］Bayat M，Khanzadi M，Nasirzadeh F，et al. Financial conflict resolution model in BOT contracts using bargaining game theory［J］. Construction Innovation，2019，20（1）：18－42.

［14］Orzes G，Sartor M，Nassimbeni G. Build-operate-transfer（BOT）：an emerging entry mode for service offshoring［J］. Production Planning & Control，2017，28（4）：295－309.

［15］冯辉红．工程项目管理［M］．北京：中国水利水电出版社，2016.

［16］潘鹏程，王红倩．基于直觉模糊集的公路 PPP 项目物有所值评价［J］．公路交通科

技，2018，35（5）：142－150.

[17] 王鹏，何荷. 灰色理论在交通量预测中的应用［J］. 公路交通科技（应用技术版），2014（7）：325－327.

[18] 甘肃省公路管理局. 甘肃省“十三五”综合交通发展规划.

[19] 中华人民共和国国务院令第 417 号. 收费公路管理条例. 2004.

[20] 冯辉红. 建设工程监理概论［M］. 北京：化学工业出版社，2018.

[21] 李晶淼. 政府特许经营权转让的反思与走向——以若干典型政府特许经营权转让事件为实证分析对象［J］. 郑州大学学报（哲学社会科学版），2018，51（6）：37－40.

[22] 国家发展和改革委员会. 关于印发中央政府投资项目后评价管理办法和中央政府投资项目后评价报告编制大纲（试行）的通知（发改投资〔2014〕2129 号）. 2014.

[23] 交通运输部. 2019 年全国收费公路统计公报［N］. 中国交通报，2020－09－28.

[24] 中国国际工程咨询公司. 中国投资项目社会评价指南［M］. 北京：中国计划出版社，2004.

[25] Ibrahim A H，Shaker M A. Sustainability index for highway construction projects［J］. Alexandria Engineering Journal，2019，58（4）：1399－1411.

[26] Odeck J，Kjerkreit A. The accuracy of benefit-cost analyses（BCAs）in transportation：An ex-post evaluation of road projects［J］. Transportation Research Part A：Policy and Practice，2019，120：277－294.

[27] Shabani A，Torabipour S M R，Farzipoor Saen R，et al. Distinctive data envelopment analysis model for evaluating global environment performance［J］. Applied Mathematical Modelling，2015，39（15）：4385－4404.

[28] 钟琦，田宇，沈党云. 基于灰色预测模型的高速公路经济影响后评价［J］. 公路，2019，64（8）：327－329.

[29] Botelho R D，Camara J J D，Costa I C S，et al. The quality of roads in Brazil：The interrelation of its multiple stressors and their impact on society［J］. Advances in Intelligent Systems and Computing，2019，6（5）：480－488.

[30] Ghadiri Khanaposhtani M，Gasc A，Francomano D，et al. Effects of highways on bird distribution and soundscape diversity around Aldo Leopold's shack in Baraboo，Wisconsin，USA［J］. Landscape and Urban Planning，2019，12（192）：103666.

[31] Elhenawy M，Rakha H A，Ashqar H I. Joint Impact of Rain and Incidents on Traffic Stream Speeds［J］. Journal of Advanced Transportation，2021，5（2021）：1－12.

[32] Sobhani A，Keramati A，Lu P，et al. Impact of Forest Road Maintenance Policies on Log Transportation Cost，Routing，and Carbon-Emission Trade-Offs：Oregon Case Study［J］. Journal of Transportation Engineering Part A：Systems，2020，6（146）：04020028.

# 附　录

## 附录 1　案例 TOT 高等级公路受让方财务决策影响因素重要性调查问卷

尊敬的专家：

您好！基于您对西部地区 TOT 模式下高等级公路的参与情况，现就案例 TOT 高等级公路项目受让方财务决策影响因素权重问题向您发放调查问卷。案例 TOT 高等级公路项目的影响因素表及评分标准表见附表 1.1 和附表 1.2，无须作答。在熟悉了相关内容后，请对附表 1.3～附表 1.9 进行打分或评价。您的回答对该项目的研究非常重要，还希望您能够在百忙之中腾出宝贵的时间来完成此次问卷调查，在此承诺，对于您所填写的调查内容及个人信息，将全部保密！感谢您受邀对问卷的认真作答！

麻烦您在填写完问卷后，将它发回邮箱：＊＊＊＊＊＊＊＊＊＊，再次感谢！

**附表 1.1　案例 TOT 高等级公路项目受让方财务决策影响因素体系表**

| 目标层 | 准则层 | 指标层 |
|---|---|---|
| 项目受让方财务决策影响程度 | 政府（$B_1$） | 特许经营期的确定（$b_{11}$） |
| | | 可行性研究报告的评审（$b_{12}$） |
| | | 同地区同类项目的限制（$b_{13}$） |
| | | 项目资产的运营现状（$b_{14}$） |
| | 项目公司（$B_2$） | 技术设备的先进性（$b_{21}$） |
| | | 一次性支付资金来源（$b_{22}$） |
| | | 收费标准的确定（$b_{23}$） |
| | | 运营管理能力（$b_{24}$） |
| | 项目使用方（$B_3$） | 对收费定价的接受程度（$b_{31}$） |
| | | 对公路项目的使用率（$b_{32}$） |
| | 西部地区大环境条件（$B_4$） | 金融和法律政策环境（$b_{41}$） |
| | | 社会和文化差别（$b_{42}$） |
| | | 项目所在地区发展规划与相关行业的配套服务（$b_{43}$） |
| | | 项目所在地区社会稳定性（$b_{44}$） |
| | | 自然环境（$b_{45}$） |

**附表 1.2　因素之间“1～9”重要性判断标度表**

| 判断尺度 | 定　义 |
|---|---|
| 1 | 因素 $i$ 与因素 $j$ 同等重要 |
| 3 | 因素 $i$ 与因素 $j$ 相比，$i$ 比 $j$ 较为重要 |
| 5 | 因素 $i$ 与因素 $j$ 相比，$i$ 比 $j$ 明显重要 |
| 7 | 因素 $i$ 与因素 $j$ 相比，$i$ 比 $j$ 尤其重要 |
| 9 | 因素 $i$ 与因素 $j$ 相比，$i$ 比 $j$ 极度重要 |
| 2，4，6，8 | 处于上述两相邻判断尺度之间 |

注：两个相同因素在进行比较时，其判断尺度互为倒数，即 $a_{ij}=1/a_{ji}$，$a_{ii}=1$。

## 1. 影响因素重要性打分表

请各位专家根据实际情况及经验对准则层及指标层的各因素进行两两因素重要性判断，并对附表 1.3～附表 1.7 予以打分，比较时均按竖向因素与横向因素之比的重要程度打分。

**附表 1.3　准则层（1～9）评分表**

| 评价对象 | 政府（$B_1$） | 项目公司（$B_2$） | 项目使用方（$B_3$） | 大环境条件（$B_4$） |
|---|---|---|---|---|
| 政府（$B_1$） | 1 | | | |
| 项目公司（$B_2$） | | 1 | | |
| 项目使用方（$B_3$） | | | 1 | |
| 大环境条件（$B_4$） | | | | 1 |

**附表 1.4　政府方（1～9）评分表**

| 评价对象 | 特许经营期的确定（$b_{11}$） | 可行性研究报告的评审（$b_{12}$） | 同地区同类项目的限制（$b_{13}$） | 项目资产的运营现状（$b_{14}$） |
|---|---|---|---|---|
| 特许经营期的确定（$b_{11}$） | 1 | | | |
| 可行性研究报告的评审（$b_{12}$） | | 1 | | |
| 同地区同类项目的限制（$b_{13}$） | | | 1 | |
| 项目资产的运营现状（$b_{14}$） | | | | 1 |

**附表 1.5　项目公司（1～9）评分表**

| 评价对象 | 技术设备的先进性（$b_{21}$） | 一次性支付资金来源（$b_{22}$） | 收费标准的确定（$b_{23}$） | 运营管理能力（$b_{24}$） |
|---|---|---|---|---|
| 技术设备的先进性（$b_{21}$） | 1 | | | |
| 一次性支付资金来源（$b_{22}$） | | 1 | | |
| 收费标准的确定（$b_{23}$） | | | 1 | |
| 运营管理能力（$b_{24}$） | | | | 1 |

**附表 1.6 项目使用方（1~9）评分表**

| 评价对象 | 对收费定价的接受程度（$b_{31}$） | 对公路项目的使用率（$b_{32}$） |
|---|---|---|
| 对收费定价的接受程度（$b_{31}$） | 1 | |
| 对公路项目的使用率（$b_{32}$） | | 1 |

**附表 1.7 项目所在省大环境条件（1~9）评分表**

| 评价对象 | 金融和法律政策环境（$b_{41}$） | 社会和文化差别（$b_{42}$） | 项目所在地区发展规划与相关行业的配套服务（$b_{43}$） | 项目所在地区社会稳定性（$b_{44}$） | 自然环境（$b_{45}$） |
|---|---|---|---|---|---|
| 金融和法律政策环境（$b_{41}$） | 1 | | | | |
| 社会和文化差别（$b_{42}$） | | 1 | | | |
| 项目所在地区发展规划与相关行业的配套服务（$b_{43}$） | | | 1 | | |
| 项目所在地区社会稳定性（$b_{44}$） | | | | 1 | |
| 自然环境（$b_{45}$） | | | | | 1 |

## 2. 因素影响程度综合评价表

请各位专家根据实际情况及经验对指标层的各因素在附表 1.8 中进行重要性评价。

**附表 1.8 各因素对项目受让方财务决策影响程度模糊综合评价表**

| 目标层 | 准则层 | 指标层 | 评语集 | | | | |
|---|---|---|---|---|---|---|---|
| | | | 高 | 较高 | 一般 | 较低 | 低 |
| 项目受让方财务决策影响程度 | 政府（$B_1$） | 特许经营期的确定（$b_{11}$） | | | | | |
| | | 可行性研究报告的评审（$b_{12}$） | | | | | |
| | | 同地区同类项目的限制（$b_{13}$） | | | | | |
| | | 项目资产的运营现状（$b_{14}$） | | | | | |
| | 项目公司（$B_2$） | 技术设备的先进性（$b_{21}$） | | | | | |
| | | 一次性支付资金来源（$b_{22}$） | | | | | |
| | | 收费标准的确定（$b_{23}$） | | | | | |
| | | 运营管理能力（$b_{24}$） | | | | | |
| | 项目使用方（$B_3$） | 对收费定价的接受程度（$b_{31}$） | | | | | |
| | | 对公路项目的使用率（$b_{32}$） | | | | | |
| | 大环境条件（$B_4$） | 金融和法律政策环境（$b_{41}$） | | | | | |
| | | 社会和文化差别（$b_{42}$） | | | | | |
| | | 项目所在地区发展规划与相关行业的配套服务（$b_{43}$） | | | | | |
| | | 项目所在地区社会稳定性（$b_{44}$） | | | | | |
| | | 自然环境（$b_{45}$） | | | | | |

3. 受让方账务决策影响因子评分表

请各位专家根据实际情况及经验对受让方财务决策影响因子进行两两因素重要性判断，并在附表 1.9 中进行评分。

**附表 1.9 影响因素对应的受让方影响因子（1～9）评分表**

| 影响因子 | 日常养护费 | 运营管理费 | 大修费用 | 贷款利息 | 交通量 |
|---|---|---|---|---|---|
| 日常养护费 | 1 | | | | |
| 运营管理费 | | 1 | | | |
| 大修费用 | | | 1 | | |
| 贷款利息 | | | | 1 | |
| 交通量 | | | | | 1 |

4. 您的建议

若您在评分过程中对以上内容有任何建议，请在此补充说明，谢谢！

________________________________________

________________________________________

________________________________________

# 附录 2　西部地区 TOT 高等级公路效益后评价指标重要性调查问卷

尊敬的专家：

您好！基于您对西部地区 TOT 模式下高等级公路的参与情况，现就项目效益后评价初始指标的筛选与优化问题向您发放调查问卷，旨在确定西部地区 TOT 高等级公路效益后评价的最终指标体系。非常感谢您应邀协助开展本次调查。本次调查的所有内容将为您严格保密，您宝贵的实践经验和理论研究成果对本次调研具有重要的意义和价值。非常感谢您的支持！祝你生活愉快！

问卷填表说明：

1. 本问卷分为三个部分。第一部分是问卷填表人的基本情况，用于以后对问卷数据的分析。第二部分是“西部地区 TOT 高等级公路效益后评价指标重要性调查表”，请根据您的真实想法对效益后评价指标的重要性进行评分。第三部分是您对本问卷的补充和建议。

2. 本问卷采用 5 标度李克特量表法进行打分：“1”表示不重要，“2”表示较不重要，“3”表示一般重要，“4”表示较重要，“5”表示重要。

3. 请将您的打分情况填在“重要程度”栏目下，并将真实结果返回至指定邮箱。

## 第一部分：问卷填写人信息

1. 您的学历：

□大专以下　□大专　□本科　□硕士　□博士

2. 您所在单位性质：

□建设单位　□运营单位　□咨询单位　□学校及科研单位

3. 工作年限：

□2 年以下　□2～5 年　□5～10 年　□10 年以上

## 第二部分：西部地区 TOT 高等级公路效益后评价指标重要性调查表

**附表 2.1　西部地区 TOT 高等级公路效益后评价指标重要性调查表**

| 上级指标 | 分类指标 | 评价指标 | 重要程度<br>不重要—重要<br>1 | 2 | 3 | 4 | 5 |
|---|---|---|---|---|---|---|---|
| 企业效益后评价（$Q$） | 直接效益评价（$Q_1$） | 财务净现值率（$Q_{11}$） | □ | □ | □ | □ | □ |
| | | 财务内部收益率（$Q_{12}$） | □ | □ | □ | □ | □ |
| | | 动态投资回收期（$Q_{13}$） | □ | □ | □ | □ | □ |
| | | 财务投资收益率（$Q_{14}$） | □ | □ | □ | □ | □ |
| | | 资产负债率（$Q_{15}$） | □ | □ | □ | □ | □ |
| | | 利息备付率（$Q_{16}$） | □ | □ | □ | □ | □ |
| | | 流动比率（$Q_{17}$） | □ | □ | □ | □ | □ |
| | | 偿债备付率（$Q_{18}$） | □ | □ | □ | □ | □ |
| | 间接效益评价（$Q_2$） | 投资结构优化效果（$Q_{21}$） | □ | □ | □ | □ | □ |
| | | 管理体制优化效果（$Q_{22}$） | □ | □ | □ | □ | □ |
| | | 技术能力提升效果（$Q_{23}$） | □ | □ | □ | □ | □ |
| | | 人才培养促进效果（$Q_{24}$） | □ | □ | □ | □ | □ |
| | | 企业知名度提升效果（$Q_{25}$） | □ | □ | □ | □ | □ |
| 社会经济效益后评价（$S$） | 经济效益评价（$S_1$） | 产业结构优化效果（$S_{11}$） | □ | □ | □ | □ | □ |
| | | 劳动力就业提高程度（$S_{12}$） | □ | □ | □ | □ | □ |
| | | 旅游资源开发效果（$S_{13}$） | □ | □ | □ | □ | □ |
| | | 矿产资源开发效果（$S_{14}$） | □ | □ | □ | □ | □ |
| | | 对外贸易增加效果（$S_{15}$） | □ | □ | □ | □ | □ |
| | | 投资环境改善效果（$S_{16}$） | □ | □ | □ | □ | □ |
| | | 推进城镇化效果（$S_{17}$） | □ | □ | □ | □ | □ |
| | | 人们生活水平提高程度（$S_{18}$） | □ | □ | □ | □ | □ |
| | 社会效益评价（$S_2$） | 区域交通变化情况（$S_{21}$） | □ | □ | □ | □ | □ |
| | | 精准扶贫效果（$S_{22}$） | □ | □ | □ | □ | □ |
| | | 人们思想观念改变程度（$S_{23}$） | □ | □ | □ | □ | □ |
| | | 文化、卫生、体育发展变化情况（$S_{24}$） | □ | □ | □ | □ | □ |
| | | 防灾减灾效果（$S_{25}$） | □ | □ | □ | □ | □ |
| | | 政治稳定效果（$S_{26}$） | □ | □ | □ | □ | □ |
| | | 对大气环境的影响（$S_{27}$） | □ | □ | □ | □ | □ |
| | | 对声环境的影响（$S_{28}$） | □ | □ | □ | □ | □ |

续表

| 上级指标 | 分类指标 | 评价指标 | 重要程度<br>不重要—重要<br>1 | 2 | 3 | 4 | 5 |
|---|---|---|---|---|---|---|---|
| 效益可持续性后评价（$K$） | 内部条件可持续性评价（$K_1$） | 管理体系完整性（$K_{11}$） | □ | □ | □ | □ | □ |
| | | 人员编制符合率（$K_{12}$） | □ | □ | □ | □ | □ |
| | | 设施配置完备性（$K_{13}$） | □ | □ | □ | □ | □ |
| | | 技术设备先进性（$K_{14}$） | □ | □ | □ | □ | □ |
| | | 行车事故率控制水平（$K_{15}$） | □ | □ | □ | □ | □ |
| | | 区间平均车速达标程度（$K_{16}$） | □ | □ | □ | □ | □ |
| | | 平均收费时间影响（$K_{17}$） | □ | □ | □ | □ | □ |
| | | 对外投资影响（$K_{18}$） | □ | □ | □ | □ | □ |
| | 外部条件可持续性评价（$K_2$） | 交通量增长稳定性（$K_{21}$） | □ | □ | □ | □ | □ |
| | | 信托资金稳定性（$K_{22}$） | □ | □ | □ | □ | □ |
| | | 特许权期限合理性（$K_{23}$） | □ | □ | □ | □ | □ |
| | | 收费标准合理性（$K_{24}$） | □ | □ | □ | □ | □ |
| | | 政府税收优惠政策影响（$K_{25}$） | □ | □ | □ | □ | □ |
| | | 同类项目竞争影响（$K_{26}$） | □ | □ | □ | □ | □ |
| | | 气候环境影响（$K_{27}$） | □ | □ | □ | □ | □ |
| | | 地质环境影响（$K_{28}$） | □ | □ | □ | □ | □ |

## 第三部分：补充和修改意见

______________________________________________

______________________________________________

______________________________________________

# 附录 3　案例 TOT 高等级公路效益后评价指标权重调查问卷

尊敬的专家：

您好！基于您对西部地区 TOT 模式下高等级公路的参与情况，现就案例 TOT 高等级公路项目效益后评价指标权重问题向您发放调查问卷，用于确定案例 TOT 高等级公路效益后评价中各指标的权重。非常感谢您应邀协助开展本次调查，本次调查的所有内容将为您严格保密，您宝贵的实践经验和理论研究成果对本次调研具有重要的意义和价值。如果您对以下问卷有任何补充和有价值的评论，请把它们放在表格后面的空白处。非常感谢您的支持！

问卷填表说明：

1. 本问卷分为三个部分。第一部分是问卷填表人的基本情况，用于以后对问卷数据的分析。第二部分为“案例 TOT 高等级公路效益后评价指标重要程度比较表”，请根据您的真实想法对效益后评价指标的重要程度进行比较和评分。第三部分是您对本问卷的补充和修改意见。

2. 本问卷指标的重要性打分采用 9 级标度法，如附表 3.1 所示。

**附表 3.1　指标重要性 9 级标度法**

| 标度 | 定　义 |
|---|---|
| 1 | 两个指标相比，第一个指标与第二个指标同等重要 |
| 3 | 两个指标相比，第一个指标比第二指标稍微重要 |
| 5 | 两个指标相比，第一个指标比第二指标明显重要 |
| 7 | 两个指标相比，第一个指标比第二指标强烈重要 |
| 9 | 两个指标相比，第一个指标比第二指标极端重要 |
| 2，4，6，8 | 上述相邻的两个程度的中值 |

3. 问卷填写完以后，请返回至指定邮箱。

## 第一部分：问卷填写人信息

1. 您的学历：

□大专以下　□大专　□本科　□硕士　□博士及以上

2. 您所在单位性质：

□建设单位　□运营单位　□咨询单位　□学校及科研单位

3. 工作年限：

□2 年以下　□2～5 年　□5～10 年　□10 年以上

## 第二部分：案例TOT高等级公路效益后评价指标重要程度比较表

**附表3.2 效益后评价指标下各二级指标重要程度比较表**

| 二级指标 | 直接效益评价（$Q_1$） | 间接效益评价（$Q_2$） | 经济效益评价（$S_1$） | 社会效益评价（$S_2$） | 内部条件可持续性评价（$K_1$） | 外部条件可持续性评价（$K_2$） |
|---|---|---|---|---|---|---|
| 直接效益评价（$Q_1$） | 1 | | | | | |
| 间接效益评价（$Q_2$） | | 1 | | | | |
| 经济效益评价（$S_1$） | | | 1 | | | |
| 社会效益评价（$S_2$） | | | | 1 | | |
| 内部条件可持续性评价（$K_1$） | | | | | 1 | |
| 外部条件可持续性评价（$K_2$） | | | | | | 1 |

**附表3.3 直接效益评价（$Q_1$）指标下各三级指标重要程度比较表**

| 三级指标 | 财务净现值率（$Q_{11}$） | 财务内部收益率（$Q_{12}$） | 动态投资回收期（$Q_{13}$） | 利息备付率（$Q_{16}$） | 流动比率（$Q_{17}$） | 偿债备付率（$Q_{18}$） |
|---|---|---|---|---|---|---|
| 财务净现值率（$Q_{11}$） | 1 | | | | | |
| 财务内部收益率（$Q_{12}$） | | 1 | | | | |
| 动态投资回收期（$Q_{13}$） | | | 1 | | | |
| 利息备付率（$Q_{16}$） | | | | 1 | | |
| 流动比率（$Q_{17}$） | | | | | 1 | |
| 偿债备付率（$Q_{18}$） | | | | | | 1 |

**附表3.4 间接效益评价（$Q_2$）指标下各三级指标重要程度比较表**

| 三级指标 | 投资结构优化效果（$Q_{21}$） | 管理体制优化效果（$Q_{22}$） | 技术能力提升效果（$Q_{23}$） | 人才培养促进效果（$Q_{24}$） | 企业知名度提升效果（$Q_{25}$） |
|---|---|---|---|---|---|
| 投资结构优化效果（$Q_{21}$） | 1 | | | | |
| 管理体制优化效果（$Q_{22}$） | | 1 | | | |
| 技术能力提升效果（$Q_{23}$） | | | 1 | | |
| 人才培养促进效果（$Q_{24}$） | | | | 1 | |
| 企业知名度提升效果（$Q_{25}$） | | | | | 1 |

**附表 3.5　经济效益评价（$S_1$）指标下各三级指标重要程度比较表**

| 三级指标 | 产业结构优化效果（$S_{11}$） | 劳动力就业提高程度（$S_{12}$） | 旅游资源开发效果（$S_{13}$） | 矿产资源开发效果（$S_{14}$） | 对外贸易增加效果（$S_{15}$） | 投资环境改善效果（$S_{16}$） |
|---|---|---|---|---|---|---|
| 产业结构优化效果（$S_{11}$） | 1 | | | | | |
| 劳动力就业提高程度（$S_{12}$） | | 1 | | | | |
| 旅游资源开发效果（$S_{13}$） | | | 1 | | | |
| 矿产资源开发效果（$S_{14}$） | | | | 1 | | |
| 对外贸易增加效果（$S_{15}$） | | | | | 1 | |
| 投资环境改善效果（$S_{16}$） | | | | | | 1 |

**附表 3.6　社会效益评价（$S_2$）指标下各三级指标重要程度比较表**

| 三级指标 | 区域交通变化情况（$S_{21}$） | 精准扶贫效果（$S_{22}$） | 防灾减灾效果（$S_{25}$） | 政治稳定效果（$S_{26}$） | 对大气环境的影响（$S_{27}$） | 对声环境的影响（$S_{28}$） |
|---|---|---|---|---|---|---|
| 区域交通变化情况（$S_{21}$） | 1 | | | | | |
| 精准扶贫效果（$S_{22}$） | | 1 | | | | |
| 防灾减灾效果（$S_{25}$） | | | 1 | | | |
| 政治稳定效果（$S_{26}$） | | | | 1 | | |
| 对大气环境的影响（$S_{27}$） | | | | | 1 | |
| 对声环境的影响（$S_{28}$） | | | | | | 1 |

**附表 3.7　内部条件可持续性评价（$K_1$）指标下各三级指标重要程度比较表**

| 三级指标 | 管理体系完整性（$K_{11}$） | 人员编制符合率（$K_{12}$） | 设施配置完备性（$K_{13}$） | 技术设备先进性（$K_{14}$） | 行车事故率控制水平（$K_{15}$） | 区间平均车速达标程度（$K_{16}$） |
|---|---|---|---|---|---|---|
| 管理体系完整性（$K_{11}$） | 1 | | | | | |
| 人员编制符合率（$K_{12}$） | | 1 | | | | |
| 设施配置完备性（$K_{13}$） | | | 1 | | | |
| 技术设备先进性（$K_{14}$） | | | | 1 | | |
| 行车事故率控制水平（$K_{15}$） | | | | | 1 | |
| 区间平均车速达标程度（$K_{16}$） | | | | | | 1 |

**附表 3.8 外部条件可持续性评价（$K_2$）指标下各三级指标重要程度比较表**

| 三级指标 | 交通量增长稳定性（$K_{21}$） | 特许权期限合理性（$K_{23}$） | 收费标准合理性（$K_{24}$） | 政府税收优惠政策影响（$K_{25}$） | 同类项目竞争影响（$K_{26}$） | 气候环境影响（$K_{27}$） |
|---|---|---|---|---|---|---|
| 交通量增长稳定性（$K_{21}$） | 1 | | | | | |
| 特许权期限合理性（$K_{23}$） | | 1 | | | | |
| 收费标准合理性（$K_{24}$） | | | 1 | | | |
| 政府税收优惠政策影响（$K_{25}$） | | | | 1 | | |
| 同类项目竞争影响（$K_{26}$） | | | | | 1 | |
| 气候环境影响（$K_{27}$） | | | | | | 1 |

## 第三部分：补充和修改意见

# 附录 4　案例 TOT 高等级公路效益后评价定性指标评分调查问卷

尊敬的专家：

您好！基于您对西部地区 TOT 模式下高等级公路的参与情况，现就案例 TOT 高等级公路项目效益后评价中定性指标的评分问题向您发放调查问卷，用于确定案例 TOT 高等级公路项目效益后评价中各定性指标的实测值。非常感谢您应邀协助开展本次调查，本次调查的所有内容将为您严格保密，您宝贵的实践经验和理论研究成果对本次调研具有重要的意义和价值。如果您对以下问卷有任何补充和有价值的评论，请把它们放在表格后面的空白处。非常感谢您的支持！

问卷填表说明：

1. 本问卷分为三个部分。第一部分是问卷填表人的基本情况，用于以后对问卷数据的分析。第二部分为"案例 TOT 高等级公路效益后评价定性指标评分表"。请根据您的真实想法对效益后评价定性指标进行评分。第三部分是您对本问卷的补充和修改意见。

2. 问卷的打分采用百分制打分法。

3. 问卷填写完以后，请返回至指定邮箱。

## 第一部分：问卷填写人信息

1. 您的学历：

□大专以下　□大专　□本科　□硕士　□博士及以上

2. 您所在单位性质：

□建设单位　□运营单位　□咨询单位　□学校及科研单位

3. 工作年限：

□2 年以下　□2～5 年　□5～10 年　□10 年以上

## 第二部分：案例 TOT 高等级公路效益后评价定性指标评分表

**附表 4.1　案例 TOT 高等级公路企业效益后评价（$Q$）定性指标评分表**

| 一级指标 | 二级指标 | 三级指标 | 评分 |
|---|---|---|---|
| 企业效益后评价（$Q$） | 间接效益评价（$Q_2$） | 投资结构优化效果（$Q_{21}$） | |
| | | 管理体制优化效果（$Q_{22}$） | |
| | | 技术能力提升效果（$Q_{23}$） | |
| | | 人才培养促进效果（$Q_{24}$） | |
| | | 企业知名度提升效果（$Q_{25}$） | |

**附表 4.2　案例 TOT 高等级公路社会经济效益后评价（S）定性指标评分表**

| 一级指标 | 二级指标 | 三级指标 | 评分 |
| --- | --- | --- | --- |
| 社会经济效益后评价（$S$） | 经济效益评价（$S_1$） | 产业结构优化效果（$S_{11}$） | |
| | | 劳动力就业提高程度（$S_{12}$） | |
| | | 旅游资源开发效果（$S_{13}$） | |
| | | 矿产资源开发效果（$S_{14}$） | |
| | | 对外贸易增加效果（$S_{15}$） | |
| | | 投资环境改善效果（$S_{16}$） | |
| | | 推进城镇化效果（$S_{17}$） | |
| | | 人们生活水平提高程度（$S_{18}$） | |
| | 社会效益评价（$S_2$） | 区域交通变化情况（$S_{21}$） | |
| | | 精准扶贫效果（$S_{22}$） | |
| | | 人们思想观念改变程度（$S_{23}$） | |
| | | 文化、卫生、体育发展变化情况（$S_{24}$） | |

**附表 4.3　西部地区 TOT 高等级公路效益可持续性后评价（K）定性指标评分表**

| 一级指标 | 二级指标 | 三级指标 | 评分 |
| --- | --- | --- | --- |
| 效益可持续性后评价（$K$） | 内部条件可持续性评价（$K_1$） | 管理体系完整性（$K_{11}$） | |
| | | 人员编制符合率（$K_{12}$） | |
| | | 设施配置完备性（$K_{13}$） | |
| | | 技术设备先进性（$K_{14}$） | |
| | | 行车事故率控制水平（$K_{15}$） | |
| | | 区间平均车速达标程度（$K_{16}$） | |
| | | 平均收费时间影响（$K_{17}$） | |
| | | 对外投资影响（$K_{18}$） | |
| | 外部条件可持续性评价（$K_2$） | 交通量增长稳定性（$K_{21}$） | |
| | | 信托资金稳定性（$K_{22}$） | |
| | | 特许权期限合理性（$K_{23}$） | |
| | | 收费标准合理性（$K_{24}$） | |

## 第三部分：补充和修改意见

______________________________________________

______________________________________________

______________________________________________

# 附录 5　案例 TOT 高等级公路项目特许经营权期限内现金流量表

**附表 5.1　案例 TOT 高等级公路项目现金流量表（2006—2035 年）（单位：万元）**

| 序号 | 项目 | 年份 | | | | |
|---|---|---|---|---|---|---|
| | | 2006 | 2007 | 2008 | 2009 | 2010 |
| 1 | 现金流入 | | | | | |
| 1.1 | 通行费收入 | 44235 | 52541 | 57247 | 62326 | 67915 |
| 2 | 现金流出 | | | | | |
| 2.1 | 初期投资 | 200000 | | | | |
| 2.2 | 日常养护费用 | 2128.64 | 2192.49 | 2258.27 | 2326.02 | 2395.80 |
| 2.3 | 大修理费用 | | | | | |
| 2.4 | 管理费用 | 192.99 | 202.64 | 212.78 | 223.41 | 234.59 |
| 2.5 | 还本付息 | 37555.46 | 36782.50 | 35969.54 | 35176.58 | 34383.62 |
| 2.6 | 增值税及附加 | 1486.29 | 1765.37 | 1923.49 | 2094.15 | 2281.94 |
| 2.7 | 所得税 | 0 | 0 | 0 | 310.87 | 1227.85 |
| 3 | 现金流量 | | | | | |
| 3.1 | 净现金流量 | −197128.4 | 11617.96 | 16882.89 | 22194.94 | 27391.18 |
| 3.2 | 累计净现金流量 | −197128.4 | −185510.4 | −168627.5 | −146432.6 | −119041.40 |
| 3.3 | 累计净现金流量现值 | −197389.4 | −187787.8 | −175103.4 | −159944.0 | −142936.24 |
| 序号 | 项目 | 年份 | | | | |
| | | 2011 | 2012 | 2013 | 2014 | 2015 |
| 1 | 现金流入 | | | | | |
| 1.1 | 通行费收入 | 75153 | 86492 | 92762 | 80499 | 80617 |
| 2 | 现金流出 | | | | | |
| 2.1 | 初期投资 | | | | | |
| 2.2 | 日常养护费用 | 2467.67 | 2541.70 | 2617.95 | 2696.49 | 2777.39 |
| 2.3 | 大修理费用 | | 16520 | | | |
| 2.4 | 管理费用 | 246.32 | 258.63 | 271.56 | 285.14 | 299.40 |
| 2.5 | 还本付息 | 33590.67 | 32797.70 | 32004.74 | 31211.78 | 30418.82 |
| 2.6 | 增值税及附加 | 2525.1 | 2906.14 | 3116.81 | 2704.79 | 2708.75 |
| 2.7 | 所得税 | 2383.47 | 3823.42 | 4837.88 | 3165.37 | 3287.14 |

**续表**

| 序号 | 项目 | 年份 | | | | |
|---|---|---|---|---|---|---|
| | | 2011 | 2012 | 2013 | 2014 | 2015 |
| 3 | 现金流量 | | | | | |
| 3.1 | 净现金流量 | 33939.71 | 27644.39 | 49913.03 | 40435.43 | 41125.49 |
| 3.2 | 累计净现金流量 | −85101.69 | −57457.29 | −7544.26 | 32891.16 | 74016.66 |
| 3.3 | 累计净现金流量现值 | −123778.2 | −109592.2 | −86307.41 | −69158.84 | −53303.18 |
| 序号 | 项目 | 年份 | | | | |
| | | 2016 | 2017 | 2018 | 2019 | 2020 |
| 1 | 现金流入 | | | | | |
| 1.1 | 通行费收入 | 81687 | 79988 | 75454 | 80351 | 59567 |
| 2 | 现金流出 | | | | | |
| 2.1 | 初期投资 | | | | | |
| 2.2 | 日常养护费用 | 2860.71 | 2946.53 | 3034.93 | 3125.97 | 3219.76 |
| 2.3 | 大修理费用 | | | | | 17841.6 |
| 2.4 | 管理费用 | 314.37 | 330.09 | 346.59 | 363.92 | 382.12 |
| 2.5 | 还本付息 | 29625.86 | 28832.90 | 28039.94 | 27246.98 | 26454.02 |
| 2.6 | 增值税及附加 | 2744.68 | 2687.60 | 2535.25 | 2699.79 | 2001.45 |
| 2.7 | 所得税 | 3546.45 | 3403.88 | 2849.84 | 3662.39 | 726.91 |
| 3 | 现金流量 | | | | | |
| 3.1 | 净现金流量 | 42594.90 | 41786.98 | 38647.42 | 43251.91 | 8941.12 |
| 3.2 | 累计净现金流量 | 116611.6 | 158398.56 | 197045.99 | 240297.90 | 249239.03 |
| 3.3 | 累计净现金流量现值 | −38373.92 | −25059.30 | −13864.52 | −2474.94 | −334.50 |
| 序号 | 项目 | 年份 | | | | |
| | | 2021 | 2022 | 2023 | 2024 | 2025 |
| 1 | 现金流入 | | | | | |
| 1.1 | 通行费收入 | 76282 | 75633 | 74989 | 74351 | 73718 |
| 2 | 现金流出 | | | | | |
| 2.1 | 初期投资 | | | | | |
| 2.2 | 日常养护费用 | 3316.35 | 3415.84 | 3518.31 | 3623.86 | 3732.58 |
| 2.3 | 大修理费用 | | | | | |
| 2.4 | 管理费用 | 401.23 | 421.29 | 442.35 | 464.47 | 487.69 |
| 2.5 | 还本付息 | 25661.06 | 24868.10 | 24075.14 | 23282.18 | 22489.22 |
| 2.6 | 增值税及附加 | 2585.08 | 2563.07 | 2541.26 | 2519.63 | 2498.19 |

**续表**

| 序号 | 项目 | 年份 | | | | |
| --- | --- | --- | --- | --- | --- | --- |
| | | 2021 | 2022 | 2023 | 2024 | 2025 |
| 2.7 | 所得税 | 3346.46 | 3352.52 | 3358.85 | 3365.29 | 3371.96 |
| 3 | 现金流量 | | | | | |
| 3.1 | 净现金流量 | 41626.80 | 41661.16 | 41697.05 | 41733.54 | 41771.33 |
| 3.2 | 累计净现金流量 | 290865.8 | 332527.01 | 374224.05 | 415957.60 | 457728.93 |
| 3.3 | 累计净现金流量现值 | 8724.69 | 16967.13 | 24466.71 | 31290.48 | 37499.53 |

| 序号 | 项目 | 年份 | | | | |
| --- | --- | --- | --- | --- | --- | --- |
| | | 2026 | 2027 | 2028 | 2029 | 2030 |
| 1 | 现金流入 | | | | | |
| 1.1 | 通行费收入 | 73090 | 72468 | 71852 | 71240 | 70034 |
| 2 | 现金流出 | | | | | |
| 2.1 | 初期投资 | | | | | |
| 2.2 | 日常养护费用 | 3844.56 | 3959.86 | 4078.69 | 4201.05 | 4327.08 |
| 2.3 | 大修理费用 | | | 19268.92 | | |
| 2.4 | 管理费用 | 512.08 | 537.68 | 564.57 | 592.79 | 622.43 |
| 2.5 | 还本付息 | 21696.26 | 20903.30 | 20110.34 | 19317.38 | 18524.42 |
| 2.6 | 增值税及附加 | 2476.92 | 2455.82 | 2434.92 | 2414.22 | 2393.66 |
| 2.7 | 所得税 | 3378.69 | 3385.46 | 3365.62 | 3372.68 | 3379.56 |
| 3 | 现金流量 | | | | | |
| 3.1 | 净现金流量 | 41809.47 | 41847.82 | 22644.90 | 41953.84 | 41992.81 |
| 3.2 | 累计净现金流量 | 499538.4 | 541386.22 | 564031.13 | 605984.98 | 647977.79 |
| 3.3 | 累计净现金流量现值 | 43149.26 | 48290.10 | 50819.04 | 55078.43 | 58954.20 |

| 序号 | 项目 | 年份 | | | | |
| --- | --- | --- | --- | --- | --- | --- |
| | | 2031 | 2032 | 2033 | 2034 | 2035 |
| 1 | 现金流入 | | | | | |
| 1.1 | 通行费收入 | 70033 | 69437 | 69437 | 68846 | 68260 |
| 2 | 现金流出 | | | | | |
| 2.1 | 初期投资 | | | | | |
| 2.2 | 日常养护费用 | 4456.89 | 4590.60 | 4728.32 | 4870.17 | 5016.27 |
| 2.3 | 大修理费用 | | | | | |
| 2.4 | 管理费用 | 653.56 | 686.23 | 720.55 | 756.57 | 794.40 |
| 2.5 | 还本付息 | 17731.46 | 16938.50 | 16145.54 | 15352.58 | 14559.62 |